贵州财经大学学术著作出版基金资助出版

吴芳梅 著

以丹砂为业：龙潭仡佬族的历史、生计与认同

YI DANSHA WEIYE

LONGTAN GELAOZHU DE LISHI

SHENGJI YU RENTONG

WUHAN UNIVERSITY PRESS
武汉大学出版社

图书在版编目(CIP)数据

以丹砂为业:龙潭仡佬族的历史、生计与认同/吴芳梅著.—武汉:武汉大学出版社,2023.12
ISBN 978-7-307-23495-6

Ⅰ.以… Ⅱ.吴… Ⅲ.①仡佬族—民族文化—研究—贵州 ②朱砂—文化研究—贵州 Ⅳ.①K280.73 ②P578.2

中国版本图书馆 CIP 数据核字(2022)第 237719 号

责任编辑:陈 帆 责任校对:汪欣怡 版式设计:马 佳

出版发行:**武汉大学出版社** (430072 武昌 珞珈山)
(电子邮箱:cbs22@whu.edu.cn 网址:www.wdp.com.cn)
印刷:湖北云景数字印刷有限公司
开本:720×1000 1/16 印张:17 字数:251 千字 插页:1
版次:2023 年 12 月第 1 版 2023 年 12 月第 1 次印刷
ISBN 978-7-307-23495-6 定价:86.00 元

前　言

本书从丹砂这一"圣物"切入，以贵州务川龙潭仡佬族为个案，从"业缘"这一特殊视角，以丹砂的社会生命及王朝、国家势力的渗透为线索，采用历时性和共时性的分析方法，探讨了丹砂在特定的地方所呈现的历史进程、变迁及再认知过程，以及丹砂在历史上如何勾连地方与中央及族群内外的复杂利益关系，进而思考"业缘"在龙潭仡佬族生活中何以成为族群认同之内聚力，致使民族识别时也主要以"祖辈是否从事丹砂采掘"为依据来确定仡佬族族属。

龙潭仡佬族与丹砂的渊源可追溯至远古时代。早在殷商时期，仡佬族的祖先濮人就已活动在西南广大地域。据史料记载，周武王伐纣时，濮人就与其他部族参加了牧野盟誓，并以丹砂敬献周武王。献丹者被封为宝王之后，带领濮人在务川地区开荒辟草，以丹为业，繁衍生息。

汉武帝开发"西南夷"，及上层建筑对贵生、长寿的极度追求，大大刺激了龙潭地区丹业的发展。这一时期，因丹砂的用途及价值大增，龙潭仡佬族地区直接被卷入了王朝与地方的关系网络中，由此展开了以丹砂为中心的各项活动、人群、文化的相互碰撞。在历史进程中，不同的互动方式、关系的建立以及文化的交融，使地方丹砂获得一种特殊生命力及意义价值的地方化表述。

明清时期是当地丹砂生产、交换、分配和消费的鼎盛时期，丹砂巨大的经济价值将龙潭仡佬族及其社会带入一个更大范围的人文和经济关系网络中，促进了龙潭地区加速进入王朝直接统治的架构及族际关系的建构中。同时，丹砂经济促进了龙潭邑聚的形成，改变了龙潭仡佬族传统的观念意识，具体体现在龙潭仡佬族对丹砂资源的控制及身份认同的文化表述方面。为此，本书先后从政治、经济、文化及地方社会变迁等视角加以诠释，揭示王朝介入的背后动因及复杂共存的关系网络，以及地方社会在此作用下所展现出的适应性策略。

清末民国时期，由于受帝国主义入侵、"易货还款"等因素影响，地方政府加强对丹砂资源的管控，沉重打击了龙潭仡佬族丹砂生产的积极性，同时丹砂的神秘光环也被人们日益增强的认知逐渐消解，昔日繁盛的龙潭丹业江河日下。

中华人民共和国成立以后，丹砂资源逐步收归国有，大多数龙潭仡佬族人失去了世代赖以生存的资源依托，返土归耕，发展农业，延续至今。特别是 20 世纪 90 年代以后，随着国家对资源、生态环境保护的日趋重视，对重度污染环境的汞矿资源实施政策性关闭。至此，龙潭仡佬族的丹业时代宣告结束。

综上可见，随着历史更迭及现代经济的冲击，丹业逐渐由盛转衰，龙潭仡佬族人对丹砂文化的记忆亦渐行渐远，族群凝聚力日渐涣散。为了维系族群的生存和延续，地方政府、宗族精英、民间大众试图借助旅游情境的反馈，对已逝去的文化传统进行追溯性复原和展演，试图唤醒族人的危机感、归属感和族群认同感。

笔者在梳理经典族群认同理论、剖析影响族群凝聚力因素的基础上，结合田野调查实践发现，人们多以"亲缘—地缘—神缘—物缘"等关系聚合在一起，以共同的历史记忆、宗教信仰、文化传统等形成族群凝聚和汇合的基础。然而，笔者在贵州龙潭进行田野调查时发现有一支以"业缘"而聚的群体，即龙潭仡佬族。他们主要以"业缘"作为其族群凝聚的内核，以及该民族识别的标志，甚至成为区分龙潭仡佬族与其他族群的边界。因此，从某种意义上说，本书是为族群边界理论的继承和拓展提供了一个分析案例。

目　　录

第一章 导 论

第一节 背景及意义

一、选题背景

(一) 缘定务川

笔者与贵州务川仡佬族的情缘始于 2015 年。那年夏天，恰逢门内师姐在黔东北地区开展一项有关遗产保护的横向课题，于是笔者有幸参与其中。一行队伍在导师的带领下来到贵州务川龙潭村，对当地的民族、生活习俗、节庆文化等进行了深入考察。这是笔者第一次来到贵州务川龙潭地区，感觉当地独特的文化风情与之前接触的贵州其他少数民族文化有着非常显著的差别。此次行程中，笔者目睹并感受到当地丹砂矿及丹砂文化的厚重，无论是外部空间还是居民生活及仪式中都渗透有丹砂文化。"丹砂古寨，仡佬之源"的牌子屹立在寨门口，寨内巷道纵横如同迷宫，700 多年历史的古老建筑承载着历史的沧桑。建筑壁上的丹砂、门窗上的炼丹炉符号，饮食中的红酥、红糯米粑，娱乐活动中的瓢盆打襟子舞等都浸润着丹砂文化，窃以为是传统村落发展旅游业所致，但是为什么村落凸显的是丹砂文化而不是其他？丹砂为何与本地仡佬族有如此深厚的关联？这些问题使笔者对该民族产生了浓厚的研究兴趣。

返校后，针对以上疑惑，笔者与导师进行了深入交流，无论是从物的角度、族群的角度还是传统村落保护的角度研究该地区，都具有十分重要的意义和价值。得到导师的肯定后，笔者多次进入务川龙潭、周边村庄及矿山进行深入的田野调查，收集历史文献、碑志、族谱、民间故事传说等多种民间一手资料，从历史、民间风俗、娱乐节庆等方面全面了解仡佬族。与当地居民深入接触后发现，仡佬文化在他们生活中表现得不够强烈，反而儒家纲常时时规约着仡佬人民的生活、行为，也使得部分仡佬人认为自己是汉族而不是仡佬族，还有一部分人坚信自己就是世居仡佬族，但文献中记载"仡佬族是世居土著民族"似乎与现实文本不符。关于仡佬族身份上的认同，到底是怎样的社会、历史及文化动因形塑了龙潭仡佬族内部自相矛盾的认知？这是最大的疑问。

(二)业缘——族群凝聚的关系纽带

中国社会既不是个人本位，也不是社会本位，而是关系本位的社会。①在中国乡土社会格局中，费孝通认为中国社会关系的结构是以"己"为中心，从自己推出去的一轮轮同心圆，根据亲属关系的亲疏愈推愈远，也愈推愈薄。② 其动力源自以家庭为单位的血缘关系，逐渐扩大慢慢形成地缘关系。在中国，诸多社会群体关系是建立在血缘和地缘关系基础之上，但务川龙潭仡佬族表现出来的族群关系主要是以业缘为纽带结成的社会关系，超过了"亲缘—地缘—神缘—物缘"关系渗透于龙潭仡佬族人生活的方方面面。这种特殊的以业缘为关系纽带的内聚力从何而来，何以维系，值得笔者深入思考和探讨。

在龙潭仡佬族的社会生活中，"业缘"关系构成了龙潭仡佬族族群内聚力的核心元素。早在商周时期，仡佬先民就与中原王朝以丹砂作为信物，打通了中央与地方的经济、文化、政治枢纽，从此丹砂成为朝贡的重要方物，同时也是龙潭仡佬人经济生活的重要来源。明嘉靖《思南府志》载，务

---

① 梁漱溟：《中国文化要义》，上海人民出版社 2005 年版，第 72~73、83~84 页。

② 费孝通：《乡土中国》，北京大学出版社 1998 年版，第 26~27 页。

川当地人民以"采砂为业,其价值等同于货币可代为抵债。砂烧水银,居人指为生计"①。当地居民以歌谣的形式记忆先民生产的情景:

坑道矮齐半腰杆,只能爬来不能站

背上背着砂一箩,双手双脚爬向前

爬一步,哼一声,乱石戳人箭穿心

一行脚印千行血……②

　　龙潭人通过歌谣反映仡佬先民采砂的艰辛。丹砂建立起族群内外及上下级关系,凝聚本族群的灵魂精神,创建了古老而鲜活的仡佬丹砂文化。

　　龙潭村上连丹砂资源丰富的板场、三坑、木悠等地,下接古思州通往中原的重要通道洪渡河,是丹砂开采、运输的必经之地,因此形成了商品集散中心。从周围大量的汉墓群出土的文物、记载商人集资修路建桥的碑志及各种与丹砂有关的遗址等,足以见证龙潭地区在古代是一个经济繁荣、交通发达的地区。其商品流通近于族群之间,远至中原王朝,形成了以经济利益结成的巨大关系网络。甚至有学者认为,贵州政治、历史发展的进程,从某种意义上都与丹砂资源的运作有密切关系。历史上,田氏土司争夺丹砂资源,直接导致了思州思南府土司制度的废除,被撤司建府,改土归流,从此贵州被划入中央王朝的势力范围。改土归流后,中央王朝在三坑、木悠、板场设立丹砂水银场局,进一步控制当地的丹砂资源。

　　长期以来,当地丰富的丹砂资源是龙潭仡佬族生活之源,"以丹砂为业"是他们重要的经济生产方式。"丹业"经济所带来的族际间交往,既促进了当地经济、技术和文化的繁荣,同时也成为华夷融合过程中政治关系建立和重构的重要因素。通过寻找龙潭仡佬族的"丹业"足迹,厘清土著居

---

① 钟添:《思南府志》卷1《风俗篇》,天一阁藏明代方志选刊,上海古籍出版社1962年版。

② 贵州汞矿政治部、贵州大学中文系《古矿迎春》编写组:《古矿迎春》,贵州人民出版社1975年版,第8页。

民与丹砂的渊源关系，呈现"丹业"构建的中心与边缘、族群与族群之间、族群内部的关系性结构。笔者发现，以"物"为基础，获取社会资源为内驱力的关系建构如同一面棱镜，折射出我者与他者、权利与抵抗、传统与现代性、国族与地方认同、危机与建构等社会文化的各个方面。以"物"为基础，"业缘"所带来的流动性，促进了龙潭仡佬人政治、经济、文化的发展与变迁。

(三)宇宙之物——人类学研究的重要领域

物(物质)是宇宙构造的创生元素和存在形式，① 是人类生命世界中不可分割的要素，物亦人化的存在。因此，人类学历来把对物的研究视为最重要的研究领域。"民族志的研究对象正是民族志对物的研究"②，即通过关注特定物在社会中的产生、演变和交换的关系以及所形成的社会规则，确定社会发展的阶序、群体的交往接触。通过社会中物的流动和交换现象分析"物"交换背后的社会关系与社会的外在功能和内部结构，以达到对社会文化的整体理解。

丹砂作为"物"在龙潭的实践，造就了获得"丹砂古寨、仡佬之源"美誉的龙潭古寨，该寨据说是仡佬族的发源地及丹砂文化的中心，属于典型的仡佬族丹砂文化村寨。相传龙潭仡佬族祖先濮王即是宝王，不仅是当地濮人的自然领袖，更是掌握丹砂冶炼技术，具有通神力量，是能给采砂人带来财运的祭师或巫师，被龙潭世居仡佬族人封为菩萨，尊为祖先神和行业神。在宝王的带领下，部落以丹为业、养民生、建住所，创造了龙潭古寨以丹业为核心的生计文化传统。他们在采丹炼汞的过程中，形成了一套完整的、独步于当时、领先于世界的生产技艺，使得当地仡佬先民具有获得丹砂资源、掌控当地经济命脉的优势。丹砂不仅为龙潭仡佬族提供物质生

---

① 彭兆荣、葛荣玲：《遗事物语：民族志对物的研究范式》，《厦门大学学报(哲学社会科学版)》2009 年第 2 期，第 58 页。

② Kirshenblatt-Gimblett, Barbara eds.: *Destination Culture*：*Tourism*，*Museums*，*and Heritage*. University of California Press，1998，p. 2.

活条件,更是成为帮助仡佬族与三界沟通的神灵之物。当地人视丹砂为圣物,用于丧葬、奠土、定位、祭宝王等,有祛邪、呼龙接脉、开光定位及镇宅等功效。他们在食物中放置丹砂,认为丹砂有活血、安神之功效。丹砂被涂其壁,不仅有防毒虫及蛇类之效,更能驱邪。当地的道士和巫师将丹砂置入印泥,所盖诏书称为丹书,因其具有沟通天地鬼神之功能,故作为神圣性标识。丹砂的实用性和神圣性,造就了龙潭仡佬族独特的丹砂"红"崇拜习俗。据仡佬"天书"《九天大濮史录》记载:"仡佬人皆信红色物为九天天主帮助卜人生活之吉物,无论何处行走惧携。"其尚"红"习俗主要体现在食物、服饰及婚丧礼仪中。丹砂被视为一种精神食粮,时刻引领着龙潭仡佬人正确处理人与自然、人与人、身与心的种种关系,规制着他们的日常行为。

二、研究意义

目前国内外学者对丹砂的研究主要集中于医学和道教领域,由于受到学科领域以及研究方法的限制,基于细致的田野调查,从人类学角度深入探讨中国乡土社会中"以丹砂为业"的业缘关系与族群认同的相关成果甚少。由于缺少对丹砂不同历史时期的功能开发与其在经济社会中的地位和作用之间的关系,龙潭仡佬族自濮人阶段就"以丹砂为业"的总体考察以及"丹业"所带来的政治、经济与文化的变化等方面的研究,"以丹砂为业"的业缘关系难以在相关文本中得到较为全面的呈现。鉴于此,窃以为,以人类学的研究方法,透过乡土社会仡佬群体"以丹砂为业"的生计问题,探求丹砂资源在生产、分配、交换和消费过程中所建构的社会关系网络、政治经济结构、社会文化生态环境以及族群身份认同及延伸等问题,在现阶段具有重要的学术价值和现实意义。

其一,研究对象特殊。学界大多数人认为龙潭仡佬族大致经历了"濮—僚—仡佬"三个发展阶段。自商周时期濮人就以丹砂为业,因其生计模式的特殊性,龙潭仡佬族与其他族群相比,"业缘"结成的社会关系在这一地域内超越了亲缘、地缘、神缘、物缘关系成为族群凝聚的关键因素,并建立起族群意识及文化传统。因此，置于历史与现实环境中，从"业缘"关系视角考察一个族群身份及认同问题，既是对人类学、民族学族群理论的继承，同时也是一种拓展。

其二，人类学关于"物"的研究。本书从族群出发，考察该族群何以将生命及生存托付于一种自然物质（丹砂），而这种自然物质又是怎样勾连起"物—事—人"的关系，成为促进族群认同的内聚力。黄应贵在《物与物质文化》中总结了"物"研究的四种不同路径：物自身、物的交换、物的象征及物的心性。① 孟悦、罗钢在《物质文化读本》一书中讨论了物与交换流通、物与帝国、殖民、物与技术、物与物象、意识形态、实践等关于物的研究的种种范式。② 彭兆荣、葛荣玲在《遗事物语：民族志对物的研究范式》一文中提出了"物与民族志研究范式"③。这些研究都没有强调物如何成为族群生计与生存乃至生死攸关的重要性。本书将从"以丹砂为业"的"业缘"角度，在实践和感知到的日常生活中去考察丹砂这一物的社会生命史及意义的基础上，回到物、事、人统一的原点上，以时间和制度为轴，以丹砂为媒，回溯仡佬族与中央王朝、国家、商贾及族群与族群之间、族群内部的关系及政治、经济、社会发展的历史脉络，实现历史与现实、我者与他者、人类与物类之间的整体统一。这对于"物"的研究或许是值得一试的研究视角。

其三，从"业缘"视角，关注物的生产、分配、交换和消费的生命轨迹与族群关系，对于新形势下民族认同的重构、地区的振兴、和谐社会的建构有着重要的现实意义。在乡村振兴战略指引下，龙潭古寨正处在旅游兴村的快速转型过程中。在这一过程中，研究物与族群的关系，一方面有助于深度挖掘丹砂在龙潭仡佬族生活中的意义和价值，加强族群自身文化的

---

① 黄应贵：《物与物质文化·导论》，台湾"中央研究院"民族学研究所2004年版，第1~25页。

② 孟悦、罗钢：《物质文化读本》，北京大学出版社2008年版，第1~40页。

③ 彭兆荣、葛荣玲：《遗事物语：民族志对物的研究范式》，《厦门大学学报（哲学社会科学版）》2009年第2期，第58页。

认知和认同，自觉保护本民族文化，进而更好地促进当地经济和文化的繁荣；另一方面以"业缘"为视角，建立族群之间的复杂关系，有助于整合优势资源，构建和谐社会。在传统村落旅游情境中，关注新形势下物的生命史与族群的关系，深入探讨其内在的关联，对推动文化兴村、传承和发展，强化族群认同感，进而促进民族地区和谐社会的构建具有十分重要的意义和价值。

基于此，本书试图从"业缘"切入，采用整体论的视野、参与观察的方法、民族志的表述及应用人类学的分析目标，对这一具体而微的地方民族生活史进行研究，试图通过"业缘"关系，强化族群的内在凝聚力，恢复、重构一个和谐并充满活力的族群文化生态体。本书主要探讨以下几个问题。

其一，历史记忆、生计方式之于族群认同的影响问题。通过对龙潭仡佬族人的社会生活考察，同时参照相关史料记载内容，探讨历史记忆和生计方式如何影响和形塑一个族群的认同。

其二，探讨"小"与"大"的问题。小地方丹砂资源成为龙潭仡佬族生业方式的决定性因素，与大传统下的政治、经济、社会、文化等多种因素之间建立了怎样的社会逻辑关系？在特殊的历史语境下，大传统对小地方产生了什么样的影响？

其三，探讨"一"与"多"的问题。该书通过对龙潭仡佬族丹砂生计的历史脉络进行考察，透过不同主体围绕丹砂进行生产、分配、交换及消费的历史叙事，探讨在不同主体及利益驱动背后有着怎样的政治、经济、文化诉求，"以丹砂为业"形成了怎样的市场体系，以及在不同利益交织中龙潭仡佬族采用什么样的策略保护和利用丹砂资源及自身地位。

其四，随着朝代的更迭、矿业制度的变迁，以务川东升塔的建立为切入点，探寻龙潭仡佬族采砂炼汞生计方式衰落的原因及龙潭仡佬族与不同群体之间的社会关系是以何种方式进行整合的，在丹砂生产、分配、交换及消费的表面之下又暗藏着怎样的社会关系。

其五，历史上龙潭仡佬族以"业缘"凝结成利益共同体，如今农业成为龙潭仡佬族谋生的主要生计方式后，当地人们如何通过地方记忆建构族群认同？在传统村落旅游情境下，我者（龙潭仡佬族）与他者（政府、公司、创意阶层、地方精英）的认同是怎样被策略性地表征出来的？

第二节　文献回顾与述评

一、人类学关于"物"的研究

在人类学的学科知识谱系中，对于物和物质文化的研究大体上可分为以下几个阶段：早期进化论视物质为标志和形态，通过对物的发明和发现来分析和划定社会进化程度或文明类型，探讨各种文化形态之间的相互关系，进而重构人类演进的繁荣历史；莫斯开创了对礼物交换的研究，将人类学对物的研究转向了物与人之间关系的研究；象征人类学主要探讨物的分类、物的符号表达及其与其他象征性的关系，分析物在社会系统中的作用和特定族群的认知体系，检验特定文化传统中物的建构和使用的方式及意义。现阶段，人类学侧重于将"物"植入人类社会历史发展的脉络中，探讨人类的社会生活及其背后的心性，以物来表达自我及情感，以及物在移动的社会中如何完整呈现人、物、社会与文化的复杂关系。[1] 如西美尔通过研究货币如何从有价之物发展为功能性货币，指出货币不仅是主客体互动过程的交易手段，更是一种生活方式。[2]

在人类认知和认同过程中，物被不断地分类、整理和运用，进而呈现出"物"深邃的意义以及其与人类建立的复杂而密切的关系，从而使物在人类学研究领域中占据重要位置。泰勒分析了"原始"人用身体和灵魂的短暂分离来解释晕厥、做梦等一些不可思议的社会现象这一点，提出了人类学关于物的第一个重要命题——万物有灵论，即人死后灵魂永远离开身体，

---

[1]　李鹏：《大地之"子"：作物的人类学研究综述》，《广西民族研究》2015 年第 1 期，第 79~83 页。

[2]　Simmel Georg：*The Philosophy of Money*. Routledge，1990，p. 62.

然后依附于其他人、动物或是非生物之上，"这种灵魂支配着自然，就像人的灵魂支配着人的肉体一样"①。泰勒依照人类灵魂的模式推论出自然万物的灵性。尽管存在臆想的成分，但他试图阐明在"原始"人的观念世界中，人与物不可须臾分离。

莫斯在《礼物》一书中，借用"汤嘎(tonga)"和"豪(hau)"两个源自萨摩亚人和毛利人的本土概念，通过"混融"一词的研究来分析礼物交换背后的动因和机制。"tonga"在萨摩亚人的"寄养"制度中，指已婚妇女的财产，也可以指人(小孩)。此外，"tonga"在其他一些部落中含义更丰富，可泛指一切意义上的财产。而毛利人所说的"hau"即为事物中的灵力，是一种精神力。这种源自最初拥有物品的人的精神力"hau"在礼物流动的过程中伴随始终，且无论这个物品辗转多久，存在于物品中的"hau"始终都想回到最初的主人那里，因此这种"hau"具有很强的道德和宗教约束力。这种具有宗教、巫术和精神之力的"hau"，被莫斯称为"礼物之灵"而活跃在"tonga"中。在礼物交换中，含有主人精神本质和一部分灵力的礼物发挥巨大作用：接受了某人的礼物，就等于接受了礼物所具有的灵力；若接受者不回礼，则会遭到来自道德、精神和物质上的他人之物"hau"的作用，使收礼者招致巫术或宗教的束缚，甚至有致命的危险。这样，回礼的义务就得到了有效解释，礼物交换之间的秘密由此揭开。莫斯指出，礼物交换看似简单，实则不然，礼物不断交换，最终"hau"要回到它的主人那里，其过程井然有序，引领着整个原始社会正常运转。莫斯用"混融"一词来解释社会中人物不分的情形。② 在他看来，"混融"的观念成为主导古代社会礼物交换的基本原则，即"人们将灵魂融于事物，亦将事物融于灵魂。人们的生活彼此相融，在此期间本来已经被混同的人和物，又走出各自的圈

---

① 泰勒：《人类学——人及其文化研究》，连树声译，上海文艺出版社1993年版，第330页。

② 赵素燕：《马塞尔·莫斯的社会秩序建构——以〈礼物〉为例》，《山西高等学校社会科学学报》2013年第11期，第58页。

子，再相互混融，这就是契约和交换"①。同时，莫斯还揭示了这些交换制度与社会等级和神灵之间的关系。在莫斯眼中，促使礼物交换的是礼物中的"hau"，这种带有灵力的"hau"将赠与和回礼紧密地联系在一起。

马凌诺斯基(一般被译为马林诺夫斯基)享誉世界的是他在特罗布里恩群岛对金娃泥(Gimwala)及库拉(Kula)的交换研究。金娃泥即纯粹的物物交换，而库拉是交换中的一种特殊之物，常常带有声誉的象征，含有信用、期限和荣誉的观念。能与库拉交换的物品大多有其独特性和唯一性，在交换过程中，交易者很容易就获得礼物所带有的灵力和品性。这种礼物交换方式，折射出了特罗布里恩人的法律、道德和经济生活的诸多方面以及各部落间的种种关系。②

马林诺夫斯基将"经济交换"与"社会交换"进行了明确区分。在西方社会，交换乃具有纯粹经济属性、脱离文化内涵的契约性行为。而在非西方社会，交换则涉及了更广泛的文化因素，呈现出一个人、物"混融"的、复杂的复合体系。③ 彭兆荣指出，"物"被当作特定的社会交际和交流媒介，远远超越经济学意义上物的交换。它涉及物的运动轨迹，在物的流动过程中，个人利益驱使并不凸显，而更多的是代表着群体与群体之间的关系。如礼物交换中表现出来的包括族规、祭祀、信仰以及经济方面的馈赠，以确定部族内部、部族之间以及个人的政治地位，甚至荣誉、信誉及其他社会地位等。④

列维-斯特劳斯在《野性的思维》一书中，对物与人的关系及其分类法

---

①　马塞尔·莫斯：《礼物——古式社会中交换的形式与理由》，汲喆译，上海人民出版社2005年版，第45页。

②　马凌诺斯基：《西太平洋的航海者》，梁永佳、李绍明译，华夏出版社2002年版，第170~172页。

③　Malinowski, Bronislaw: *Argonauts of the Western Pacific: An Account of Native Enterprise and Adventure in the Archipelagoes of Melanesian New Guinea.* Waveland Press Inc, 2005, pp. 81-83.

④　彭兆荣、吴兴帜：《民族志表述中物的交换》，《中南民族大学学报(人文社会科学版)》2009年第1期，第2页。

则进行了深入阐释。他认为物的分类源自人类心灵的认知体系，并非取决于社会，而是由人类心智的二元对立结构决定的。譬如图腾制，它是在自然物种和社会群体之间建立起一种逻辑等价关系，使他们自己与图腾物之间建立一种形态和精神上的相似性。① 在《嫉妒的制陶女》一书中，列维-斯特劳斯将人、物"混融"的观念表述得更为充分、透彻。他分析了神话在印第安人的思维模式中，如何在自然、社会、文明、技艺等不同领域的符号意义场之间形成隐喻关系，人怎样借助物来表达自己以及物如何以人的方式存在于这个世界。② 可见，在印第安人的神话世界中，人与物相互映照，不可分离。利奇在《语言的人类学：动物范畴和骂人话》一文中，揭示出在英语和克钦语的语言范畴中，动物的可食性与人的通婚范围两者的等级变化存在着对应关系。他意在表明，"我们用人们谈论动物的范畴方式，亦可以谈论人际关系"③。正如萨林斯所言：在现代社会中"人生产的不仅仅是存在状态，而是他们的一定的生活方式。不同的生活方式使整个自然界的再生产构成了不同文化的对象化，文化秩序被实现为……存在的。文化秩序被实现为物品的秩序，物品是作为一种对人和场合、功能和情境的表意方式和评价方式的对象法则而存在的"④。在当下物质文化研究中，学界开始关注"物"之本体，分析物在既定社会中，从物、商品再到物的整个社会生命历程及物所承载的文化事项，从而把追溯物质在时间中的变化成长当作物质文化研究的一种重要方法。⑤

从物的生命史角度进行研究的代表人物为阿尔君·阿帕杜莱（Arjun

---

① 列维-斯特劳斯：《野性的思维》，李幼蒸译，商务印书馆 1997 年版；列维-斯特劳斯：《图腾制度》，渠东译，上海人民出版社 2005 年版，第 81 页。

② 李树业：《从大波那木椁铜棺说开去》，《大理文化》2014 年第 11 期，第 106 页。

③ 埃德蒙·利奇：《语言的人类学：动物范畴和骂人话》，金译、宋立道等译，史宗主编：《20 世纪西方宗教人类学文选》，上海三联书店 1995 年版，第 342 页。

④ 马歇尔·萨林斯：《文化与实践理性》，赵丙祥译，上海人民出版社 2002 年版，第 230 页。

⑤ 吴兴帜：《物质文化的社会生命史与文化传记研究》，《青海民族研究》2011 年第 1 期，第 24 页。

Appadurai)。在他的《物的社会生命：文化视野中的商品》一书中，他关注物的商品形态，视商品为物在时间中变化、成长的一个阶段，追溯物在不同情境下的商品化、去商品化过程中的生命里程、路径、方式及拐点，着力于描述商品从生产、分配、交换到消费的整个生命轨迹，揭示这些历程背后的社会文化动因，成为这本书的核心议题。① 阿帕杜莱在文中提出"商品，就像人一样拥有社会生命"的观点，在当今社会科学界具有独树一帜的理论价值和意义。伊戈尔·科普托夫(Igor Kopytoff)从奴隶制切入，指出奴隶在"奴隶"化的过程中经历了商品化到去商品化的过程，即"去社会化—再社会化—再人化"的过程，在这一过程中奴隶身份不断发生转换。伊戈尔·科普托夫认为是文化形塑了奴隶不同阶段的身份，提出用"文化传记"来记录物的商品化过程。他还认为每个物在历史过程中都有个体的人与商品的物两种趋向，其发展方向主要取决于其本身的"交换技术"②。历史学家帕特里克·吉尔里(Patrick Geary)也认为，"人与物之间的界限是文化造成的，同时人与物之间也是可相互渗透的"③。舒瑜从历史人类学角度对诺邓盐的社会生命史进行了研究。她主要探讨了云南诺邓盐是如何将地方与国家、族群内外等联系在一起的，并通过盐的生产、管制、与盐有关的仪式及传说等事项，诠释诺邓在历史上建立的上下、内外关系，以此来展示这一地区的文明史、区域史、政治关系史、民族交往史以及对外交通史。

　　除了用物的生命史来研究商品之外，还有学者从物的社会史角度对商品进行研究，如卡萨纳利(Lee V. Cassanelli)描述了原本产于非洲东北部的

　　① 舒瑜：《微"盐"大意：云南诺邓盐业的历史人类学考察》，世界图书出版公司2010年版，第1~4页。

　　② Igor Kopytoff：*the Culture Biography of Things*：*Commoditization as Process*，In Appadurai，A：*The Social Life of Things*：*commodities in cultural perspective*. Cambridge University Press，1988，p. 84.

　　③ Patrick Geary：*Sacred commodities*：*the circulation of medieval relics*，in Appadurai，eds.：*The Social Life of Things*：*commodities in cultural perspective*. Cambridge University Press，1988，p. 188.

咀嚼植物"Qat"在索马里被消费的历史。"Qat"从最初宗教庆典、过渡仪式中的神圣食品到对政治秩序不满的政治符号，这让 Qat 具有社会凝聚和社会谴责的双重性，也使它处在合法和非法的边缘。它的意义波动反映了社会和政治的压力。① 同样对社会史进行研究的还有贝利（C. A. Bayly），他研究印度布的生产和消费。在贝利看来，布在印度历史发展中是有着内在精神的物，它曾经是社会地位的象征，又是民族认同、民族主义的标志。因此，印度布的使用、消费更多的是与政治性运作相联系。② 可见商品一旦走出市场，进入社会，就与不同的人和文化建立关系，开启商品作为物的文化和社会生命史。

从殖民角度研究物的代表人物是西敏司（Sidney W. Mintz），他在《甜与权力——糖在近代历史上的地位》一书中将糖置于英国资本主义世界经济体系之下，讲述其庶民化的过程，从纵深的维度阐述了糖在历史时空中是如何运行、接受、使用并赋予意义的，以及糖所展现的文化和社会进程。他认为人们喜欢甜味的天性并不能完全解释 18 世纪以来英国人对糖的需求剧增的现象，而这现象要结合权力来解释。这种权力表现为世界经济体系下宗主国与殖民地之间不可分割的生产和消费关系。③ 郑向春探讨了云南省哈尼族彝族自治州弥勒县南乡坝生长的葡萄所映射出的殖民历史、权力与操控以及异域葡萄如何被坝子人群在思想观念与实践行为方面接受的具体过程。④ 吴兴帜研究了作为殖民符号的滇越铁路如何带着西方的文化进入云南进而改变人们的生产方式和生活模式，边民社会又是如何围绕

① Lee V Cassanelli：*Qat*：*changes in production and consumption of a quasilegal commodity in northeast Africa*，in Appadurai，eds：*The Social Life of Things*：*commodities in cultural perspective*. Cambridge University Press，1988，pp. 236-257.

② C A Bayly：*The origins of swadeshi*（*home industry*）：*cloth and Indian society* 1700-1930，in Appadurai，eds：*The Social Life of Things*：*commodities in cultural perspective*. Cambridge University Press，1988，pp. 285-321.

③ Sidney W Mintz：*Sweetness and power*：*The Place of Sugar in Modern World*. Penguin Books USA Inc.，1986，p. 207.

④ 郑向春：《葡萄的实践：一个滇南坝子的葡萄酒文化缘起与结构再生产》，北京大学出版社 2012 年版，第 229~230 页。

铁路及其附属物而发生自我流失与叠加，实现人与物的主客体互化，延续滇越铁路的社会生命。①

此外，从区域社会史视角研究物的流动也值得关注。张应强通过研究清代清水江下游地区木材的流动过程，指出在这一动态过程中多重因素的相互影响，尤其是在王朝国家力量向地方渗透的过程中，地方社会内部的市场网络、政治权力、观念体系等发生了巨大变化，使得地方社会在国家力量与相应区域的地方社会之间以及地方社会内部多重因素交互作用下呈现出多种复杂关系互动的过程，进而对流动过程作出历史性的解释。② 肖坤冰研究了近代闽北山区茶叶产销的区域社会发展史。她认为构成区域社会动态发展的决定性因素，并不仅仅是经济学意义上的市场网络形成，还有本地历史叙事、海外市场对武夷茶"意义"的重塑、社区中的仪式传统、王朝国家力量、各种利益群体之间的权力博弈等各种综合性因素，因而必须将这一过程置于王朝、国家、政治、经济及民俗社会发展历史脉络中加以把握。③

综上所述，人类学对物、物质文化的研究，从标志之物逐渐转向具体功能、分类、符号、象征意义及人类认知等层面，力图在功能、仪式、象征体系以及社会历史进程中以"物"或"物质"阐释人类文明、社会文化关系及族群生活和背后的心性。透过"物性"，从人文关怀的角度，探讨物亦是人化的存在，人们以物表达自我和生命价值，体现生活原则和情感的表达。据此，"若想研究人，就必须从研究人身边的物开始"，这就是为何人类学历来把对物的研究视为重要的研究领域。从物切入来理解以物而系的民族生存、生活及认同等方面，已成为人们研究社会历史、现状及未来的

---

① 吴兴帜：《延伸的平行线：滇越铁路与边民社会》，北京大学出版社 2013 年版，第 228 页。

② 张应强：《木材之流动——清代清水江下游地区的市场、权力与社会》，生活·读书·新知三联书店 2006 年版，第 1~7 页。

③ 肖坤冰：《茶叶的流动——闽北山区的物质、空间与历史叙事（1644—1949）》，北京大学出版社 2013 年版，第 1~3 页。

方式，也是一个极其重要的研究视域。

二、人类学关于"业缘"的研究

"绣羽衔花他自得，红颜骑竹我无缘"，在杜甫《清明二首》里的"缘"指缘分，即人与人、人与事物之间的关系和联系。这种"缘分"建立在两个或两个以上的行为主体之间，在情利相投、以情为主的基础上，根据双方共同具有的排他性的某一特征和由此特征出现的特殊认同感而产生的、相对稳定的关系。[1] 与"缘"有关的亲缘、地缘、神缘、业缘、物缘等构成了一种特殊的文化及社会关系结构，其中业缘关系是由于职业或行业的活动需要而结成的人际关系，是建立在亲缘的淡化和地缘关系扩大的基础上，而亲缘拟制化和地缘扩大化必然带来业缘的强化。[2] 业缘关系的强化源于社会生产的职业化和分工的精细化，它出现在工业革命之后，故具有鲜明的后致性。[3] 通过分析业缘关系的形成和所产生的业缘组织，我们可以进一步探讨蕴含其中的历史文化原因、内在联系及功能，揭示其在学科研究领域中的地位、功能及其作用。

以业缘关系建立的群体，有的其社会性重于经济性。如以学业为缘的业缘关系，不追求经济目的，而偏重联络感情、增进团结、相互帮助，所以它是以联系和沟通为主要目的。与以学业为缘的关系不同的是，以同行业为缘的业缘关系在政治、经济领域中起着更重要的作用，引起人们更多的关注。

研究历史上的业缘组织，郑迪以唐朝高祖、太宗和高宗时期的业缘关系为例，分析了唐朝官员之间的同僚和部署关系，认为以业缘关系构成的政治团体在决定大唐历史走向的重要事件中，如玄武门之变、废王立武事

---

[1] 林其锬、吕良弼：《五缘文化概论》，福建人民出版社2003年版，第317页。

[2] 林其锬、吕良弼：《五缘文化概论》，福建人民出版社2003年版，第317页。

[3] 张扬：《业缘社会结构下甘肃传统武术的传播研究》，硕士学位论文，西北师范大学，2016年，第11页。

件等，发挥了极其重要的作用，并直接决定了历史的走向。① 王雪华考察了清代吏胥群体关系，认为他们是一个在人数上数倍于官员的群体，与官员等其他群体一样，有着自己的社会文化关系网络。吏胥既可以相互援手，成就公事；又能结揽把持，害民蠹国。同时，吏胥之间不仅仅是同行伙伴，也存在竞争关系，因吏胥更重利益，故而也存在着彼此相争的一面。② "胥隶惟利是视，同侪喜相排挤，鲜能敦朋友之谊，不避患难，挺身相救者"③，由此可见其业缘关系的复杂性和多样性。

方李莉研究了清末民(民国)初景德镇陶瓷工匠的社会组织和行业文化特点，发现在特定社会组织模式下，景德镇陶瓷工艺既包含了工艺技术本身的知识体系，又有一套特殊的行业内部制度和崇拜体系，并在此基础上建立了一套与之相匹配的组织模式及价值和信仰等文化体系。④ 此外，陈东有对明清时期商业经济和商人社会的发展，尤其是海外贸易进行了研究，认为业缘关系必须依托在血缘关系的基础上，以血缘关系凝聚的传统伦理文化规范家庭或家族中的经济行为，加强族群的凝聚力和集体行为的控制力。⑤

业缘也是海外华侨华人文化的重要组成部分。林其锬研究了早期华侨业缘组织的产生、发展和传承，考察了业缘凝聚力作用下世界华商经济贸易网络的形成。他认为在这种以"业缘"为中心的社会关系网络基础上形成的海外华商经贸网络其实是一个合成体，也即海外华商经贸网络是由各种

---

① 郑迪：《唐前期中央统治集团结构成分与类型分析——以亲缘、地缘、业缘关系为视角》，硕士学位论文，中南民族大学，2012 年，第 55~65 页。

② 王雪华：《清代吏胥的血缘、地缘和业缘关系》，《武汉大学学报(人文科学版)》2012 年第 3 期，第 69~76 页。

③ 陈宏谋：《在官法戒录》卷 2《法戒录上》，清同治七年(1868)楚北崇文书局刻本。

④ 方李莉：《血缘、地缘、业缘的集合体——清末民初景德镇陶瓷行业的社会组织模式》，《南京艺术学院学报(美术与设计版)》2011 年第 1 期，第 8~19 页。

⑤ 陈东有：《明清时期东南商人社会业缘中的血缘关系》，《江西财经大学学报》2014 年第 5 期，第 97 页。

内在和外在的关系组成的，以"商贸"的业缘合力，借助亲缘、地缘、神缘等关系网络组成，以传统"伙伴制"为核心的商帮文化演化为今日华商经贸网络的运营模式。① 约翰·奈斯比特在《亚洲大趋势》中说："华人经济实体实属一个靠宗族和同乡组成的公司和企业网，各企业间层层连接，扩大规模，直至覆盖全球，用个形象的比喻，它就像当今的互联式电脑网络。当全球经济正在从单一国家经济走向网络集团经济时，华人率先创建了一个全球性的种族网络。"② 由此可见，在经贸领域，以业缘为核心，结合亲缘、地缘、神缘等凝聚的业缘文化力，对海外华人经济的发展及世界华商经济网络的形成产生了不可估量的直接或间接的影响和作用。

彭兆荣特别关注了以往对华人华侨研究相对忽略的部分，即"业缘"作为一种独特的"移动性地方"，孱入华人华侨文化认同结构中。它不仅特色鲜明，而且一直在华人生活中扮演极其重要的角色。"业缘"结成的社会关系具有地方性特点，这种以业缘为核心的地方特性具有联运性，即"行"（háng）在"行"（xíng）中——随着行业的需要而进行的"地方"（空间）变动，与之捆绑的华人群体和企业（如家族企业）也会自然而然地随行（háng）而行（xíng），"地方性"也就呈现出特色，进而华人华侨的文化属性也得以建构。③ 他进一步用东南亚华人因橡胶所建立起来的"行业缘"加以佐证。来自广东、福建、海南籍的马来西亚、新加坡、越南、泰国等华人华侨，将橡胶移植到自己的祖国，拓展他们的生业组织，形成了以橡胶树和天然胶为生产基地的"生业性地方群体"。④ 通过"业缘"本身的行业移动和行业发展，"行"在"行"中，使得地方性呈现出了相应的特色。

此外，也有学者从地域角度对业缘文化进行研究。如林崇华等以博山地区的陶瓷文化和建筑文化为例，对博山传统的"业缘"聚落和独特的建筑形式

①　林其锬、吕良弼：《五缘文化概论》，福建人民出版社 2003 年版，第 361 页。

②　约翰·奈斯比特：《亚洲大趋势》，外文出版社 1996 年版，第 213~227 页。

③　彭兆荣：《移动的业缘：重新发现的"地方"》，《兰州学刊》2016 年第 9 期，第 100~106 页。

④　王介南：《中外文化交流史》，山西人民出版社 2011 年版，第 499~502 页。

进行了研究和分析，阐述了其历史价值，并提出了可持续发展的构想。① 吕俊彪分析了杨美古镇的市场体系及商品交换所缔结的社会关系，通过对比杨美周边壮族人的生计方式、财富观念、族群身份认同及社会关系，得出"商品交换作为一种社会交往方式，是影响当地族群认同的重要因素，反之族群认同也是商品交换得以存在的社会基础"的结论②。权彤等从社会整合理论视角，分析了"日本无缘"社会产生的机理，试图重构日本以血缘、地缘和业缘关系为基础的，以互帮互助的共同体意识为精神支撑的"有缘社会"。③

综上所述，学者关于业缘的研究聚焦于历史中业缘关系组成的政治团体、行会组织及利益集团之间的格局形态及其关联度，以及海外华人华侨的业缘关系、特性及业缘文化的探讨。而对传统乡土社会的业缘关系的研究甚少，尤其是少数民族地区以业缘而聚，如龙潭仡佬族世代以丹砂为业，业缘关系超越了亲缘、地缘、神缘，成为凝聚他们的核心力量。这种以业缘而聚的凝聚力从何而来、何以维系是笔者探讨业缘的目的和价值所在。

三、仡佬族与丹砂的研究

国外学者对贵州仡佬族的研究最早始于传教士。20 世纪初，英国传教士克拉克（S. R. Clarke）在中国传教 33 年，其中 20 年的时间在贵州度过。他著有《在中国的西南部落中》一书，认为仡佬族是当地的土著。④ 从汉文史籍记载中可知，仡佬族的形成经历了濮人、僚人和仡佬族三个历史发展时期。早在殷商时期，濮人就已活动在西南、中南广大地区。周武王伐纣

---

① 林崇华、冯媛媛：《"业缘"影响下的传统民居可持续发展研究——以博山区山头镇古窑村为例》，《美术大观》2017 年第 5 期，第 104~105 页。

② 吕俊彪：《财富与他者一个古镇的商品交换与族群关系》，社会科学文献出版社 2009 年版，第 224 页。

③ 权彤、董艳：《日本社会血缘、地缘和业缘关系的解体和重构——基于社会整合理论的分析》，《中北大学学报（社会科学版）》2015 年第 5 期，第 85~91 页。

④ 参见周小艺：《兴盛、衰落与重建——黔北仡佬族历史演变的研究》，博士学位论文，中央民族大学，2011 年，第 13 页。

时，濮人与庸、蜀、羌、髳等部族参加了牧野盟誓，并以丹砂敬献周武王，周武王遂封濮人为"宝王"。从民间"宝王"传说可以推断："宝王"时代的濮人逐丹源而聚，采丹人最初多以血缘宗族的形式把控当地资源。当时处于没有首领、酋长的原始时期，"宝王"和他的族人仅是寻找朱砂石块，由商人发现其价值。濮人寻取丹砂与商人进行交易，换回所需物品。当濮人献丹砂受封为宝王后，其便成了这部分濮人的首领。事实上宝王不一定是确指的，他有可能是该地区某个具有一定号召力的人物，以他为首领来管理该地区。这样一方面，中央王朝想借助宝王势力对该地区丹砂资源进行控制；另一方面，宝王通过丹砂朝贡，保住自己的权威，能更好地利用丹砂资源。

务川仡佬族采砂炼汞最早始于何时未见相关文献记载，但是务川大坪周边出现的大量汉墓群可以佐证。汉墓群出土的大量丹砂足以说明务川仡佬族对丹砂的开采最迟不晚于东汉末期。中国古人认为，"丹砂者，是万灵之主，造化之根，神明之本"。丹砂乃天地日月精华凝结而成，象征着太阳、火、鲜血和灵魂。以之为介体，通神明之德，类万物之情，便可实现生命的永恒。① 所以，丹砂一直以来是朝廷贵族追求的圣物，龙潭地区丰富的丹砂资源自然成为仡佬族朝贡的首要之物。《务川仡佬族苗族自治县志》载："隋大业十年（614 年），黔中太守田宗显于务川岩峰脚等处开采水银、朱砂，向朝廷纳课水银 190.5 斤。"②丹砂促进了"华夏"与"蛮夷"之间经济、文化的交流，也是表征"荒服"与"中心"归属、等级关系的物化形式。如明嘉靖年间，在盛产水银的板场设水银场局，专司课税；在三坑设巡检司，加强对水银生产地的管理，其遗址至今尚存。这一时期，丹砂、水银产量大幅度增加，市场交易频繁，民间将其作为货价的标准，当作一般等价物在市面上流通。

---

① 张颖：《丹砂之路——从贵州万山汞矿遗址申遗说起》，《人文杂志》2015 年第8 期，第 67~72 页。

② 贵州省务川仡佬族苗族自治县民族事务局：《务川仡佬族》，贵州民族出版社2006 年版，第 115~116 页。

丹砂经济促进了龙潭仡佬族历史的发展进程。大坪汉墓群出土的文物及五铢、八铢半两、四铢半两、秦半两、剪轮五铢、货泉等钱币，足以证明汉代时大坪地域内商业的繁荣，而且这种商业主要是丹砂贸易。丹砂经济促进了该地区濮人的社会分工，农耕经济、手工作坊出现，集镇已见雏形。《务川仡佬族苗族自治县志》载："唐，开集镇于板场。"[1]有明以来，务川朱砂开采在史书方志上记载颇多。如明嘉靖《思南府志》载："朱砂、水银、茶出婺川县。"因"郡产朱砂、水银、蜡诸物，皆中州所重者。商人获利，故多趋焉"，一时务川出现了"舟楫往来，商贾鳞集"的繁荣景象。朱砂、水银作为一种主要的经济贸易产品，土人不仅依为生计，也是贸易中介物，"民间贸易往往用之比于钱钞焉"[2]。"婺川有砂坑之利"，采砂炼汞自然成为当地"居人"的一种职业，成为他们的主要经济来源。丹砂本来是一种商品，但由于它的价值，竟然在民间贸易中与官府钱币等同，成为可以流通的"比喻钱钞"的特殊商品，由此可见丹砂在"居人"经济生活中的重要性。正是由于丹砂开采和贸易的兴盛，从而促进了务川经济的快速发展及当地居民与其他族群的沟通。丹砂早被人们视为至宝，历代王朝都定务川以朱砂进贡。商人们把它当作摇钱树，各朝各代、四面八方的求宝人不断涌进龙潭仡佬族地区，古道上往来乘商，人挑马驮，络绎不绝。偏僻原始的蛮夷之地竟成"商贾辐辏，人多殷富"的繁华之邦。

"以丹砂为业"是龙潭仡佬族生计的主要方式，以此生成的丹业文化已渗入龙潭仡佬族的历史、生活及观念之中。本书将丹砂置于一个具体的民族、社会、文化情景中讨论，分析丹砂作为媒介，在中央与地方及族群内外的交流和互动过程中如何引起仡佬族社会文化结构的变迁，以及其如何凝聚族群内聚力。

---

[1] 贵州省务川仡佬族苗族自治县志编纂委员会：《务川仡佬族苗族自治县志》，贵州人民出版社 2001 年版，第 501 页。

[2] 杜芳娟、袁振杰：《务川龙潭仡佬族民族身份的地方性建构》，《热带地理》2014 年第 4 期，第 438~444 页。

第三节　概念界定、研究思路及方法

一、相关理论概念阐释

（一）物的社会生命

20 世纪 80 年代，文化人类学领域开启了"物的社会生命"和"物的文化传记"的研究。最为典型的是阿尔君·阿帕杜莱于 1986 年主编的《物的社会生命：文化视野中的商品》。在阿帕杜莱眼里，物如同人一样具有社会生命。他还为此立传。① 该书聚焦于物的商品形态，追踪物在社会文化中"商品化—去商品化"的过程、方式及动因，探讨物在商品化的循环过程中产生什么样的社会价值，以及如何影响社会历史的变迁等问题。以阿尔君·阿帕杜莱和伊戈尔·科普托夫为代表，将视野聚焦于物自身，对物的社会生命研究体现出的物的积极性和能动性，以及人与物的共生关系，为物质文化研究开辟了新路径。

阿帕杜莱认为，"商品与人一样拥有社会生命"，这一观点的提出基于他对现代西方社会常识中人与物对立观念的质疑。他强调："建立在自然科学、法律和哲学等多种历史传统之上的现代西方常识具有一种强烈的倾向，即将'词'（words）与'物'（things）对立起来，从而将人与物分离开来。"②在这种观念的影响下，物是孤立、无生命的，只是人赋予了它们属性、名字、特征、动力等，这种观点使其无法解释具体的、历史的流通中的物。而在实际社会生活中，物并没有与人及其语言真正分离，即使在西方资本主义社会中也存在。马克思的"方法论的拜物教"（methodological

---

① 舒瑜：《物的生命传记——读〈物的社会生命：文化视野中的商品〉》，《社会学研究》2007 年第 6 期，第 223~234 页。

② 张进、王垚：《物的社会生命与物质文化研究方法论》，《浙江工商大学学报》2017 年第 3 期，第 42~48 页。

fetishism）修正了莫斯那种过分用社会学方法对物进行分析的趋向，即人赋予物一种特殊的社会关系——交换，物承载的这种社会关系是一种总体的社会事实。没有这种社会关系，物品将毫无意义，这就是物的社会性分析。① 马克思认为，无论哪种有关物的社会分析理论都必须关注物本身，追寻物的运行轨迹来确立，这样动态的物解释了人和社会，并非人赋予物意义。②

"物的人类学"以怎样的视野来看待物的社会生命呢？阿帕杜莱认为，若要追溯物的生命历程，其商品化过程必须受到关注。商品被视为物的社会生命中的一个阶段，在运行过程中，须经历商品化、去商品化甚至循环往复的过程。阿帕杜莱认为，商品作为特定情境中的物，在不同的社会生命节点上具有不同的情境特征，在此视野下所有的物都是潜在的商品，因此无须区分商品与其他种类的物之间的不同，而应关注商品从生产、分配、交换及消费的整个运行轨迹，进而突破马克思以商品生产为主导的视角来审视商品的方法。③ 阿帕杜莱进一步对"商品情境"进行了深入分析，认为商品是任何物的候选状态，是物的社会生命中的一个阶段，而商品的可交换性使得物在商品化的语境中不断流动，转变身份和状态。④ 从阿帕杜莱对物的商品化研究来看，商品情境中的物要么是商品，要么处于商品的候选状态。

从文化视野角度对商品化过程进行研究，以伊戈尔·科普托夫为代表。他试图以文化传记的方式来记录物的商品化过程。在《物的文化传记》中，科普托夫直接从奴隶制切入，探讨人与物的社会关系，分析奴隶从商

---

① Appadurai Arjun eds：*The social life of things：commodities in cultural perspective*. Cambridge University Press, 1986, p.5.

② 张进、王垚：《物的社会生命与物质文化研究方法论》，《浙江工商大学学报》2017年第3期，第42~48页。

③ Appadurai Arjun：*Introduction：commodities and the politics of value*, in Appadurai A eds：*The social life of things：commodities in cultural perspective*. Cambridge University Press, 1986, p.21.

④ 王垚：《物质文化研究方法论》，博士学位论文，兰州大学，2017年。

品化到再商品化到再人化的过程。在他看来，物和人一样拥有社会生命，从而他揭示了物在文化视野中不断被记录、频繁转换身份、呈现不同"生命样态"的过程。① 因此，他强调商品化并非"是或非"的判断，而应看作动态转换的过程。在研究中，科普托夫还质疑西方近代兴起的"个体的人与商品的物"的人与物分离的观念。这种分离观念在当代大规模的商业化和市场化进程中，尤其是在人和物界限交叉的领域里滋生了很多现实问题，如"器官买卖"等。② 科普托夫在对西方人物分离观念进行批判的基础上修正了爱弥尔·涂尔干等人的观点，即"人类社会的普遍结构模式赋予物的世界以秩序"③。他要强调的是："人的世界被社会规定的同时也规定着物的世界，并且社会以建构人的方式建构着物。"④历史学家帕特里克·吉尔里的《神圣的商品：中世纪的圣物流通》⑤与科普托夫的《物的文化传记》有着同样的观点，即商品化和特殊化是相互转变和交织的，无论是在小规模的非商品化社会还是大规模的商品化或货币化社会，人的传记和物的传记都是同构的，只是身份的不确定性导致物的传记内容不同罢了。⑥

阿帕杜莱进一步分析了科普托夫对商品化和特殊化问题的批判。他将商品化和特殊化发展为商品的路径(paths)和偏移(diversions)，作为对商品化和特殊化问题的缓解和延伸。"路径"和"偏移"的概念出自南希·穆恩

① 张进、王垚：《物的社会生命与物质文化研究方法论》，《浙江工商大学学报》2017 年第 3 期，第 42~48 页。

② Kopytoff Igor：*The cultural biography of things：commoditization as process*，in Appadurai A eds：*The social life of things：commodities in cultural perspective*. Cambridge：Cambridge University Press，1986，pp. 73-84.

③ 爱弥尔·涂尔干、马塞尔·莫斯：《原始分类》，汲喆译，上海人民出版社 2005 年版，第 65~66 页。

④ 斯科特·拉什、西莉亚·卢瑞：《全球文化工业：物的媒介化》，要新乐译，社会科学文献出版社 2010 年版，第 29 页。

⑤ Patrick Geary：*Sacred Commodities：The Circulation of Medieval Relics*，in Arjun Appadurai eds：*The social life of things：commodities in cultural perspective*. Cambridge University Press，1986，p. 188.

⑥ 舒瑜：《物的生命传记——读〈物的社会生命：文化视野中的商品〉》，《社会学研究》2007 年第 6 期，第 223~234 页。

(Nancy Munn)对噶瓦人(Gawan)的库拉系统的分析。① 阿帕杜莱以"库拉"作为案例进行分析,指出马林诺夫斯基对库拉的研究不全面并存在问题。他认为在库拉系统中,物品的流通有相对稳定的路径(包括物品流动的方向及在相对稳定的群体之间的流通),但由于库拉在不断运动,在交换的过程中发生偏移,产生新的路径。在这一运动过程中,新路径不断偏移既定的路径,又产生新的路径。② 库拉建构了一个非常复杂的系统,物品交换的路径和偏移在这一系统中不断发生变化,在此过程中人对物(贝壳)不断进行分类,赋予其价值,同时物也不断对人进行界定。③ 更为重要的是,在这一系统中政治的作用因价值竞争被展示出来,具体表现为交换中的算计和竞争。

算计和竞争在"价值竞赛"中得以凸显,导致商品产生新的流动路径。如圣物流通、夸富宴以及库拉圈等都有各自竞赛的表达形式,是理解价值竞赛的经典案例。阿帕杜莱对现代社会中的艺术品拍卖进行分析,指出这种拍卖方式远远超出了传统经济计算的范围,关涉价值转让。④ 进而他又从商品的政治角度,分析了商品在社会生命中各种社会力量介入商品(或物)的价值机制,同时商品(或物)也不断介入人的社会生活,两方面的社会关系张力形成一种商品的政治(或物的政治),这种政治(指与权力有关的关系、假定、竞争)将商品社会生命中的价值和交换联系起来。⑤ 在商品

① Munn Nancy: *Gawan kula*: *spatiotemporal control and the symbolism of influence*, Leach and J Leach. *The Kula*: *new perspectives on massim exchange*. Cambridge University Press, 1983, pp. 277-308.

② 王垚:《物质文化研究方法论》,博士学位论文,兰州大学,2017年。

③ Munn Nancy: *Gawan kula*: *spatiotemporal control and the symbolism of influence*, Leach and J Leach. *The Kula*: *new perspectives on massim exchange*. Cambridge University Press, 1983, pp. 277-308.

④ 舒瑜:《物的生命传记——读〈物的社会生命:文化视野中的商品〉》,《社会学研究》2007年第6期,第223~234页。

⑤ Appadurai Arjun: *Introduction*: *commodities and the politics of value*, in Arjun Appadurai eds: *The social life of things*: *commodities in cultural perspective*. Cambridge: Cambridge University Press, 1986, p. 21.

不断的交换流通及价值协商过程中，社会控制和特权之间的关系被反映和建构起来，从而政治就在商品交换既有的路径与对这一路径的不断偏移之间的张力中形成。① 阿帕杜莱强调和建构了声望关系和社会控制，为当代物质文化研究开辟了新的维度。

（二）业缘

《周礼·考工记》曰："知者创物，巧者述之守之，世谓之工。百工之事，皆圣人作也。"注疏：父子世以相教。② 这不仅涉及中国一整套行业技术的规程，也瞥见中国传统宗法制度的纽带，将血缘、亲缘与业缘结合在一起。③ 社会学、人类学认为中国社会是关系本位的社会，并将社会关系分为血缘、地缘、神缘、物缘和业缘五种基本的社会关系。费孝通先生指出，在中国乡土社会中，各种社会组织首先是在血缘与地缘基础上形成的，这种血缘与地缘也是人与人之间最基本的社会关系。④ 而业缘关系又是在血缘与地缘关系的基础上建立起来的。

关于业缘，《中国大百科全书》将其定义为："它是以人们广泛的社会分工为基础而形成的社会关系。"彭兆荣认为，"业缘"强调同学、同业关系。⑤ 王沪宁在《当代中国村落家族文化——对中国社会现代化的一项探索》中称："所谓业缘，指的是人们根据一定的职业活动形成的特定关系，而职业活动又是一种超出了传统村落家族的农耕活动，与整个社会政治、经济、文化相适应的活动。"业缘关系的性质与血缘、地缘关系相比较，"它不以先天的某种因素为转移，也不以某一地域为转移，而是一个正在

---

① 张进、王垚：《物的社会生命与物质文化研究方法论》，《浙江工商大学学报》2017 年第 3 期，第 42~48 页。

② 郑玄注、贾公彦疏：《周礼注疏》，上海古籍出版社 2010 年版，第 1525 页。

③ 彭兆荣：《论"大国工匠"与"工匠精神"——基于中国传统"考工记"之形制》，《民族艺术》2017 年第 1 期，第 18~25 页。

④ 陶然：《"业缘"影响下的传统聚落与民居形态研究——以博山地区为例》，硕士学位论文，山东建筑大学，2013 年。

⑤ 彭兆荣：《生存于漂泊之中》，上海文艺出版社 1997 年版，第 28 页。

逐步成长起来的因素。业缘关系的形成，自然滋生出削弱血缘关系和地缘关系的力量，同时也就改变着村落家族文化，造成村落家族力量的削弱。可以说业缘关系是跨血缘和跨地域的，也是跨家族的"①。

业缘关系的形成必须具备以下条件：①生产力的发展使得多余的农业人口脱离土地耕作，但不影响他们获得必要的生存资源；②社会经济的发展水平向社会提出了扩大劳动力的要求，脱离土地耕作的人口能够找到就业的机会并获得必要的报酬；③脱离土地耕作的人口具备必要的技能和知识，以适应非耕作性工作的要求；④社会政治、经济体制允许劳动力的这种流动；⑤社会生产力的发展使得一部分人能够摆脱直接生产性的劳动，从事其他类型的工作，如第三产业的工作等。②

业缘与生业、行业、同行等糅合。《师说》曰："师者，所以传道受业解惑也。"受业，就是传授学业，即各种专业知识，因此同行是业缘。③ 明朝宋应星的《天工开物》是继《周礼·考工记》后又一部中国历史上重要的手工技术资料，书中详细记载了中国三四百年前流传于民间的多种工艺技术，计18类107项。④《清稗类钞·农商类·三十六行》云："三十六行者，种种职业也。就其分工而约计之，曰三十六行；倍之，则为七十二行；十之，则为三百六十行；皆就成数而言。"⑤生业、行业随社会分工及社会生产力的发展而发生变化，如唐代以行分业，据文献可查者有数十个，到元代其数目便达到313个，可见其分业之细。有了不同的分业，就有从事不同行业的群体。⑥

① 郑迪：《唐前期中央统治集团结构成分与类型分析——以亲缘、地缘、业缘关系为视角》，硕士学位论文，中南民族大学，2012年。

② 冯楠：《龙门古镇古村落研究》，硕士学位论文，西安建筑科技大学，2004年。

③ 于拾：《师说》，吉林大学出版社2008年版，第3页。

④ 彭兆荣：《论"大国工匠"与"工匠精神"——基于中国传统"考工记"之形制》，《民族艺术》2017年第1期，第18~25页。

⑤ 徐珂：《清稗类钞》，中华书局1984年版，第2289页。

⑥ 林其锬、吕良弼：《五缘文化概论》，福建人民出版社2003年版，第306页。

业缘关系下自觉生成不同的业缘组织。《清稗类钞》之《农商类·客商》中记载："客商之携货远行者，咸以同乡或同业关系结成团体，俗称客帮。有京帮、津帮、山东帮、山西帮、宁帮、绍帮、广帮、川帮等。"①这些行帮会馆，受血缘、地缘关系的影响，以同乡的名义，将外出商贾、手工艺人等聚集到一起，形成行业垄断势力，抵制外来同行竞争者。因此从组织形式上看，这类行帮会馆是建立在血缘、地缘基础上的同业组织，以同乡同籍之义来形成互惠互利的稳定业缘关系。随着社会经济的不断发展，商业活动日益频繁，各行各业自觉形成了一定的行业组织，目的是维护本行业的权益，以团体的形式协调本行业与社会其他有关方面的关系。从商帮、会馆、公所、公会到后期逐步成熟的商会，行业组织经历了由以血缘、地缘关系为主到以业缘关系为主的转变过程，在现代经济社会中起着举足轻重的作用。②

业缘关系的内聚力从何而来呢？业缘关系的格局形态及其关联度取决于业缘的内聚力。亲缘关系有着天赋的血缘和精神纽带，亲缘群体的内聚力是亲缘关系形成时就具有的。而业缘并非天然的关系，它除了在同亲缘、地缘关系相结合时所借助的"亲缘—地缘"内聚力外，还需要自己的再创造。许多社会学家、人类学家研究表明，人生存在现实世界中总是力求获得超过社会资源平均份额的那一部分资源。③然而，想要得到更多的社会资源，个体必须结成群体才能获得。这就是同行同业结成群体的内聚力，也是业缘群体内聚力形成之动因。也就是说，同业成缘的内在因素是同业间的共同需要。④

"情感"和"利益"两条基础纽带形成了业缘关系的内聚力。让业缘内聚力产生作用的最大边界是同业。"业"成为边界的标志。在同业之内，事实

---

① 徐珂：《清稗类钞》，中华书局1984年版，第1846页。
② 陶然：《"业缘"影响下的传统聚落与民居形态研究——以博山地区为例》，硕士学位论文，山东建筑大学，2013年。
③ 林其锬、吕良弼：《五缘文化概论》，福建人民出版社2003年版，第321页。
④ 林其锬、吕良弼：《五缘文化概论》，福建人民出版社2003年版，第321页。

上还存在若干交叉重叠的缘的小边界。每一个小边界内都有其特有的内聚力，在其交叉重叠的部分则产生了业缘的外合力。（如图 1-1 所示）

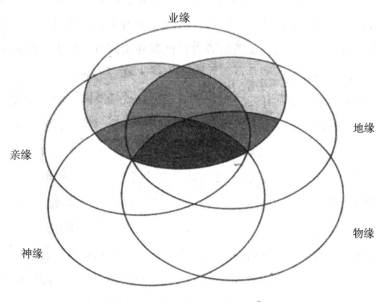

图 1-1　业缘外合力示意图①

业缘与亲缘的结合，是业缘产生初期最先出现的合力。随着"业"的发展，特别是在激烈的竞争中，亲缘关系不能够适应"业"发展的需要，同宗同族关系就扩大到同地缘的关系。在许多情况下，业缘与亲缘、地缘相结合，组成三重缘关系纽带的合力；由于民间信仰及行业精神内聚的需要，业缘与神缘结合，直到现在，一些行业依然存在自己的行业神。这些行业神，不论是因对人崇拜而将其神化的，还是固有的神明兼而为行业神的，都在行业中具有至高无上的神圣地位；社会中人们以"物"为缘结交朋友，如以"棋"为缘，成为棋友，像这种以某一共同事物的爱好，既可以同亲缘、地缘、神缘相交融，又可以超越亲缘、地缘、神缘，其发展与业缘一

① 林其锬、吕良弼：《五缘文化概论》，福建人民出版社 2003 年版，第 331 页。

致，且可以与业缘相结合，统称为"物业缘"①，如以"茶""丹砂""酒"等为缘的各种经济文化节，是实践中物缘和业缘相结合的创造性运用。

五缘关系交错重叠、相互渗透，形成复杂的网状结构。它们可以相互联结，如"业缘—地缘—神缘"，也可以是"业缘—地缘—物缘"等。透过业缘合力的变化，我们可以看到业缘关系的发展状况。影响业缘关系发展变化的基本因子是人们所从事的行业活动同各类社会资源的依存度。这个依存度既同社会文化传统相关，又决定于社会经济的发展程度。

随着社会经济的发展、人们实际生活的需要，业缘关系越来越受到社会的重视。在频繁的人际交往及利益诉求中，占支配地位的正是这种以行业为纽带的关系——业缘关系。本书研究的务川龙潭古寨正是这样一个以业缘关系联系起来的乡土社会。

权力概念在布尔迪厄那里，是作为一般的社会关系和社会力量而表现出来的，可以是政治性的、社会性的、经济性的和文化性的，是布尔迪厄实践论的原点与核心。他将场域、惯习、资本、阶级等理论紧紧围绕权力概念展开论述。一切政权不能只满足于权力自身而存在，对于任何行动者来说，不只是在于他们手中掌握了多少已有的现成资本，而是在于行动者手中掌握的资本走向，以及他们的策略性行为倾向。② 这种倾向(或惯习)本身就是依据过去经验与资源引导人们较为容易地获得成功的行动方案，即人们在行动过程中如何将文化资本与经济资本匹配以达到利益最大化。

布尔迪厄反驳莫斯的礼物交换时，与莫斯走了完全不同的两条路径，我们可称之为"权力范式"和"社会范式"的区别。③ 布尔迪厄在解读莫斯的礼物时，受到莫斯对"声誉货币"的启发，对现代权力运作方式进行分析，提出了礼物交换中的"象征财产经济学"。④ 他认为莫斯的礼物交换行为实

①　彭兆荣：《生存于漂泊之中》，上海文艺出版社 1997 年版，第 28~29 页。

②　高宣扬：《布迪厄的社会理论》，同济大学出版社 2004 年版，第 134~135 页。

③　刘拥华：《布迪厄的终生问题》，上海三联书店 2009 年版，第 4 页。

④　皮埃尔·布尔迪厄：《实践理性——关于行为理论》，谭立德译，生活·读书·新知三联书店 2007 年版，第 157 页。

际蕴含了一种经济的信贷原则。莫斯对礼物的关注是基于"社会"何以持续以及建构团结纽带的维度展开的，这种"社会范式"亦是在涂尔干"深度自我"的意义上进行的，体现出自由和义务的完美结合。① 实际上在礼物交换过程中，馈赠与回赠之间的联系看似是两个不求回报、慷慨、毫无联系的无偿行为，即自由与义务的完美结合，实则不然：其中存在一种强迫关系，即威胁接受者一旦收到礼物就必须回报，并且多于接受的礼物。因此，义务的驱动使得礼物交换成为一种象征资本正常化的手段。② 布尔迪厄认为表面上社会的、道德的、文化的及知识的非经济要素处在自由发展的和谐社会关系之中，一旦这些要素成为人们争夺的对象时，其经济价值便得到凸显，成为体现社会经济价值的资本。这种具备布尔迪厄理论化下的资本，通过权力运作成为人们膜拜与追逐的对象。

布尔迪厄大胆地将资本概念与权力概念相连，其中权力概念包括了各种物质、象征、文化及社会权力。这样一来，他的资本概念从原有的物质化状态延伸至文化符号领域，从而建构起"符号暴力"的政治学。③ 这种软性的、被否定的符号暴力，成为赋予社会以秩序和理解的工具。它总是合理地为本来"赤裸的"统治套上一层合法的、自然的外衣。社会支配利用符号资本的巫术效果装扮成亲近和蔼、符合大众利益的面目，出现在被统治者眼前，从而使统治的基本模式转向符号操纵的形式。④ 符号暴力揭示了作为单纯的文化象征意义的符号表达成为负载了文化资本的权力运作形式，成功地将现存不平等的社会关系合法化。⑤ 被符号权力制造的利益幻

---

① 渠敬东：《涂尔干的遗产：现代社会及其可能性》，《社会学研究》1999 年第 1期，第 31~51 页。

② 皮埃尔·布尔迪厄：《实践理性——关于行为理论》，谭立德译，生活·读书·新知三联书店 2007 年版，第 157 页。

③ 张意：《文化与符号权力——布尔迪厄的文化社会学导论》，中国社会科学出版社 2005 年版，第 127 页。

④ Bourdieu P: *Symbolic Power. In Bourdieu Pierre Identity and structure*. Nafferton Books，1977, p. 112.

⑤ 郑向春：《葡萄的实践：一个滇南坝子的葡萄酒文化缘起与结构再生产》，北京大学出版社 2012 年版，第 45 页。

象似乎具有一种无关目的又符合目的的亲和力，自然而然地产生意识形态效果，总能得到统治阶级和被统治阶级的认同和支持。这种被合法化和正当化的符号权力，隐蔽了人们在社会实践中对资本争夺的功利性目的，使得资本的不平等分配合法化。

其实，符号权力与实践的合法性问题在社会关系结构中并非步调一致。其合法性本身在社会竞争中一直处于激烈的争论与斗争之中，无论是个体、群体，还是家庭、社会机构等，总是对权力与实践的合法性问题产生怀疑和颠覆。社会中不同群体总是围绕着财富、收入、财产等与经济有关的经济资本和与文化有关的文化资本，如文化、知识、教育文凭等，进行争夺与斗争。这两种资本的不平等分配及分布等原因造成了社会现实的不平等及矛盾冲突。争取合法性、正当性的战争总是"野火烧不尽，春风吹又生"，以不同的形式发生在社会实践的各领域。布尔迪厄将这种斗争视为人类生存的基本动力，将权力的争夺视为社会组织的核心，其斗争与争夺的目标乃物质资源与符号资源。

布尔迪厄的权力理论充满斗争、冲突、争夺、策略等意义，而萨林斯的权力理论则维系了社会结构中的平衡、和谐、互助等关系。萨林斯对权力的解释同样与象征符号联系在一起，只是这种象征性的关系和意义源自一整套神话意义系统。这套神话系统中有国王、百姓等不同阶层的人，其中拥有权力的国王拥有一种超越宇宙的权力，能化解不同利益之间的冲突。他降临于某一社会，生产出一套混乱的反结构社会模式。生活在这一社会结构中的人们此时出现与先前社会秩序及道德的一种断裂，直到这种神圣的力量作用于社会，在社会结构中获得存在价值。同时，当地的人们也依附这一宇宙论式的神话版本，指导社会实践，直到这种超自然的象征符号意义在当地人民心中获得合法化地位之后，权力者（国王）才将人们带出这种混乱状态，重新回到稳定的社会状态之中。这种结构模式类似于特纳（Turner）提出的"结构—反结构—结构"的仪式过程。尤其是在反结构过程中，象征意义关系得到转换及再生产，创造和谐、稳定、幸福的社会场景。

布尔迪厄与萨林斯对于权力的论述都运用了象征符号概念，但符号与权力的关系在二者论述中表现出巨大的差异性。布尔迪厄将符号作为媒介，探讨权力与文化资本的关系，从而构筑了围绕"符号暴力"的冲突与斗争的社会结构体系。而萨林斯将符号植人宇宙论意义的神话知识体系中，人们以此为参照系统，使得这种神话行为模式获得正当的合法性。因此，从某种意义上说，布尔迪厄构筑了围绕权力符号争夺的社会结构冲突论，而萨林斯则构筑神话—实践模式的社会结构和谐论。①

（四）族群认同

族群认同一直是国内外学者关注的热点话题，也是人类学学者最关心的重点议题。韦伯指出："族群是建立在它的成员共享某种信仰的基础上，而这种信仰一般是族群成员主观意识里关于来源于同一祖先的共同认同。"②卡拉（J. Carla）认为，"族群认同是个体对本族群的信念、态度以及对其族群身份的承认"③。菲尼（Phinney）将族群认同界定为："它是一个多维的、动态的，涉及人的自我概念的结构；族群认同是一个概念化的自我模式，这一模式可能被周围的环境拒绝或接受，但它对个体具有强制性，即你有什么样的祖先、什么样的后代都是先定的，所以族群认同就是一个复杂的社会结构，包括个体对族群的归属感、个体对自己所属群体的积极评价及个体对群体活动的参与等。"④菲尼还在埃里克森的认同发展理论基础上提出了个体群体认同发展四阶段说：①弥散性的认同，即个体认

---

① 郑向春：《葡萄的实践：一个滇南坝子的葡萄酒文化缘起与结构再生产》，北京大学出版社 2012 年版，第 46 页。

② Weber Max：*Eeonomy and Society*. In G Roth and C Wittich eds. Berkeley：University of California Press，1978，pp. 335-396.

③ Mc Cowan, Carla J, Alston Reginald J：*Racial Identity，African Self-Consciousness and Career Decision Making in AfricanAmerican College Women*. Journal of Multicultural Counseling and Development，1998，26(1)，pp. 28-38.

④ 万明钢、王舟：《族群认同、族群认同的发展及测定与研究方法》，《世界民族》2007 年第 3 期，第 1~9 页。

同缺失或弥散；②排斥的认同，即个体表现出对种族特性的关注；③延迟的认同，即个体继续探索族群特性，其间往往要经历深度混乱；④获得性认同，即个体与族群将认同成功地整合到自我概念中，个人自尊是这一理论的主线，可以影响个体认同的发展阶段。① 圣地亚哥-里韦拉（Santiago-Rivera）从多个维度总结了族群认同的构成成分，包括：自我认同；对自己文化的认知，如语言、习俗、信仰、观念、格言等；流利的语言；族群态度和对群体成员的情感。值得注意的是，在对族群进行研究时，应选择多个因素测定族性。②

彭兆荣从记忆理论角度分析了记忆与族群认同的关系，认为记忆或是忘却都是和族群认同联系在一起的。族群认同并非空泛的，它通过人们记忆的选择达到族群内部的认同。③ 王明珂认为血缘族群之认同与区分还与资源的分享和竞争有密切的关系，在这两股力量的作用下形成族群认同和变迁，由近及远、由小变大，从少数民族到中华民族的群体认同。④ 周大鸣从文化角度分析，认为族群认同总是通过一系列的文化要素表现出来，是以文化认同为基础的，因此这些文化要素基本上等同于族群构成中的客观因素。⑤

族群认同应具备哪些关键要素呢？根据菲尼和圣地亚哥-里韦拉的观点，族群认同应包括以下四点：①族群知觉，即个体对"我者"与"他者"的了解，包括与族群有关的知识、习俗、历史、属性、特征与其他族群之间

---

① 祁进玉：《族群认同与族群性研究——兼论对中国民族问题研究的意义》，《青海民族研究》2010年第1期，第20~27页。

② Santiago-Rivera A L: *Ethnic identity*, in J Mio, J Trimble, P Arredondo, H Cheatham; and D Sue. *Keywords in Multicultural Interventions: A Dictionary*. Greenwood, 1999, pp. 107-108.

③ 彭兆荣、朱志燕：《族群的社会记忆》，《广西民族研究》2007年第3期，第72~78页。

④ 王明珂：《华夏边缘：历史记忆与族群认同》，社会科学文献出版社2006年版，第247~249页。

⑤ 周大鸣：《论族群与族群关系》，《广西民族学院学报（哲学社会科学版）》2001年第2期，第13~25页。

的差异等，以此为基础，个体才能正确地辨别和标识出自己所属的族群；②自我的族群身份认同，即个体以自己属于某一族群的知觉和概念为基础，习得正确而一致的族群标记；③族群态度，即个体回应"我"族群与"他"族群意识的方式，这种意识可能是正向积极的，也可能是负向消极的；④族群行为，即在个体对族群认知的前提下，其行为是否与本族群的要求相符。①

从文化角度，孙九霞总结了族群认同的几个基本要素。首先，族群认同的基础要素建立于群内成员共同的历史和遭遇；其次，语言、习俗、宗教、地域等文化特征也是族群认同的要素。尽管共同的历史遭遇和相似的文化特质是族群认同的基础，但在现实生活中，认同并非完全按照这些客观要素成正比等量地发生。因为存在这样的情况："只要任何一方发现维持和建立民族界线于己方有利，哪怕轻微的口音甚至细小的举止都可能被用作族群标志。"②正是族群认同强化了文化的差异，而不是文化因素真有这么大的差别。

在有关族群认同产生的根源和原因问题上，学术界存在各种不同的看法。如：原生论(克利福德·格尔茨、皮埃尔·范登伯格等人为代表)，族界理论(弗雷德里克·巴特为代表)，工具论(阿伯乐·库恩、保罗·布拉斯等人为代表)，辩证阐释理论(查尔斯·凯斯为代表)，以及以 Raoul Naroll 为代表的文化说，以布拉克特·威廉斯为代表的"民族—国家及其意识形态"构建说等。归纳起来，学界主要以原生论、建构论和工具论最有代表性。③

最早探讨族群认同起源问题的是原生论。原生论也叫根基论，代表人

---

① 祁进玉：《族群认同与族群性研究——兼论对中国民族问题研究的意义》，《青海民族研究》2010 年第 1 期，第 20~27 页。

② 孙九霞：《试论族群与族群认同》，《中山大学学报(社会科学版)》1998 年第 2 期，第 24~31 页。

③ 罗彩娟、梁莹：《族群认同理论研究述评》，《广西师范学院学报(哲学社会科学版)》2014 年第 4 期，第 6~12 页。

物有爱德华·希尔斯、克利福德·格尔茨、哈罗德·伊萨克斯、皮埃尔·范登伯格等。他们从族群认同的自然性和固定性角度，认为天赋或根基性的情感联系才是族群认同的根源，所以要识别某一族群，应从族群所具有的共同世系或起源的信念中进行区分，致使有的学者认为这是亲属认同的一种延伸或隐喻。陈心林指出，原生论者并不认为族群认同可以通过生物遗传而获得，而是认为个体出生后所处的社会文化环境造就了这种情感。族群认同是族群文化濡化的结果。所以一个族群对自己世系和血统一致性的宣称，更多的是一种文化观念传承的结果，并不是对自然事实的确认。[1]克利福德·格尔茨则认为族群情感是亲属制度传承的先天资赋。这些所谓的"原生纽带"种类主要是假定的血缘纽带、语言、地域、宗教、习俗，但无论是哪一种或多种，它们都是族群成员相互联系的因素，成就了族群了解"自我"及与谁关系密切的观念世界，其力量源于人性中非理性的基础。[2] 可以说，原生性的纽带和情感是非理性的、下意识的和根深蒂固的。

　　社会生物学家皮埃尔·范登伯格将族群视为亲属关系的一种延伸，将族群认同视为人的自爱和自恋的延伸，而这种自爱和自恋的生物基础是人类的基因，而族群认同是一种根植于人类基因中的生物学理性的外化或表现。[3] 然而，皮埃尔·范登伯格原生论被认为存在一些问题：首先，即使是世系，亲属群体也不是完全根据生物学关系的远近来建立的；其次，既然他认为人类的文化创造能力应该并且可以超越人类行为的生物学基础，那么就应该多去关注文化对于人们行为的影响，而不应该过多关注那些实际缺乏证据的生物学原因。[4] 兰林友也认为，原生论过度强调了族性的原生维度，从而忽略了族群认同的灵活性与工具性，因而缺乏

---

　　[1]　陈心林：《族群理论与中国的族群研究》，《青海民族研究》2006 年第 1 期，第6 页。

　　[2]　Geertz C：*The integrative revolution：primordial sentiments and civil politics in the new states*. Old societies and new atates. Free Press，1963，pp. 105-157.

　　[3]　Van den Berghe Pierre L：*The ethnic phenomenon*. Greenwood Pub Group，1981，pp. 141-145.

　　[4]　庄孔韶：《人类学通论》，山西教育出版社 2004 年版，第 349 页。

解释力。①

除了原生论,还有情境论和工具论,它们虽然存在些许差异,但总体上归结为与原生论相对的建构论。情境论的代表人物有德普雷、贡纳·哈兰德和阿伯乐·柯恩等。他们倾向于将族群视为一种社会、政治或经济现象,从政治及资源竞争与分配角度来阐释族群的形成、维系及变迁,并强调族群认同的情境性、不稳定性和族群成员的理性选择。这一理论的早期代表人物阿伯乐·库恩认为人是双向度的,既是象征的人,又是政治的人,只有从政治角度关注,才能更好地诠释族群意识在社会生活中的实际功能。针对如何产生族群意识,他解释为,当一些利益群体不依照法定规则,无意识地利用族群既有的文化机制把自己及群体组织连接起来,族群意识便在这种情境下产生。② 美国著名人类学家克利福德·格尔茨(Clifford Geertz)曾精辟地指出:"族群的认同实际上是一个群体面对某一种社会经验的类型而进行的策略性的调整和适应。"③因而,族群认同是人们在政治、经济和文化利益的竞争中所操控的手段之一。

工具论的提出者内森·格雷泽(Nathan Glazer)和丹尼尔·莫尼汉(Daniel Moynihan)认为,一个多种族(族群)社会内部,通常因权力、威望和财富分配不均而存在短缺资源的竞争。④ 族群身份或族裔就是一种操控手段,即专门用来号召群体成员关注与他们在整个社会的社会经济地位有关的一些议题。⑤ 工具论这一解释路径得到当代诸多学者的认同,如彭兆

---

① 兰林友:《论族群与族群认同理论》,《广西民族学院学报(哲学社会科学版)》2003 年第 3 期,第 26~31 页。

② 罗彩娟、梁莹:《族群认同理论研究述评》,《广西师范学院学报(哲学社会科学版)》2014 年第 4 期,第 6~12 页。

③ See *Ethnic Adaptation and Identity: A Publication of the Institute for the Study of Issues*, Philadelphia, 1979, pp. 3-6.

④ Glazer N, Moynihan D P, Schelling C S: *Ethnicity: theory and experience*. Harvard University Press, 1975, pp. 11-40.

⑤ 祁进玉:《族群认同与族群性研究——兼论对中国民族问题研究的意义》,《青海民族研究》2010 年第 1 期,第 20~27 页。

荣从工具论的视角，对瑶麓这样的小规模无文字社会进行了研究，认为瑶麓社会的共同体性质明显具有六个姓氏根据需要进行组合的意义，从而产生特殊的认同感。在瑶麓社会，许多符号性表述，如石鸟、木鱼等，都给人以强烈的"共同体/氏族"结构性认同，这种认同是个体在文化适应过程中得到的，是对文化价值的一种确认。①

族群认同具有主观性，是在具体的历史和社会文化情境下构建起来的。在现代化进程中，各项因素和指标的不断变化使人们随之产生认同上的变化，关注认同语境的变化并争取其朝着有利于社会的方向发展。② 这不仅是学者们所要研究的，更是人类学者倡导并为之努力的。

二、研究思路及方法

(一)研究思路

"以丹砂为业"作为一种生计模式，建立了龙潭仡佬族共同的业缘关系，成为龙潭仡佬族族群凝聚的主要力量，甚至成为龙潭仡佬族区别于其他族群的重要标志。因此，本书以"龙潭仡佬族特殊的业缘关系是如何成为其族群认同之内聚力的"作为问题的起点，从王朝势力的渗透及丹砂的社会生命史两条线出发，围绕丹砂的生产、分配、交换及消费等环节，勾连龙潭仡佬族与王朝、族群及族群内部建立的关系网络，论证以"业缘"作为民族特殊标志及精神凝聚的合理性。透过"业缘"关系的形成路径，重拾传统文化知识，阐释在旅游情境下，如何以"业缘"关系重构族群身份认同，为人类学研究族群及其经济、社会、文化提供一个特殊的研究视角。其研究结论归结于：笔者在贵州龙潭进行田野调查时发现，有一支以"业缘"而聚的群体，即龙潭仡佬族，他们主要以"业缘"作为其族群凝聚的内

---

①　彭兆荣：《民族认同的语境变迁与多极化发展——从一个瑶族个案说起》，《广西民族学院学报(哲学社会科学版)》1997年第1期，第31~39页。

②　彭兆荣：《民族认同的语境变迁与多极化发展——从一个瑶族个案说起》，《广西民族学院学报(哲学社会科学版)》1997年第1期，第31~39页。

核，"业缘"是该族群与其他族群的分类标志。同时，从保护地方性知识的角度，通过族群身份认同的策略性表述，将地方文化知识活态化。其研究思路如图1-2所示。

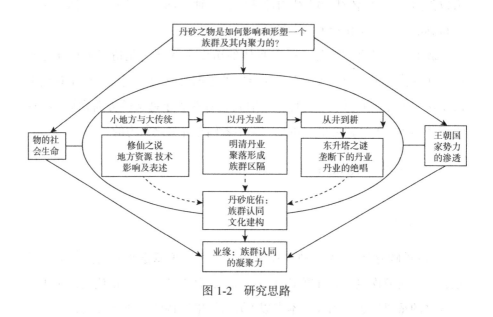

图 1-2　研究思路

　　第一章介绍研究缘起、方法及研究内容，梳理了"物—事—人"三者之间的互动关系和相关前沿理论，探讨本书所涉及的"物的社会生命""业缘""权力"以及"族群认同"等人类学相关概念，为后续研究提供认知及相关的理论支撑。

　　第二章主要从时间、空间及当地人的感知世界三个维度出发，对龙潭古寨的地理环境、历史沿革及其社会文化背景进行全面了解。从当地对丹砂的神话传说逐渐展开，以"丹砂"为中心，以活动于这一时空中的因丹砂而聚的"人群"为连接纽带，将空间性的地理结构融入历史性的社区发展中加以理解，力图展现这一地域社会与文化的整个结构过程。

　　第三章试图在小地方的丹砂资源与大传统下的仙丹文化背景及政治、经济、文化等多种因素之间建立某种逻辑关系，以及探究大传统文化与地方接触后对小地方产生了哪些影响。

第四章进入龙潭仡佬族以丹砂为业的时代，首先从龙潭仡佬族以丹砂为业的神话传说入手，探讨当地族群与个体如何通过历史叙事连接古老前人与仡佬族，并勾勒出当地丹业相对自主的发展阶段以及因丹砂资源建立的王朝与地方社会之间的交换关系，随后回顾了明清时期龙潭地区的丹业发展。因丹砂经济的发展，贸易的力量已将龙潭地区带入一个全国性的人文和经济网络中，同时也是促使其加快进入王朝的直接统治架构的重要动因。当然，影响当地社会动态变迁的，并不仅仅是经济学意义上市场的形成与整合，更重要的是在这个市场体系中人群的活动及关系的缔结。

第五章讲述清末以后龙潭丹业的衰落。将龙潭衰落的原因归结于当地衙门修建东升塔，破坏了当地的风水。透过东升塔传说探讨当时的历史背景及丹砂资源被垄断后龙潭仡佬族的生产生活状况。因生态保护及采砂炼汞对环境严重污染等原因，丹业走向了末路。丹业的衰落带来了集市的衰落及脚夫的生计转型，使得农业成为当地仡佬族谋生的生计方式。随着丹业向农耕的转变，业缘关系发生了根本性的变化，以丹业所承载的龙潭仡佬族的集体记忆和身份认同式微。

第六章从业缘的角度探讨丹砂与龙潭仡佬族的关系及影响因素，证实业缘促成了当地族群认同的形成。在传统村落旅游背景下，挖掘民族文化资源，寻找仡佬族与传统文化间的关联性，以传统习俗、民间舞台、遗产恢复、文化景观等方式表达出来。在传统村落旅游发展情境下，对已逝去的传统文化进行追溯性复原和展演，进而唤醒仡佬族成员的认同感和归属感，使其自觉学习运用地方文化表达族群认同则是旅游情境下另一种"文化展演"的真实诉求。

第七章结论部分，笔者通过回顾人类学领域内关于族群认同理论的研究，发现以"业缘"凝聚成共同体的特殊族群比较少见——而龙潭仡佬族正是以"丹业"作为一种生存和交往方式，是其他"缘分"（如亲缘、地缘、神缘、物缘）的依附者——进一步证明在龙潭古寨"业缘"关系成为其族群认同的基础，从而为研究族群及其多元文化提供了一个独特的分析和研究视角。

（二）研究方法

参与观察法一直被认为是人类学最重要的田野调查方法。笔者用此方法深入研究对象的生活世界，切实体验龙潭仡佬族的生活，全面、系统地理解当地丰富的丹砂资源与动态的人与人之间的互动关系，感受他们对人对己的态度，从主位的角度观察并理解社会、经济、文化等诸多因素之间的关联，将龙潭仡佬族置于族群交往的历史脉络中，并借助相关历史文献的记载，包括期刊论文、地方碑记、墓志、家谱、宗祠、布帛等，打通历史与现实之间的通道，真正理解当地人的现实生活。对于研究者来说，在田野调查中学会"观察"是非常重要的，还要聆听当地人的心声，尤其是不同群体、性别、职业及年龄段的人，关注他们所经历过的事情、历史记忆及现实生活的口头表述。通过自下而上的研究方式，对过去与现实、族群与国家、资源与权力、社会与文化进行重新解读，建立一个经由历史文献耙梳，参与观察与深度访谈兼具的研究架构，尽可能多角度地呈现相关事件和社会事象的实在状况。

本书还采用跨学科的研究方法。近几十年以来的学术发展迎来了一个跨学科甚至是"去学科"的时代。实际上在任何事物之间，事物内部都是相互勾连、牵一发而动全身的，其事物的表象背后蕴含的深层次规律也并不以学科的划分为依据，不以学科的局限为转移。学科与学科之间的界限被突破，学科理论之间的屏障正在被打通。因此，本书从人类学学科的基本关怀角度，以人类学的研究范式为指引，并以人类学所关注的核心问题为目标，力图突破学科界限，运用跨学科的知识，如历史学、经济学、社会学等学科的研究方法解决田野调查遇到的实际问题。

多重据证的方法也是本书采用的重要研究方法。由于任何证据对分析一个问题的效度都是有限度的，因此在人类学研究工作中，证明某一个观点需要采用多重论据，包括历史记载、方志、墓志、族谱、口述材料、器物材料、考古材料、仪式、舞蹈、民歌、图像、影像等，这些都应被学术研究者用于对学术问题的取证上。鉴于此，笔者在田野调查及书稿撰写中非常重视对多重论据的收集和运用。

第二章　龙潭人家：石旮旯里的"Glao"

第一节　区域背景及早期建制

> 石旮旯来石旮旯，石旮旯住的是仡家。
> 石旮旯地仡家种，粮食收进地主家。
> 仡佬头上两把刀，租子重来利息高。
> 穷人眼前三条路，逃荒、上吊、坐监牢。
> 有钱人来到大田坝，仡佬被赶上老山林。
> ……
>
> ——仡佬族苦歌①

　　仡佬族苦歌生动形象地表达了贵州地区仡佬族先民生活条件的艰苦和艰辛。原因主要是历史上连年混战、统治者的压迫及大规模的人口迁徙，致使仡佬族人口锐减，并且被迫迁徙到荒山野岭，在贫瘠的石旮旯里艰难求生存。务川秀才田子高曾用"用阴历仍用阴历，过新年又过荒年"来表达仡佬族心中的疾苦与生活的无奈。历史造就了今天"高山苗，水仲家，仡佬住在石旮旯"的局面。

---

① 周小艺：《仡佬族》，辽宁民族出版社 2014 年版，第 39 页。

一、区域概貌

务川仡佬族苗族自治县是全国仅有的两个仡佬族自治县之一，地处中国西南、黔东北地区，介于东经107°31′~108°31′、北纬28°11′~29°05′之间，东与沿河土家族自治县、德江县毗邻，西连正安县、道真仡佬族苗族自治县，南邻凤冈县，北靠重庆市彭水土家族自治县。东西最宽62千米。南北最长125千米，县城距历史文化名城遵义190千米，距省城贵阳348千米，距重庆彭水县67.3千米，是遵义乃至贵州进入重庆、长江的出境县之一(见图2-1)。① 全县46.17万人口中，少数民族占96.56%，其中仡佬族人口19.62万人，占总人口的42.50%；苗族人口17.83万人，占总人口的

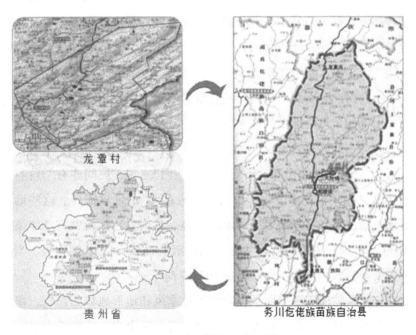

图2-1 龙潭村地理位置图

① 贵州务川自治县概况：http://www.gzmw.gov.

38.62%；土家族人口4.9万人，占总人口的10.61%。仡佬族人口占全国仡佬族总人口的44%。①

"务川"之名第一次见诸史籍是在《隋书·地理志》。隋开皇十九年（599年），隋中央王朝为了"招抚生僚"，将务川设县并归入巴东郡管辖。② 自此，务川之名开始频繁出现在中国古代的相关史书和地志笔记中。唐《元和志》载："内江水，一名涪陵水（今乌江），在县西四十步，因川为名，曰务川县。"至元十八年（1281年），务川县城因婺星飞流化石坠地，改"务川县"为"婺川县"。③ 1959年，经国务院批准，改"婺川县"为"务川县"。1986年8月21日，国务院决定撤销务川县，设立务川仡佬族苗族自治县，实行民族区域自治。

务川地形地貌复杂。务川县位于云贵高原的大娄山和荆楚大地武陵山区接合部。地形由西北、东南分别向中部洪渡河谷底一带倾斜，平均海拔高度1034米，最高峰浊水的笋子盖海拔1743米，最低处红丝乡洪渡河出口海拔325.3米，相对高差1417.7米，县城海拔高度640米。山脉走向多呈东北—西南向和南北向排列，主要由岩门山、浊水山、山江山、京竹山和王武山等构成该县地形的基本骨架。全县喀斯特地形分布广泛，另有狭窄条带状分布的砂页岩地形。地貌形态复杂，高原山地居多，气候复杂多变，素有"八山一水一分田，一分道路和庄园"之说，民间亦有"开门见山，出门爬山""山下桃花山上雪，山前山后两重天"的谚语流传。这些谚语生动形象地描述了务川复杂多变的地理环境。县内大小河流共有284条，总长1033.2千米，主要河流有洪渡河、洋岗河、岩门河、长溪河等。当地水资源主要来自降水，年平均降雨量1272.7毫米。

在气候及物产资源方面，境内由于受季风和地形地势的影响，寒暑之气南北迥异，高山平地气候各异。其地晓薄，梯山为田，既乏水泉，则必

---

① 2014年务川仡佬族苗族自治县少数民族人口分布情况统计数据。

② 向海燕：《注视仡佬》，现代出版社2014年版，第180页。

③ 贵州省务川仡佬族苗族自治县县志编纂委员会：《务川仡佬族苗族自治县志》，贵州人民出版社2001年版，第62页。

资雨以为灌阴。并且有夏季风进退的年际变化，雨季时早时晚，经常出现春旱夏旱，对农业生产不利，但是虽"产米不多，有苞谷杂粮等代替，足敷民食，无需他处接济"①。此地经济作物主要有烤烟、油菜、茶叶、漆树及油桐等；矿产资源极其丰富，主要有汞、铁、煤、铝、钒、锌、铜、重晶石、石灰岩、荧石等。其中汞驰名中外，属全国特大型矿床之一，其储量占全国汞矿储量的 22%，占贵州省汞矿储量的 44%，纯度达99.999%。② 现已查明的矿床及矿点有 30 余个，主要分布在大坪的太坝、板场、老虎沟、茅坪头到丰乐官坝的田家坪一带(图 2-2)。主要矿区有木悠厂、板场、官坝、断山及赶子水矿化点，其中木悠厂为主要产矿区。据

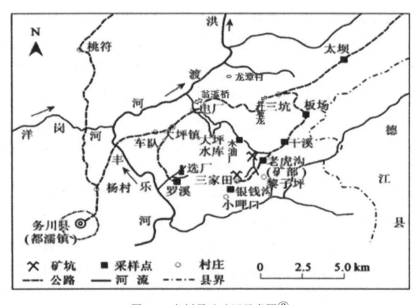

图 2-2　务川汞矿矿区示意图③

①　爱必达、罗绕典：《黔南识略》卷 16，《黔南识略·黔南职方纪略》，贵州人民出版社 1992 年版，第 171 页。

②　贵州省务川仡佬族苗族自治县编纂委员会：《务川仡佬族苗族自治县志》，贵州人民出版社 2001 年版，第 135 页。

③　务川矿志办公室：《务川汞矿历史资料 1952—1993 年》，1993 年，第 7 页。

嘉靖《思南府志》载：木悠厂"地满云连树，山空洞出砂"。古有板场长钱山（今称潜山）空邑产砂较著名。现有产品"银瀑牌"汞和"红峰牌"朱砂，质地优良，精纯度高，其中汞的纯度高达"五个九"；朱砂含硫化汞99%以上，高于部分特级朱砂标准，曾多次荣获国家级、省级优质朱砂证书。[①]

二、历史文化背景

关于这一区域内先民的生活状态，流传在大坪镇的"宝王"传说中有描述："宝王是仡佬族祖先，因献丹砂给周武王被封为'宝王'，从此宝王带领仡佬族先民濮人，在这片土地上开荒辟草、采砂炼汞、繁衍生息。""宝王菩萨"的故事，几千年来被世人传颂，历朝历代史书对仡佬族先民采砂和苛捐杂税都有记载。《逸周书·王会解》："成周之会……卜人以丹沙，晋孔晁注'卜人，西南之蛮，丹沙所出'，有其下注：'卜，即濮也，沙即砂，亦是朱砂。'"[②]《禹贡》记："荆州贡丹砂。"荆州包括今川、鄂、湘、黔边区，务川属其地区。虽无确凿记载，但也不排除历史上朝贡的丹砂为务川濮人所产。

务川在先秦时期属巴郡。秦始皇统一全国后，推行自商鞅变法以来所实行的重农抑商政策。这一时期虽对商人采取压抑的政策，但仍不能阻止商业的发展。一方面，农业、手工业的恢复和发展促进了商业的繁荣。由于经商容易获利，这就驱使人们去从商。另一方面，秦统一货币、减少关卡、山泽禁令的放松及发展交通为商业活动提供了便利条件。这一时期商业经营范围广，商品种类繁多，出现了很多大富商。如巴寡妇清，几代经营丹砂、水银，富可敌国，因对秦政权有突出贡献，被秦始皇誉为"贞妇"，筑"女怀清台"以资表彰。据有关专家推测，巴寡妇清把务川出产的丹砂、水银作为自己的重要货源。这一推测源自务川丹砂开采贸易早在汉

---

①　务川文史资料研究委员会：《务川文史资料选辑》第六辑，务川文史资料研究委员会1992年版，第139页。

②　仡佬文化魂：www.nilfiskcn.cn/html/btfq2012-03-158198.html.

代以前便已发端兴盛。这一点虽无文献记载，却有丰富的考古资料证实。①在务川仡佬族盘歌中也反映了他们的祖先与巴蜀之间的贸易往来。

　　　　白(妻问)：这些年你在哪儿做生意呀

　　　　白(夫答)：重庆

　　　　白(到问)：重庆有好远呀

　　　　　　夫唱：路儿不多远

　　　　　　　　　就在岗那边

　　　　　　　　　翻过岗岗大看见

　　　　白(妻应)：哄我

　　　　白(夫喜)：你不想去看我呀

　　　　　　　　　路又不远

　　　　　　妻唱：去呀都想去

　　　　　　　　　不知道门朝东来门朝西

　　　　　　夫唱：当门有笼竹

　　　　　　　　　风吹两边扑

　　　　　　　　　修个厢房晾衣服

　　　　　　　　　热闹热闹像成都

　　　　白(妻应)：你发财哟

　　　　　　夫唱：当门有丘田

　　　　　　　　　风吹起波纹

　　　　　　　　　正房修起高飞檐

　　　　　　　　　热闹热闹像重庆

---

①　在2007—2010年贵州省文物考古研究所对大坪47座汉代墓葬的发掘中，有24座发现丹砂遗存，占墓葬总数的51%，最多一墓丹砂多达250余粒。根据硫同位素分析对比，确定墓内出土丹砂产自当地。2004年出土的汉代无字铜钱很可能属于地方私铸，用于丹砂的贸易交换。参见向海燕：《注视仡佬》，现代出版社2014年版，第26、35页。

(妻笑)：你说我们家呀①

在龙潭走访中，当地居民告诉笔者，他们的祖先那时做生意都是下江口，江口在今涪陵，古属巴国。因此，务川土产的丹砂、水银经巴寡妇清进入秦国的事实是有依据的。

到了汉代，随着汉武帝开发"西南夷"，以及这一时期上层建筑对长生不老术的极度追求使丹砂需求量大增，大量的人群涌入贵州，并带来了先进的生产工具及技术，促进了务川地区社会经济的快速发展。从大坪汉墓群出土的五铢钱、半两钱、货泉以及双面铜印说明了该地区商业的发达。东汉时的务川，云集了大量的矿工、商人及冶炼者，形成以丹砂贸易为主的繁荣的商业市场。

隋时期的务川地区，经济依然发达，因蕴藏丰富的丹砂资源，引起了隋朝统治者的高度重视。隋开皇十九年(599年)招慰蛰僚奉诏置务川县，《元和郡县志》载："务川，隋开皇十九年置，因川(乌江)为名。"设县后的务川归巴东郡管辖，这是贵州地域内建制最早的县。② 封建郡县制的建立，标志着当时先进的封建政治制度在务川这一地区推行，务川地区便直接处于封建中央王朝的统治之下。这一时期，务川朱砂开采已具一定水平，成为朝贡的主要贡品。郡县制的设置，使外来人群与当地僚人(这时的濮人已演变为僚人)的联系更加广泛和密切，生产技术和文化的输入进一步推动了僚人的社会发展，加快了其文明进程。③

唐王朝建立后，在务川置务州，继续推行羁縻州制度。这是封建王朝统治西南少数民族的重要政治制度，不过当时管理制度不健全，仅设置一些羁縻州。④ 他们在政治上采取"以夷制夷"的策略，经济上按本地原有的

---

① 王明析：《丹砂古县的文化记忆》，贵州新闻出版局2007年版，第413页。

② 贵州省务川仡佬族苗族自治县志编纂委员会：《务川仡佬族苗族自治县志》，贵州人民出版社2001年版，第64页。

③ 王明析：《丹砂古县的文化记忆》，贵州新闻出版局2007年版，第65页。

④ 胡章丽：《明代思州、思南地区改土归流研究》，硕士学位论文，中南民族大学，2012年。

生产方式继续发展，但不向中央王朝缴纳贡税，即所谓的"虽贡赋版籍，多不上吏部"①。这一时期，务川朝贡仍以丹砂为主要贡品。《通典·食货典》记唐制："天厂诸君每年朝贡，黔中郡贡朱砂十斤。"（务川属黔中郡，后改为黔州，所辖十五州，其中思州即务川。）②唐贞元十三年（797年）观察史王础奏："黔州刺史魏从琚贪暴'于两税外，每年加进朱砂一千斤，水银二百驮'。"③

迄至宋明，形成了一套完整的土司、土官任命管理制度，封建领主经济达到鼎盛。思州，务川属之，为土著首领田氏割据，控制着思州的经济和政治命脉。田氏土司始祖田克昌"方陟巴峡，绝志宦游，从事商贾，侨寄日久，遂卜筑于思州"。那么，是什么商品使田克昌获利颇丰，以至于"侨寄日久"不思归，并且"卜筑于思州"？卜筑者，应该是某种较大型的建筑如寨、堡、城等，而不会是单一的房屋建筑，故花费资金应较大。这种获利巨万的商品对当时的务川来说只有丹砂。说明田氏土司是靠丹砂发迹的。④ 到明朝，朱元璋对当地土司实行"怀柔"政策，利用朝贡这种羁縻手段与田氏土司保持着良性互动。在此期间，贡、赋、朝见皆有定制，无论大小土司皆由朝廷直接任命，并亲自赴京受职。土司定期入京朝见、进贡，而且随时派官员向皇帝谢恩，接受朝廷封赐，其所进贡物品为当地土特产，如马匹、朱砂、水银和地方特产等，朝廷给予超出供奉物品数量几倍的回赐。⑤ 元代，统治者为了控制"蛮夷之地"，在西南地区设湖广、云南、四川三行省，直接派官管辖，在贵州兴修驿道，设置站赤连接三省，统治西南地区。进入明朝，为了实现天下统一，明皇帝加强对西南地区的

① 胡章丽：《明代思州、思南地区改土归流研究》，硕士学位论文，中南民族大学，2012年。
② 务川鸡血石：一个民族的一抹鲜红：http://blog.sina.com.cn/s/blog_6cdd15fb010185kg.html.
③ 黔神作：http://www.xzbu.com/4/view-9162086.htm.
④ 王明析：《丹砂古县的文化记忆》，贵州新闻出版局2007年版，第65页。
⑤ 胡章丽：《明代思州、思南地区改土归流研究》，硕士学位论文，中南民族大学，2012年。

统治，把贵州作为湖广、四川、云南、广西的重要交通枢纽，使整个西南连成一体，实现封建大一统的政治理想。明初，云南尚在元朝梁王的统治之下，明王朝为了实现封建大一统的政治理念，决定武力统一云南。考虑到无论取道四川或湖南，势必都以贵州务川为襟喉之地，明王朝于是确定"先安贵州，后取云南"的战略方针。①

贵州因重要的地理位置及军事意义，受到明皇帝朱元璋的高度重视，他对该地区的土司势力积极加以招抚，让当地土司"世袭其职，世守其土，世掌其民"。当时务川隶属思南府，在最大土司田氏土司的统治之下。然而一切事务由土司决断的制度设计滋生了他们的暴政和贪欲，因当地拥有丰富的丹砂资源，在巨大的经济利益驱使下，地方势力通过武装争夺砂坑的事件屡屡发生，互相仇杀。田氏土司在思南、思州的一场砂坑之战中，结束了长达700年的统治。正所谓"欲安民必制夷，欲制夷必改土归流"。明王朝趁机改土归流，在永乐十二年(1414年)设流官于务川。务川成为贵州第一个流官县，归顺中央王朝的统治。中央王朝采取以点带面、逐渐扩大的经略，使务川及贵州的发展迈出了新的一步。

务川改土归流后，明王朝加强对当地的管制。为进一步控制当地丰富的丹砂、水银资源，明廷在务川板场设水银场课税局，专司课税；在三坑、木悠等地设巡检司，加强对丹砂、水银产地的管理，逐渐控制地方经济命脉。整个明清时期，丹砂、水银仍是地方进贡朝廷的重要方物，这一时期思南辖区各地进贡丹砂、水银的具体数目在明嘉靖《思南府志》中有详细记载。② 其贡赋数额是根据地方丹砂、水银的产量来定的，足见明代思南府丹砂、水银产出之广，产量之丰。尤其以务川为最。③

---

① 余宏模：《略论明代贵州建省与改土设流》，《开发中的崛起——纪念贵州建省590周年学术讨论会文集》2004年第96期，第130页。

② 钟添：《思南府志》卷1《风俗篇》，记载辖区各地进贡水银的具体数目：水德司四斤，蛮夷司三斤，务川县一百六十七斤八两，印江县二十三斤。

③ 李锦伟：《丹砂与明清贵州的历史进程》，《贵州民族研究》2016年第2期，第155~159页。

至清代，允许民间自由开采，务川丹砂迎来繁荣景象。道光年间（1821—1850 年），银钱沟被水淹没，湘人某"以水车倾之，水涸矿见，获砂数百斤"。咸丰、同治年间（1851—1874 年），"务川木悠厂采砂最盛，每场出汞二十到三十挑""官坝发达，居民有获利近万者"。①《务川县备志》也载："清道光邑人申一瑢在木悠里许的大重溪开采砂矿，时有工人 300 人。"可见其开采规模之大。后于光绪年间（1875—1908 年），"知县吴鸿安任后即在务川开厂采砂"②。总之，从历史记载获悉，明清时期务川丹砂在开采范围、规模和产量方面均有较大突破，有力地促进了务川地域经济的发展。

民国三十年（1941 年），国民政府资源委员会汞业管理处在务川设事务所，从事收购水银、丹砂业务。民国三十一年（1942 年），在板场新坑坝增设工务所，由矿工自行开采。开采高峰期多达 150 人，月产汞 200 千克以上，丹砂 10~20 千克。③

新中国成立后，县国营商在境内大量收购水银、朱砂，当地居民在板场、岩峰脚、木悠厂、太坝、三坑建了 5 个小厂采矿。1952 年由务川县公安局接管，在板场穿洞壁、小垭口两个矿洞采矿，产汞 425 千克。1953 年 3 月成立地方国营务川汞矿厂，厂址木悠厂，为国家开采汞业。同年 7 月，遵义专属公安处参与办厂。1955 年，两座汞矿冶炼土高炉建成投产。1957 年 1 月，贵州省公安厅接办地方国营务川汞矿厂，更名为贵州省地方国营务川汞矿厂。1965 年 1 月 1 日，务川汞矿厂改名为务川汞矿，隶属贵州省有色金属工业管理局，建有年处理 9 万吨的选矿车间，125 吨汞的生产能力选矿车间，湿法生产朱砂的车间及日处理矿石 30 吨的高炉，产量大增。其中，水银产量从 1952 年的 0.4 吨增至 1991 年的 110 吨，共计 1908.04

---

① 思南县志编写委员会：(道光)《思南府续志》，贵州省华泰印刷厂印制 1991 年版，第 273 页。

② (民国十一年)务川县修志局：《务川县备志》，贵州省图书馆根据上海图书馆藏本复制 2006 年版，第 49 页。

③ 当代中国有色金属汞工业编委会：《新中国有色金属锑汞工业》，当代有色金属工业编委会出版 1986 年版，第 217 页。

吨;朱砂产量从 1952 年的 0.4 吨增至 1991 年的 40 吨,共计 63.07 吨。[①]
后来,由于生产成本较高、价格偏低,尤其是汞的污染大,2002 年底务川汞矿厂宣布停产。但是,笔者在田野考察中发现民间采砂炼汞依然活跃,只是目前国家对生态环境的保护、矿山安全管理的加强和农村产业结构的调整,使得民间采砂炼汞受到限制。

纵观历史,我们可以看出,采砂、炼汞经济活动贯穿务川各个历史发展时期,成为龙潭仡佬族及其先民重要的经济生活来源和积累财富的手段。龙潭仡佬族人民通过采砂炼汞创造了本民族文明,推动了整个务川地区的经济社会发展。流传千年的采丹炼汞业,已经融入了当地民族的历史、命运和生活,其传承千余年而不衰,是仡佬族历史的"活化石"。

丹业给务川地区居民的经济生活带来了持续繁荣。中华人民共和国成立以后,尤其是 1955 年务川大坪国有汞矿成立以来,支持三线建设者从祖国四面八方涌入大坪汞矿区采砂炼汞,使得务川地区很早就成为国家最重要的丹砂水银开采基地之一。当地丰富的丹砂资源、繁荣的丹砂贸易,使龙潭仡佬人积累了大量财富,兴建了距今已有 700 多年的龙潭古寨。至今古寨仍保留着部分明清时期的古建筑,其中以丹堡最为典型。丹堡位于中寨和后寨的接合处,透过厚实严密的朝门,可以看见里面有一个宽大的庭院,庭院四周用石头砌成高墙,院墙的四方还有用来防御的瞭望台和掩体,遗有枪眼。现有居住者介绍,丹堡主人以丹砂发家,曾是龙潭的富商;这老房子至迟建于清朝,房子、门窗大多涂有朱砂,由此得名"丹堡"。那时有很多人前来乞讨,为了防土匪,丹堡主人还请了许多家丁,其中有 16 名持枪者昼夜把守四个瞭望口,严防土匪入侵。从丹堡的建筑规制、艺术风格、防御措施以及从事的丹业活动等,足以管窥当地经济的繁荣。

龙潭古寨位于龙潭村腹地,该地原名"火炭垭",至于为何被称为"龙潭",在当地流传着这样一个故事:

---

① 务川文史资料研究委员会:《务川文史资料选辑》第六辑,务川文史资料研究委员会 1992 年版,第 139 页。

在火炭垭这个地方有个石岩箐，冬暖夏凉，寨子的祖先就居住在这里，繁衍生息。从石岩箐洞口往下有四十来步的石梯，下面有一块特别大的平地。当地孩子因无房念书，就在这里读私塾，这个洞成了教书育人的天堂，不少人拿到了"秀才顶子"，还有中举获取功名的。一日，桌子下面突然长出两根似竹笋的物体，随即有一股水从地下冒出来，有一名为申天祐的学童发现是地龙吐水，便带着师生冲出洞口，很快水淹没了洞口，形成了一个大龙潭。后来人们得知这个地方闹过龙虎斗，是龙潭虎穴，从此人们就把此地称作"龙潭"，潭后的山叫"龙井坡"，龙潭村由此而得名。①

今日的龙潭，卸去昔日的繁荣，成为一个"以农为本"的仡佬族村寨。龙潭村总面积2784公顷，其中耕地面积1221公顷、田366公顷、土855公顷。下辖7个行政组，1048户，4395人，仡佬族人口占99%。② 据专家考证，这里是世界上最古老的仡佬古寨，有着悠久的历史和厚重的文化积淀，既是贵州全省20个重点保护建设村之一，又是全省唯一的仡佬族文化保护建设村。③

第二节　聚落与族群

一、聚落形制

龙潭村位于务川县东北部大坪镇洪渡河畔（见图2-3），是一座具有700多年历史的仡佬族村寨。其东五公里有汉唐时开采丹砂的遗迹，西二里有

---

① 务川仡佬族苗族自治县文化遗产保护中心：《仡佬故事》，中国文史出版社2016年版，第75~76页。
② 内容源自2016年12月21日笔者田野调查收集到的资料。
③ 贵州遵义务川县大坪街道龙潭村：http://www.tcmap.com.cn/guizhou/wuchuanlaozumiaozuzizhixian_dapingzhen_longtancun.html.

列为省级重点文物保护单位的瓮溪桥，北二里有黔北大型汉墓群。明正统年间"土木之变"中死于国难的明御史申天祐即出生于此。申天祐衣冠冢及念书遗迹——来雁塘迄今犹存，申天祐虎口救父、京城救师、以死救君之盛名流传至今。后人凭吊伤怀及对龙潭村的眷恋，曾题有《丹砂魂》，代有题咏：

> 龙潭碧血化丹砂，横桥古道走天涯；
> 汉墓佐证温泉暖，天祐忠烈仡佬葩。

——邵昌福①

图2-3 务川仡佬族苗族自治县龙潭村实景图②

据说申氏仡佬族之前居住于官学，后与表弟邹氏互换，才定居于火炭垭。为什么互换地理位置？当地人们这样解释：

他们的祖先申氏及表弟邹氏逃荒来到这里，走了几天又累又饿，只好在火炭垭驻扎下来，以石为灶烧起了锅炉，等水烧开时，只见一

---

① 贵州省写作协会：《仡佬务川》，汕头大学出版社2004年版，第262页。

② 图片源自：https://image.so.com/i? q.

条鲤鱼跳进了沸水中，为他们解除了一天的饥饿，食材丰富之地使他们决定就此扎根。为了公平，他们通过扔茅草选取地盘，其表弟邹氏偷偷将石头藏于茅草里，赢得了火炭垭(今龙潭村)地区，申氏只好选择了河对岸的官学村。但住了一段时间后，由于龙潭村的青蛙太多，晚上难以入眠，于是表弟邹氏找到表哥申氏，要求交换地方，申姓表哥凭借生活经验和理性的判断，果断决定扎根火炭垭繁衍生息。至今龙潭村仍是以申姓为主的仡佬族单姓村。①

龙潭居民认为古人择中的这块地是富庶之地。《皇帝宅经》曰："地善，苗茂盛；宅吉，人兴隆。"龙潭就是这样的地方，不仅丹砂资源丰富，而且出了众多进士和举人，如筑官府在某一天抬出八顶轿子，由此可见此地是一处难得的风水宝地。中国古人对住宅、村寨、墓地的选择，都强调地形地貌是否"藏风""得水""乘生气"。在《葬经》开篇即言："气乘风则散，界水则止。古人聚之使不散，行之使有止，故谓之风水。"②风水观是中国人在长期适应自然生态环境过程中为了追求理想的生存环境而形成的一种思想意识和观念。③ 从地理位置来看，龙潭村的龙脉主要是大娄山脉和武陵山脉的延伸，其靠山主要是东面的"南山"，"背靠南山凤凰窝，子孙不愁吃和喝"④。整个龙潭"负阴抱阳，背山面水"，被当地人认为是"务川最为富庶和人文秀发之地"，是一处可寻龙捉脉、聚风止水的好"风水穴"。

龙潭村由前寨(赶子园)、中寨、后寨三个自然村寨组成。其房屋建筑因龙脉的方位及四周作"辅"与作"弼"的小山头走势不同，朝向有所不同：前寨主要坐东南朝西北，中寨主要坐东南朝西南，后寨主要坐东南朝西

---

① 资料源自笔者 2016 年 3 月至 5 月，龙潭村田野调查录音材料。
② 闫玉：《庭院深深：龙潭古民居建筑的文化景观》，《贵州社会科学》2016 年第 3 期，第 14~18 页。
③ 关传友：《论清代族规家法保护生态的意识》，《北京林业大学学报(社会科学版)》2007 年第 3 期，第 14~19 页。
④ 闫玉：《庭院深深：龙潭古民居建筑的文化景观》，《贵州社会科学》2016 年第 3 期，第 15 页。

北。其中又以前寨的风水为最佳：背靠的南山，下面三个小山头，当地形象地称之为"博士帽"，所以前寨人才最多，大学生最多，是风水学所说的"犀牛望月出神童"。在明代"土木堡事变"中英勇殉职的申天祐、清代进士礼部主事申尚毅的故居就在前寨。①

寨子四周建有营盘，前寨入口建有烽火台，中寨建有碉楼。寨内石板铺路，石巷交错相连，山石围墙围成的民居独立成院，且多为三合院落、四合院落、"一"字形院落。房屋由正房、厢房组成，中铺石院坝，前有朝门，外围石垣墙，是一个相对完整封闭的空间（见图 2-4）。正房多为四榀三间，房子较高，吞口较深，出檐较远，在平面上呈"凹"字形。以堂屋为中轴，两边是对称的厢房，也称为憩房，必须离地一定的高度，其内有厨房、睡房、火铺的区隔。石墙与朝门围成的院坝空间在平面上呈"凸"字形，与"凹"字形建筑结合，共同构成了"回家"的"回"字。②

图 2-4 申天祐故居

---

① 闫玉：《庭院深深：龙潭古民居建筑的文化景观》，《贵州社会科学》2016 年第 3 期，第 16 页。

② 闫玉：《庭院深深：龙潭古民居建筑的文化景观》，《贵州社会科学》2016 年第 3 期，第 17 页。

最典型的院落，当地人称之为丹堡(图 2-5)。相传丹堡的主人非常富裕，离此地不远的干河也有一富裕人家，两户人家资金雄厚，引起当地县太爷的高度重视。县官担心他们造反，因此以查户为由，召见两位富人，并设法让他们说出实情。其中丹堡富人曰："我家的引子可以从火炭垭摆双排铺到县衙门。"火炭垭，今龙潭村距县衙门也有 8 千米，可见丹堡富人之富裕程度。据村中一退休老师介绍，他们儿时在丹堡院中嬉戏，常听到大人逗小孩的一首歌谣："恭喜，发财，元宝滚进来，滚进不滚出，滚做一堂屋。堂屋装不下，滚做一天井坝。天井坝四只角，银子用撮箕撮。天井坝四角方，银子用撮箕装。"丹堡过去的富有，岂止"银子用撮箕装!"据丹堡后人描述："每天进出的银子都是用大堂窝装，上下楼两层专门用来堆银子。丹堡后院还修有地仓，由于主人去世的突然，这个地仓成为永远的谜团。"

丹堡院落

炼丹炉符号

猫眼

射击孔

图 2-5　龙潭丹堡院落

推开丹堡红色厚重的木板朝门，仿佛正在打开一段尘封的历史。迎面是一个长方形水井，具有聚财、防御功能。正房的墙壁用红色丹砂涂染，用手触摸，能感触到丹砂细小的颗粒，手指会沾满丹砂红。门上雕有瞭望孔，窗户上雕有炼丹炉及各种动物、花卉。值得一提的是院墙四周还有射击孔，孔对着四周主要通道。通过射击孔能清楚看见外面的情形，而外面无法看清里面。站在院中，笔者心中满是疑惑：在古代被称为蛮荒地带的西南一隅，怎么会出现如此富裕之家？生财之道是什么？又是何原因致使盛衰转换？这些问题促使笔者一步步走进仡佬人的日常生活。

二、族群

一段历史诞生一个民族，一个民族谱写一段历史。仡佬族是我国西南地区的世居民族，主要居住在贵州的务川和道真两个自治县。他们是最先开垦这片土地的先民之一。据相关考古资料证实，在距今一万年左右的新石器时代，就已经有远古人类在务川繁衍生息，古老濮、苗、土家、侗等民族曾相继出现。仡佬族是这些远古濮人的后裔，有着悠远的历史，历经数次兴衰更迭、频繁迁徙逐步发展而来，因与先秦时期的白濮民族、两汉时期的古夜郎以及唐宋以来的僚人关系密切，因此显得纷繁复杂，扑朔迷离。① 不过，学界认为仡佬族的形成大致经历了"濮""僚""仡佬"三个历史发展时期：殷商时期称为濮（卜）；东汉时期濮人在史书上称为夷濮、夷僚或濮僚并称；魏晋以来濮称消失，以僚专称；至隋唐时期，僚人经过长期的发展逐渐形成仡佬族。② 诚如田曙岚先生所说："上古时代的'濮'人就是中古时代'僚'人之先民，中古时代的'僚'人就是现代'仡佬族'之先民，

---

① 苟爽：《明清以来仡佬族分布格局变迁研究》，博士学位论文，中央民族大学，2011年。

② 贵州省务川仡佬族苗族自治县民族事务局：《务川仡佬族》，贵州民族出版社2006年版，第1~6页。

三者是一脉相承的，只是不同历史发展阶段上有着不同的称谓罢了。"①历史上仡佬族先民的居住地也无明确记载，如梁启超在《历史上中国民族之观察》文中所附《春秋夷蛮戎狄表》中所言："濮经传言，百濮其他不可深考，盖在湖南辰沅以外。"②

尽管濮、僚与仡佬的族属关系和分布区域尚存争议，但在历代记载中，其显露出来的共性非常明显：西南之蛮，蛮荒或徼外之民，丹砂所出，且在他们日常生活中也能反映出仡佬族与先民之间的密切关系。如龙潭仡佬族每逢清明的祭天朝祖和宝王信仰等活动，印证着"濮、僚边蛮"的历史足迹；村内流传着"蛮王仡佬，开荒辟草"的民间歌谣，时刻提醒人们"地盘业主、古老前人"的合法身份；③ 逐丹而徙的生计特征和族群间明晰的分类边界，在明嘉靖《贵州图经新志·思南府风俗》中明确记载："蛮僚杂居，言语各异。居西北者若水德江蛮夷，沿河、婺川者曰土人，有土语。彼此不开谙，唯在官应役者为汉语耳。信巫屏医，击鼓迎客：有佯黄、仡佬、木徭、质数种……采砂为业。"1983 年务川县民族识别工作也将"采丹业"作为龙潭仡佬族民族识别的重要依据之一。其申报工作：借鉴大量历史资料考证，通过本人自愿申报，填写恢复民族成分申报表。申报的理由如下：

  ①祖上是否以生产朱砂、冶炼水银为业，其生产朱砂、水银的原始工具是否留存至今；

  ②祖上是否使用过大口宽腹的"铜器"，铁匠、石匠是否代代相传；

  ③妇女是否"椎髻"，"编发"，穿桶裙或保留此类服饰，"绩织细

---

 ① 田曙岚：《论濮、僚与仡佬的相互关系》，《思想战线》1980 年第 4 期，第 34 页。

 ② 梁启超：《国史研究六篇》，台湾"中华书局"1936 年版，第 26 页。

 ③ 张颖：《丹砂庇佑：贵州务川龙潭古寨文化生态探源》，《贵州社会科学》2016 年第 3 期，第 10~13 页。

布"，善于刺绣；

④丧葬是否出殡不丢买路纸钱，不计座向，自由选择葬地，有棺不葬，置岩穴，有悬棺，有石板古墓；

⑤小孩是否喜玩篾鸡蛋；

⑥是否有祭大石、古树的风俗；

⑦除夕是否向祖先(底盘业主)供粑。①

根据以上信息，当地民众填好申报表，张榜公布后，群众认可，再经乡人民政府、区公所研究呈报，由县民族识别领导小组鉴定，最终确定其族属。

从以上特征观之，龙潭仡佬族与早期的濮人、魏晋时期的僚人一脉相承，而且人们在日常生活及行为中不自觉地保育、传递着"古老前人"的文化传统。然而，根据申姓仡佬族家谱记载，龙潭仡佬族并非世居土著居民。笔者收集到的包括龙潭村在内的其他村落申姓家谱共6本，其族源记录如下：

> 申族派演自炎帝、神龙……是我祖发祥分派以来，始于南京苏州吴县，继宦河南，官迁楚省(邵阳)，后适黔都思南府婺川县卜居火炭垭后寨，迄今派演支流，脉巩山固，栽培之功，与生成之德，可谓原也。且世世簪缨，代代冠冕，黔都开文苑之科，在明朝时襃赠忠孝义名臣之族，非栽培生成食报与！故将支派远近亲疏，各列于后。庶昭穆之无紊，宗祧之有恒，长幼之有序，分派之不忒，远近之有源，此余家之族谱源流，永垂而不替云尔，以是为序。②

龙潭、罗溪、通村及泥高申姓家谱均显示，申姓仡佬族(包括龙潭仡

---

① 务川仡佬族苗族自治县委员会宣教文史委：《仡佬之源》，遵义康达印务公司2005年版，第113~115页。

② 龙潭后寨申学伦保存《申氏族谱道光手抄本》。

佬族)是流官后裔,其族群与濮、僚边蛮没有任何的亲缘关系。现存龙潭及周边申姓家谱都追溯到流官的族源,那么本地土著为何消失了?是否另有隐情?

要厘清濮、僚与仡佬族之间的渊源关系,必须借助丹砂和水银。在我国,仡佬族是最早掌握丹砂提取和水银冶炼技术的民族之一,他们追寻着曾经照亮过中华历史一角的丹砂之光,开垦了务川,发展了自己。① 如今,龙潭仡佬族的社会组织及婚姻家庭都能映射出丹砂文化的影子。据丹堡老人介绍,龙潭申姓仡佬族是同一宗族发展而来的,现有的李姓、王姓和肖姓三家皆为上门女婿。这种单姓村形成的原因可以从两个方面来分析。

一方面是宗族发展的结果。《礼》曰:"宗人将有事,族人皆侍。古者所以必有宗,何也?所以长和睦也。大宗能率小宗,小宗能率群弟。通其有无,所以纪理族人者也。"②在古代,以姓氏家族聚居比较普遍,一个宗族即为一个自然村寨,共同抵抗外来力量。在龙潭,以"忠、孝、义"为基础的儒家宗族伦理制度的礼法伦常规约族人的日常生活,解决族内大小事务。这一宗族礼法制度沿袭至今。每逢清明、吃新节等,族人都会在寨老的带领下举行隆重的祭祀活动。龙潭仡佬神龛上"天、地、君、亲、师"中"亲"即亲人,每逢他们的生日、祭日、节日都要进行祭拜、烧袱包,同时还要烧给无姓氏的业缘祖先,以此为敬。

另一方面主要源于对当地丹砂资源掌控的需要。采砂炼汞的工作主要靠男性,所以生男孩成为当地人民关切的事情。在龙潭,仡佬族称儿子为"苗",当地十分重视"苗",有"苗"就能够养老、继承财产。现在也是如此,婚后媳妇一定要生出"苗",否则会让人瞧不起。因此,为了做好生"苗"的准备,当地老人在接媳妇当天就要找生了儿子的妇女去迎亲、交亲、铺婚床等。尽管做了充分准备,但还是有很多媳妇生了三四个孩子后

① 务川仡佬族苗族自治县委员宣教文史委:《仡佬之源》,遵义康达印务公司2005年版,第1页。

② 张恒:《以文观文——畲族史诗〈高皇歌〉的文化内涵研究》,浙江工商大学出版社2014年版,第52页。

才等来"苗"或是没有"苗"。没有"苗"的只能娶上门女婿，其后人跟随父姓，神龛上也不能为"忠孝堂上"，意味着上门女婿在申姓宗族中视为"外人"。这一现象与当地丰富的丹砂资源的争夺与禁忌有关。开采丹砂是一项非常艰辛的体力劳动，往往由族群中的男子承担，需靠生下男孩来增加劳动力。此外，在古代，女人被认为是不洁净之物，而丹砂是有灵性之物，遇上不洁净之物就会跑掉，故女人不能下井采砂。若有违背，整个族群将会失去衣食之源，甚至会带来灭顶之灾。

为达到垄断丹砂资源的目的，龙潭仡佬族将外来移民排斥在外。自汉武帝开发西南夷以来，就有大量外来人群迁入，与僚杂居。这些外来人群为何从富饶之地来到穷乡僻壤的蛮荒之地？龙潭周边大量的汉墓群中出土的朱砂、器物等说明汉墓群是在楚国修建小城池的基础上由汉朝政治（屯垦移民）、经济（丹砂贸易）等因素综合形成，其中经济因素起主要作用。[1]龙潭周围丰富的朱砂蕴藏可能是导致两汉时期峡江地带人群逆乌江及其支流向上移动的重要动因。[2]早期移民未能占有龙潭地区，最大的原因也可能是丹砂资源。务川"商贾云集，人多殷富"的场景与当时"修性延命""丹道成仙"的整个社会大环境有直接关系。因此，大量外来人群涌入，除了军事需要，应是为了掠夺当地丰富的丹砂资源。

龙潭仡佬族至今流传着这样一种说法："前寨出官人，中寨出富人，后寨出美人。"前寨的官人以申天祐为典范。据家谱记载，龙潭申氏第六始祖申天祐为前寨始祖，生于1425年，字天赐，明正统十年（1445年），云南乡试第八名进士，授四川道监察御史，明正统十四年（1449年）代驾亲征，战死于土木堡之变，卒龄24岁。皇封"忠、孝、义"名臣，招魂入墓，葬于火炭垭盖罗水上，穿岩岗狮子口。[3]明代宗景泰元年（1450年），皇帝

---

① 务川仡佬族苗族自治县委员会宣教文史委：《仡佬之源》，遵义康达印务公司2005年版，第98页。

② 李飞、胡昌国、邹进扬：《贵州务川大坪汉墓群第一期发掘出土大量朱砂》，《中国文物报》2008年5月9日，第2版。

③ 申蒙侯：《务川申氏天祺、天祐祖前十六世世系图》。

敕曰："人孰无死，惟死于国事者至莫大也。"在龙潭申氏家谱中仍将皇帝敕封申天祐和其母、其妻的诏书置于牒谱之前，以示皇恩，以表效尤。①正是由于申天祐垂范，明代官修史书嘉靖《思南府志》留下龙潭"人文日盛，登科入仕者盖彬彬矣的赞誉之语"②。中寨富人以申小松院落和丹堡院落最为华贵。两家院落有一个后门连通。小松院落为三进，后有碉楼。院落建筑均建于明清时期，门窗雕刻技艺极为高超，雕刻技法多样，图案精美。丹堡院落正面以丹砂涂其壁，雕花独特、精美、多样，堂屋横梁用红黑两色饰以八卦图案。两边厢房图案略简于正房，分为上下两层，外有长廊，护栏也雕有精美花鸟、动物图案。朝门边设的戏台，是主人及全村人看戏消遣的地方。经村民讲述，他们儿时最喜欢在丹堡院里玩耍，因为可以随便吃、看戏，晚上主人家还备有夜宵，这些都是免费的。在兵荒马乱的年代，如果不是足够富裕，很难接济其他人，可见主人之慷慨、大方。据说丹堡主人是靠丹砂资源发迹。很难想象在这样一个偏安一隅的地方，还藏龙卧虎。后寨出美人，据说后寨姑娘才貌双全，以古代巴清为榜样，具有吃苦耐劳、勤劳勇敢的精神。不管是放在秦朝还是在当下观之，巴寡妇清都是一位出色的商人。

第三节　物态与象征

如果说象征是人类最重要的、最具标志性的、区别于其他动物种类的表述方式，即人类通过象征符号以确认和区隔与其他物种的差异，那么"物态象征"和"物质表达"也自然地成为人类赖以在文明的定义中说明自我的一种专属性符号系统，其本身就已经具备了历史传统意义上的社会符码

---

①　张颖：《丹砂庇佑：贵州务川龙潭古寨文化生态探源》，《贵州社会科学》2016年第3期，第13页。

②　王明析：《丹砂古县的文化记忆》，贵州新闻出版局2007年版，第9页。

价值。① 皮尔斯将这一物态的符号理解为："首先，对于事物本身我们会有一个基本的理解；其次，我们会考虑到这个事物与其他事物之间的联系；最后，我们会将第一项与第二项联系起来理解，它就能够给我们的思想传递关于某个事物的意义。这样，它就是一个符号或者表征。皮尔斯根据其对事物范畴的划分，将符号表意过程分为三项：符号、对象、理解项。"② 他用三分项来理解和解释符号的意义。民族图腾、文字、语言、服饰等都可能是一种特殊的民族符号，存在于人的观念和行为之中，规约着人对世界的认知，影响、制约着人的社会实践活动。本书试图从文化人类学的象征角度出发，阐释龙潭仡佬族的特殊符号——丹砂与生命信仰之间的关联性，揭示作为物质形态的丹砂向符号与象征进行转化过程，进而探寻龙潭仡佬族丹砂起源的文化基础。

瞭望龙潭村，远远就能看到"丹砂古寨，仡佬之源"的标志性"地图"，它为龙潭古寨披上了一层神秘面纱。龙潭古寨建于明清时期，距今已有700多年的历史；而墙壁上的丹砂历经风雨、历史轮回，依旧光鲜亮丽。门窗上的炼丹炉图案仿佛在为每一位来者讲述龙潭仡佬族、丹砂及大传统下"贵生—修仙—炼丹"的渊源关系。古人坚信"丹"能够使人在现实生活中超越生死界限达到"长生久视"，故"长生之道，不在礼事鬼神也，不在导引与屈伸也，升仙之要，在神丹也"③。当地丰富的丹砂资源为"升仙之要"提供了重要的物质需求。因此，繁荣的丹砂贸易大大促进了当地的经济繁荣及社会分工。

拾起沉甸甸的丹砂石，一粒粒宛如石榴籽一样红得发亮，文人对其讴歌道："精华灿烂涌水湍，井底红光射斗寒。灵物由来天俾赐，不劳鼎炼

---

① 彭兆荣、葛荣玲：《遗事物语：民族志对物的研究范式》，《厦门大学学报（哲学社会科学版）》2009年第2期，第58~65页。

② 冯月季：《论米德的符号与符号自我理论》，《理论界》2017年第1期，第21~27页。

③ 张颖：《丹砂庇佑：贵州务川龙潭古寨文化生态探源》，《贵州社会科学》2016年第3期，第10~13页。

自成丹。泉涌西池泛流砂，粒粒朱颜耀日华。向使葛洪知此处，又求为今任其家。"①丹砂因其色泽、功能、用途及价值等得到文人的讴歌、贵人的追捧，使得商人为其博弈，世居者为其生业。直至新中国成立后，当地居民仍在朱砂井、三坑、板场、木悠等地采砂炼汞。如今因生态环境保护及汞污染等原因，采砂炼汞逐渐退出历史舞台。

走进龙潭仡佬人家，我们会发现丹砂及丹砂文化的痕迹。在龙潭，家家堂屋横梁或是吞口横梁上都有一个作为镇宅之宝的太极八卦图(图2-6)。我们日常见到的太极八卦图大多是黑白两色，而龙潭的太极八卦图吸纳了当地的文化特色，用丹砂将其涂成红、黑两种颜色。现因丹砂稀少，改由红色颜料代替。当地居民巧妙地将当地特有的丹砂文化与代表中国深厚文化的太极八卦图结合，创造出当地独有的定寨、安宅、保宅和发家文化。有的居民在建房前采用丹砂定出地基中线，丧葬中撒丹砂于墓地，道士将丹砂用于印泥中，古寨仡佬人在食物中植入丹砂或采用"丹砂红颜料"将食物染红。此外，龙潭仡佬人食红苏食、红糯米粑等来纪念祖辈传下来的丹业。《名医别录》载："朱砂，通血脉、止烦满、消渴，益精神，悦泽人面，除中恶腹痛，毒气疥瘘诸疮。"②在龙潭仡佬族人心中，丹砂并非纯粹的自然物质，而是与人的生命息息相关。龙潭人视丹砂为圣物，用于丧葬、奠土、定位、祭宝王等，有祛邪、呼龙接脉、开光定位及镇宅等功效。

世居仡佬族人以采丹砂为生计，信奉行业始祖。龙潭仡佬族的祭祀文化丰富，其中宝王祭拜最能凸显龙潭仡佬人对生命、生存的寄托。宝王不仅是当地濮人的自然领袖，更是掌握丹砂冶炼技术、具有通神力量、能给采砂人带来财运的祭师或巫师，被龙潭世居仡佬族人封为菩萨，尊为祖先神和行业神，常年香火祭祀不断。祭拜宝王菩萨主要有三种形式：年祭、大祭、小祭。其中小祭是跑山匠的日常祭拜，用猪头、酒、丹砂、香和长

---

① 《邹氏族谱》中有明嘉靖丙辰年(1556年)，民国二十五年(1936年)所写"江边八景"中《西井朱砂》。

② (梁)陶弘景：《名医别录》辑校本，人民卫生出版社1986年版，第2页。

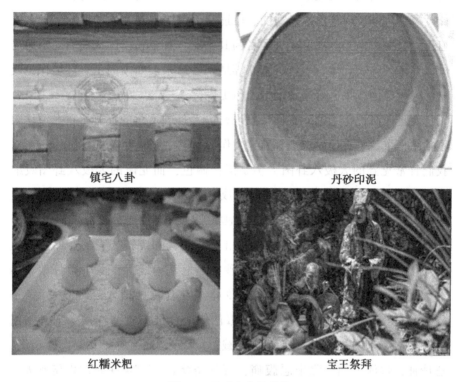

镇宅八卦　　　　　　　　　　丹砂印泥

红糯米粑　　　　　　　　　　宝王祭拜

图 2-6　丹砂文化及信仰

钱在自己开的矿洞前或冶炼水银的灶台前举行。摆放祭品时，猪头要正对采砂人所开矿洞方向，香两炷插入猪鼻孔，丹砂矿放在猪头旁边，酒三盅，纸钱数串。采砂人面向自己所开矿洞虔诚祷念：

> 天炉神，地炉神
>
> 家坛香火不安宁
>
> 灶王府君不洁净
>
> 灶后夫君敬炉神
>
> 天上有十二神仙下界
>
> 地上还有四角地神

宝王菩萨作主

土地公公有名

要保佑我家在金钱山打发槽子

要保佑我家人身安全

左打左发，右打右发

天天发，年年发

四季大发

然后焚烧纸钱，敬酒三杯，继续祷念：

许您猪头十八斤

美酒三杯

长钱十二束

板板银钱几十万

烧香磕头祭宝王

保佑找到丹砂矿

发财还愿供香火

大恩大德永不忘①

大祭宝王在每年的除夕和新年初一举行，一般在大山或宝王庙进行，由寨中有威望、懂祭祀礼数的法师或长者主持。三声礼炮响后，接着是一阵锣鼓和唢呐声，法师双手托起朱砂矿石，举过头顶，高声喊："祭宝王，祭山神开始，请各家长辈给神仙献菜。"大家依次向十二个大碗中添上各种菜肴。法师将钻子、手捶、朱砂石放在神案上，端上一罐肉汤放在十二个碗中间，案头摆上一个猪头，又在酒碗中斟上白酒后，数上十二束香，每束三十支，表示12个月360天，点上香向诸神三叩九拜后，分别插在神案

———————————
① 资料源自笔者2015年12月19日对贵州省遵义市务川县丹龙潭村的田野调查。

的香坛中。然后在神坛前烧纸钱，同时高声吟唱："诸神坛上坐乾坤，全寨老小得安宁，大家烧香来还愿，再求今年好收成。大家过年我过年，送上猪头不要钱，再得宝王来保佑，朝朝日日都过年。"边吟唱边斟酒，连斟三旬，酒毕后大家跟随法师叩拜神仙。每位叩拜者都获得一根用朱砂红染的棉线，捏在手腕上，表示避邪消灾、一生平安。采丹砂的人还要用食指在备好的朱砂红碗里蘸一下，表示沾上了宝王的灵气，这样之后打岩子寻丹时就很顺利。祭祀仪式完毕后，法师把猪头用刀划成许多小块，众乡亲把带来的酒菜集中在一起，共同分享欢乐的福分。① 后来由于历史的原因，大祭宝王的仪式失传，当地村民只保留了小祭的习俗。年祭则是年三十夜、大年十四、月半等节日进行的简单仪式。族人用朱砂、纸钱、酒、肉等祭拜，但不敬猪头。② 祭拜宝王是仡佬族人禳灾祈福的心灵依赖，他们将其尊为"王""神"甚至上升到与观音菩萨同等的地位。关键是丹砂能救命消灾、救人于苦难，能改变仡佬族人的悲惨命运，带来财富和希望，成为仡佬人抚慰心灵创伤的重要精神力量。龙潭仡佬族人通过对宝王的信仰，自觉遵守行业规约，取之有道，分之有法。

丹砂被当地居民视为圣物，生死相依。龙潭仡佬人视丹砂为通往另一世界的明灯。当地人认为人的死亡便是灵魂从世俗社会的阳间转移到鬼神世界的阴间的过程，死者灵魂永存，因而在其坟墓里撒丹砂，为逝者照亮通往另一世界的道路，避免灵魂在有岔路的地方迷失方向。如果没有丹砂，祖灵就找不到回家（祖灵之地）的路。③ 因此，龙潭仡佬族老人总是教育后人："收了米油在手，不如存了丹砂在心。"④ 在仡佬族人的丧葬文化中，墓穴风水的好坏与死者后人幸福吉凶的关联最为密切。宋代理学大师

① 钟金贵：《仡佬族传统祭祀文化的传承与变异》，《黑龙江民族丛刊》2012年第2期，第151~153页。

② 资料源自笔者2016年3月至4月对贵州省遵义市务川县龙潭村的田野调查。

③ 张颖：《博物寻根，丹道合宗——贵州万山汞矿申遗的人类学研究》，博士后出站报告，厦门大学，2015年。

④ 肖勤：《丹砂》，作家出版社2011年版，第252页。

程颐等认为，"卜其宅兆，卜其地之美恶也。地之美者，则神灵安，子孙昌盛，若培根其根而枝叶茂，理固然矣。……父祖子孙同气，彼安则此安，彼危则此危，亦其理也"①。然而，人们千辛万苦寻到的龙穴并不完美，这时需要丹砂在墓底撒出"福""禄"二字，目的是安冢墓，接龙脉，利子孙。他们相信在墓葬中撒上丹砂有预防灾厄、消除祸害、保佑子孙的作用。这种趋吉避凶的心理意义都在于丹砂的实用性：就个人而言，所采取的墓葬行为都具有索取回报的实用主义的功利色彩；就社会而言，则是孝道伦理的需要，通过这种方式，维系宗族血亲、社会秩序、阶级统治的功能。

由此可见，作为物质形态的丹砂，有了与生命、灵魂信仰的关联，已经深深融入龙潭仡佬族的观念体系中。丹砂的实用性和神圣性造就了龙潭仡佬族独特的丹砂"红"崇拜习俗。在龙潭村，居民皆信红色物为九天天主帮助卜(濮)人生活之吉物，故而行走俱携之。其尚"红"习俗也体现在食物、服饰及婚丧礼仪中。这些礼仪共同构成了龙潭仡佬族生命信仰的一部分。然而，丹砂为何在龙潭仡佬族人心中具有如此大的灵性和神力，他们赋予丹砂什么样的象征和意义？又是何种因由使得地方之物——丹砂获得如此高的地位？这还需要进一步探讨。

---

① 文津阁：《四库全书》1345 册，商务印书馆 2007 年版，第 712 页。

第三章　丹砂之路：小地方与大传统

　　丹砂作为凝结天地精华的圣物，以其为主体建构的中华丹砂文化知识体系打破了传统的地方边界，深嵌于地方情境之中，将地方与整个王朝紧密联系起来。沃尔夫于 20 世纪 50 年代初最早提出要将地方置于更为广泛的社会空间网络中加以探讨的观点，他认为某一社群不应该仅仅被视为一种自我包含的、自足的体系，而是将其看作群体关系网络中的一个地方点，并将这一点植入整个国家体系之中进行探讨。[①] 这种消融地理边界的方式，使得地方与王朝、族群与族群、个人与个人之间滑入一个更大的关系网络之中。[②]

　　生活在务川龙潭古寨的仡佬族开采丹砂、采炼水银，历史悠久，大约经历了濮、僚和仡佬的演化阶段。据史料记载，仡佬族在历史上就以丹砂采冶贸易为业，丹砂在仡佬族形成和发展中起到了族物相依的作用。[③] 同时，丹砂也成为龙潭仡佬族连通中央与地方、各族群的媒介。而中华先祖以丹砂作为融通天地性命的圣物，修仙长生的信仰大传统则刺激着小地方丹业横亘千年，迸发着勃勃生机。

---

　　① 埃里克·沃尔夫：《欧洲与没有历史的人民》，赵丙祥、刘传珠、杨玉静译，上海人民出版社 2006 年版，第 172 页。

　　② 彭兆荣、郑向春：《人类学视域下的历史时态》，《厦门大学学报（哲学社会科学版）》2010 年第 4 期，第 89~96 页。

　　③ 贵州省务川仡佬族苗族自治县民族事务局：《务川仡佬族》，贵州民族出版社 2006 年版，第 12 页。

第一节 小地方：丹砂的社会生活

龙潭仡佬族善于将自然界中的生命能量加以利用，转换为维持自我生存的基本物质。当地丰富的丹砂资源、先进的生产工具和技术使务川龙潭丹业贸易在明清朝时期达到鼎盛。因丹砂资源兴建的龙潭古寨，地理位置优越、交通便利、资源颇丰、商贸频繁，从"不毛之地"成为"膏腴之壤"，世代承袭。

一、丹砂及产地

（一）丹砂、水银、银珠

丹砂，即朱砂，又名辰砂，一种红色固态物质，化学成分为天然硫化汞，属无机化合物。天然丹砂矿石分为晶体砂、原始砂和溶石砂三类。（见图 3-1）

晶体砂　　　　　　　原始砂　　　　　　　溶石砂

图 3-1　天然丹砂矿石

"丹"，是中国人特有的一种认知形制。① 《说文·丹部》释丹："丹，

① 张颖：《文化遗产关键词：丹》，《民族艺术》2015 年第 1 期，第 63~70 页。

巴越之赤石也，像采丹井，像丹形。古文作日，亦作彤、沙、水散石也。
澒，丹沙所化为水银也。"①《淮南子·地形训》云："赤天七百岁生赤丹，
赤丹七百岁生赤澒。"陶弘景《本草经集注》记载："按，此化为汞及名真朱
者，即是今朱砂也。……如云母片者，谓之云母砂。如樗蒲子，紫石英形
者，谓之马齿砂，亦好。如大小豆及大块圆滑者，谓之豆砂，细末碎者，
谓之末砂。此两种粗，不入药用，但可画用尔……"②我国古代地理著作
《山海经》云："丹粟，粟、沙，粟沙音之缓急也，沙，旧作沙非，汞，即
澒省文。"作为中药首载于《神农本草经》中，将其列为上品，亦名为丹砂。
丹乃石名，其字从井中一点，像丹在井中之形，如甲骨文在矿井中间加一
指事符号"－"，表意井中有丹。后人以丹为朱色遂呼为朱砂。《名医别录》
始称朱砂。③

　　丹砂因产地、品质、纯度、形态、性质、颜色等不同，名称也各具特
色。以性质命名的有面砂、土砂、末砂、妙硫砂；以形状命名的有马齿
砂、云母砂、梅柏砂、芙蓉砂、豆砂、箭漩砂、玉座砂、金座砂、白庭
砂、金星砂；以产地命名的有巴砂、辰砂；以色泽命名的有朱砂、光明
砂、月砂、澄水砂、镜面砂；以色泽与产地混合命名的有辰锦砂。中国古
代百科全书《山海经》中称丹砂为丹粟，《石药尔雅》称其为汞砂。古人对丹
砂的辨别，根据丹坑新旧、精粗老嫩分为箭头、豆瓣、劈砂、末砂、和尚
头数种，其色红黑不一，最者箭头，次劈砂，再次豆瓣，和尚头色紫黑，
末砂石不净。总之，以光明晶莹者为上品，色泽灰而带黑者为次。《天工
开物》载："上好朱砂出辰、锦（今名麻阳）与西川（四川东部）者……盖光
明、箭镞、镜面等砂，其价重于水银三倍，故择出为朱砂货鬻。若以升
汞，反降贱值。惟粗次朱砂方以升炼水银，而水银又升银朱也。"

　　水银，《说文》云："澒，丹砂所化为水银也。"《淮南万毕术》云"水银
为澒"，亦汞，少见于天然汞，化学符号为 Hg。水银别名汞（《名医别

　　①　许慎：《说文解字》卷5《丹部》，线装书局 2016 年版，第 2209 页。
　　②　陶弘景：《本草经集注》，群联出版社 1955 年版，第 543 页。
　　③　(梁)陶弘景：《名医别录》辑校本，人民卫生出版社 1986 年版，第 2 页。

录》)、灵液(《本草纲目》)、白滪(《淮南子》)、姹女(《周易参同契》)、铅
精、琉珠、赤汞、砂汞(《石药尔雅》)、活宝、圣液等。《本草考证》水银
很少用于中药，在《许氏说文解字》《淮南子》等叙述中皆提及水银，推测可
能在汉代以前已开始应用(公元前 2 世纪)。在西方社会，汞意为"永恒之
水"，具有一切形式，可以染白一切物质，吸附一切事物的灵魂。世界上
没有任何东西能像水银那样进入各种金属，提升它们的性质。① 宋子曰：
"水银白而至红呈其变，造化炉锤，思议何所容也!"《抱朴子·金丹》记载：
"丹砂烧之成水银，积变又还成丹砂。"大自然的熔炉冶炼，变化万千，令
人赞叹不已。汞在历史上被用作一种传统的尸体防腐剂，皇帝墓中就多灌
水银。

朱砂升炼水银，水银又升银珠也。② 这是人工合成的硫化汞，始载于
胡演《升丹炼药秘诀》。其名称为"银朱"或"灵砂"(《证类本草》)、"心红"
(《本草蒙筌》)、"水华朱"(《升丹炼药秘诀》)，史料中俗称"猩红"或"紫
粉霜"。刘向在《刘仙傅》中云："能作水滒，炼丹砂。"其法或用磐口泥罐，
或用上下釜。每水银一斤，入石亨脂(硫磺)二斤同研不见星，炒作青砂
头，装于罐内。上用铁盏盖定，盏上压一铁尺。铁线兜底捆缚，盐泥固济
口缝，下用三钉插地鼎足盛罐。打火三炷香久，频以废笔蘸水擦盏，则银
白成粉，贴于罐上，贴口者朱更鲜华。冷定揭出，刮扫取用。其石亨脂沉
下罐底，可取再用也。水银一旦升炼为朱砂，则不可复还为汞，所谓造化
之巧已尽也。③ (见图 3-2)朱砂和银朱，虽名称各异，但具有相同的化学
成分、性质及效用。二者的微妙区别在于天然丹砂大多含有少量其他矿物
杂质，而银朱是天然丹砂在 700 度高温下提炼成汞，再经化合而成，所以
产品纯正。从颜色来说，朱砂，即丹砂，红中透黄，而银朱成纯正的红
色；从用途看，二者在古代大量用于涂料、丹书、印泥等。

---

① 张颖：《丹砂之路——从贵州万山汞矿遗址申遗说起》，《人文杂志》2015 年第
8 期，第 67~72 页。

② 宋应星著，钟广言注释：《天工开物》，中华书局 1978 年版，第 410 页。

③ 宋应星著，钟广言注释：《天工开物》，中华书局 1978 年版，第 411~413 页。

丹砂、水银、银珠，原同一物，之所以名称不同，是由于它们之间存在精粗老嫩的差异。在"物类可变，变化无极"的认知系统下，丹砂即能升炼成水银，亦能炼金或合丹（药）。[1] 公元 2 世纪的西汉人魏伯阳、公元 4 世纪的东晋人葛洪、公元前 3 世纪的古希腊哲学家狄奥佛拉斯塔等均记载了由丹砂加热而得汞，硫与汞重新结合为丹砂的可逆反应（用现代的化学符号表示应是 $hgs \rightleftharpoons hg+s$）。事实证明了丹砂的神奇妙变。

图 3-2　朱砂升炼水银，水银又升银珠[2]

（二）丹砂的分布及产地

在现代矿产研究中，学界对丹砂的讨论往往附在汞的条目之下。汞在世界的分布遍及 6 大洲，20 余国，其主要产地集中于 3 个大型汞矿化带：沿地中海—中亚汞矿化带、大西洋中脊汞矿化带和环太平洋汞矿化带。国外主要产汞的国家是西班牙、意大利、斯洛文尼亚、苏联、美国、墨西哥

---

[1]　张颖：《丹砂之路——从贵州万山汞矿遗址申遗说起》，《人文杂志》2015 年第 8 期，第 67~72 页。

[2]　宋应星著，钟广言注释：《天工开物》，中华书局 1978 年版，第 411~412 页。

等国。历史上开采汞矿资源时间最长的是西班牙和意大利。西班牙贡献了世界约三分之一的矿产量，具有 2000 年的开采历史。苏联的产量仅次于西班牙，两国总产量约占世界总产量的一半。其他国家有美国、墨西哥、阿尔及利亚等国。世界汞矿总储量为 52 万~56 万吨，西班牙产量最高，苏联次之。①

新中国成立后，我国地质工作者对全国 23 个省(区)的 300 多个矿点进行了近 30 年的普查、研究，基本探明了地质的特征，计算出汞的储量在 7 万吨以上，这个数量仅次于西班牙、苏联，居于世界第三位。现今全国 30 多个省和自治区都有汞矿点，集中分布在昆仑—秦岭汞矿带(包括陕西、甘苏、青藏)、武陵汞矿带(包括湘西、黔东、川东南、鄂西南)、三江成矿区(包括川西、云南中西部汞矿床)及右江成矿区(包括滇东南、黔西南和广西汞矿区)，其中汞矿资源分布最集中的是武陵成矿区，其储量约占全国总储量的 84%。② 此外，我国其他省包括台湾也有零星汞矿分布。贵州省作为我国汞资源最丰富的省份，在全国已探明储量的 90 余处产地中，位于贵州的就有 42 处，其储量占全国总储量的 65%。③ 随着继续探明，贵州的矿床增至 60 个，矿点和矿化点 200 余处，分布于盘县、贞丰、遵义县、湄潭、务川、余庆、铜仁市、江口、石阡、玉屏、印江、思南、德江、沿河、松桃、万山等 81 个县、市、特区。④

如今，贵州的丹砂矿产资源主要分布于东、西、南三带：东部丹砂矿带分布于铜仁、万山、玉屏、松桃，与湖南湘西汞矿带相连；西部矿带分布于印江、思南、德江、沿河、务川等地；南部矿带主要分布于三

① 当代中国有色金属汞工业编委会：《新中国有色金属锑汞工业》，当代有色金属工业编委会出版 1986 年版，第 231 页。
② 当代中国有色金属汞工业编委会：《新中国有色金属锑汞工业》，当代有色金属工业编委会出版 1986 年版，第 234 页。
③ 曹鸿水、韦天蛟：《我国汞矿资源的开发及利用》，《中国地质》1986 年第 4 期，第 14~18 页。
④ 曾超：《乌江丹砂开发史考》，《涪陵师范学院学报》2006 年第 4 期，第 25~33 页。

都、丹寨。丹寨、开阳、册亨、黄平、独山、太坝、湄潭、黄莲坝等地也有少量的丹砂资源。此外，湖南的凤凰、新晃、保靖、衡东、新田、嘉禾、资兴等，重庆的酉阳、秀山，四川的盐源、雷波，广西的大厂、南丹和云南的巍山、昌宁、腾冲、蒙自、永平等地也产丹砂。

我国丹砂产地相对集中，且产量丰富。丹砂生产起源很早，载籍记其产地首见《尚书》卷六《禹贡》："荆州厥贡丹。"荆州包括今川、鄂、湘、黔边区，务川亦属其地区。① 据考证，荆州是先秦丹砂的主要产区。秦汉至隋朝，丹砂产地相对集中，这一时期是丹砂产区的形成期。如《史记·货殖列传》记载："巴寡妇清，其先得丹穴，而擅其利数世，家亦不訾。"②汉代许慎《说文解字》云："丹，巴越之赤石也。"③《华阳国志》卷一《巴志》云："丹兴县，蜀时省，山出名丹。"④《名医别录》曰："丹砂生符陵。"⑤《图经本草》明确指出："丹砂出自符（涪）陵山谷中。"⑥《神农本草经》中记："丹砂或生武陵，采无时。"⑦《续汉书·郡国志》载："牂牁郡谈指（今贵州贞丰县西北）出丹。"⑧唐宋时期，丹砂产地扩展迅速，至少辰州、锦州、溪州、思州、黔州、溱州等地。发展到宋朝可谓分布于九州。⑨ 明初，丹砂主要产于贵州，据《明史·食货志》载："明初……惟贵州大万山长官司有水银、朱砂场局。"《明一统志》载，思州、思南府、普安州等地盛产朱砂、水银，这说明明代贵州朱砂、水银的产量相当丰富。清代，贵州万山

① 务川文史资料研究委员会：《务川文史资料选辑》第六辑，务川文史资料研究委员会1992年版，第136页。

② 司马迁：《史记·货殖列传》，吉林文史出版社2010年版，第275页。

③ 许慎：《说文解字》卷5《丹部》，线装书局2016年版，第2209页。

④ 常璩撰，任乃强校注：《华阳国志校补图注》卷1《巴志》，上海古籍出版社1987年版，第43页。

⑤ 陶弘景：《名医别录》（辑校本），人民卫生出版社1986年版，第2页。

⑥ 苏颂：《图经本草》（辑复本），福建科技出版社1988年版，第2页。

⑦ 吴普：《神农本草经》，人民卫生出版社1984年版，第3页。

⑧ 钱林书：《续汉书郡国志汇释》，安徽教育出版社2007年版，第312页。

⑨ 夏湘蓉、李仲均、王根元：《中国古代矿业开发史》，地质出版社1980年版，第110页。

汞矿似已衰落，而贵州其他地区，如开州、务川等地发展为丹砂、水银的重要产区，当地人多以采砂炼汞为业，外地商贾多聚焉，构成了一幅热闹非凡的商业图景(见图3-3)。此外，丹砂在云南、湖南两省仍继续开采。

图 3-3　丹砂水银交易图①

　　贵州盛产丹砂，在全省形成一个东北—西南向的丹砂、水银成矿带(见图3-4)。东北延伸至四川、湖北、湖南，西南延伸到云南、广西。据史料记载及考古证实，贵州丹砂开采历史先后为桐梓—綦江、务川—开阳、酉阳—思南、保靖—铜仁、兴义和黔西等地区。② 其中尤以务川—开阳汞矿开采历史最悠久，可追溯到汉代以前，虽无文集记载，但有丰富的考古资料佐证。2007—2010 年，贵州省文物考古研究所对大坪 47 座汉代墓葬的发掘中，有 24 座有丹砂遗存，占墓葬总数的 51%，最多一处丹砂多达 250 余粒，大者 2.6 厘米×2.7 厘米，根据硫同位素分析对比，确定墓中所出丹砂产自当地。③ 2004 年出土的汉代无字铜钱很可能属于地方私

　　①　资料源自贵州省遵义市博物馆。

　　②　夏湘蓉、李仲均、王根元：《中国古代矿业开发史》，地质出版社 1980 年版，第 315 页。

　　③　邹进扬：《务川古墓葬》，中国文史出版社 2014 年版，第 59 页。

铸，用于丹砂的贸易交换。① 这一地区的丹矿主要分布在太坝、三坑、木悠、老虎沟、罗溪等地，其储量达 23320.5 吨，占贵州保有储量的 60%，占全国总储量的 28%。② 近几年来，由于汞价格逐年递减，叠加汞矿开采对环境污染极大，国营务川汞矿被迫于 2002 年关闭，但比较偏僻的农村地区土法炼汞活动依然存在。

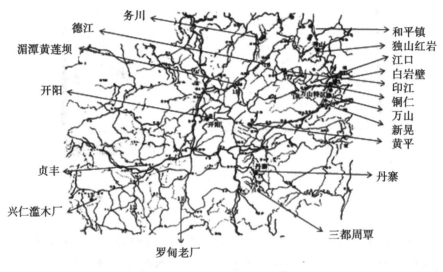

图 3-4　贵州汞矿分布图③

二、刨山匠与生产技艺

(一)刨山匠

龙潭仡佬人称采丹者为刨山匠。从字义上理解，一方面，"刨山"说明

---

①　向海燕：《注视仡佬》，北京现代出版社 2014 年版，第 26~35 页。

②　贵州省务川仡佬族苗族自治县县志编纂委员会：《务川仡佬族苗族自治县志》，贵州人民出版社 2001 年版，第 135~137 页。

③　务川汞矿办公室：《务川汞矿史资料 1952—1993 年》，1993 年，第 7 页。

作业在山岭之间，需逐丹源而聚；另一方面，"匠"，古字，字形若筐中置一斧，《说文解字》作："匠，木工也。"泛指各类手工技艺巧匠、巨匠等。《论衡·量知》："能刌削柱梁谓之木匠；能穴凿穴培谓之土匠；能雕琢文书谓之史匠。"始知，匠与工相同，意为各行各业的能手。他们以勤劳技艺安家，不乏工匠精神的内涵。回顾古代社会，历史上的圣王几乎是"工匠型"能手，如炎、黄、尧、舜、神农、后稷等，视为"工匠"始祖。① 在龙潭仡佬族的传说中就有这样一位矿业鼻祖，因向周王进贡丹砂，被封为宝王或濮人首领，负责该地区的统治管理。相传龙潭仡佬族祖先宝王，带领濮人部落，创造了龙潭古寨以丹业为核心的生计文化传统。至今在龙潭还流传着"宝王"传说，还有采砂炼汞敬宝王菩萨的祭祀活动以及大坪镇龙潭村迄今犹存宝王庙遗址。

濮人始称"卜人"，其与丹砂之间的紧密联系史证确凿。《逸周书·王会解》中曾两次提到"卜人以丹砂……"有其下注："卜，即濮也，沙即砂，亦是朱砂。"②又《华阳国志·巴志》载："涪陵郡……土地山险水滩，人多悍勇，多濮之民，县邑阿党（偏祖），斗讼必死。无蚕桑，少文字，惟出茶、丹、漆、密、腊。"③关于务川仡佬族先民采丹的历史，可从龙潭周边汉墓群出土的大量粉末及颗粒丹砂证明，龙潭仡佬族先民最迟在汉代时期就以丹为业。④ 龙潭仡佬族将采丹历史编成诗歌世代传颂：

亿万年的红

几千年的火

火红秦汉魏晋唐宋元明

① 彭兆荣：《论"大国工匠"与"工匠精神"——基于中国传统"考工记"之形制》，《民族艺术》2017年第1期，第18~25页。

② 吴枫：《简明中国古籍辞典》，吉林文史出版社1987年版，第94页。

③ 常璩撰、任乃强校注：《华阳国志校补图注》卷1《巴志》，上海古籍出版社1987年版，第41~45页。

④ 向海燕：《注视仡佬》，北京现代出版社2014年版，第149页。

这大山的血脉

曾红火古国华夏

恩惠仡佬远祖——濮人

至今，山还显灵水还流韵岩还刻符

砂坑、栈道还低语传说神圣的

朱砂矿啊

……

啊！山蛮

把心投进去，炼山岩内心的红

把血投进去，炼地壳呕红的心

朱砂矿上，林立的宝王庙

知泱泱中华，是仡佬人

最先给名载史册的美女——抹嫣红

最先让亭阁飞檐溢彩古今①

诗歌、传说、文献及考古资料证明，濮人是古代较早对丹砂有所认识并进行开采的族群之一。濮、僚、仡佬在不同历史阶段的演化皆以丹为生计。宋元时，《溪蛮丛笑》载："砂自折二至折十，皆颗块。……砂出万山之崖为最，犵狫以火攻取。"②可见，采丹炼汞富庶了地方，推动了族群自身的发展，而且仡佬族与丹砂的种种特殊因缘关系，也成为"他者"识别仡佬族的特殊符号。

（二）生产技艺

仡佬族先民在采丹炼汞的过程中逐渐形成了一套完整的、领先于其他族群的生产技艺。其生产工艺流程主要包括勘探、开采、淘砂和炼汞等。

---

①　遵义市政协文史与学习委员会：《中国仡佬族》（上册），遵义市政协文史与学习委员会 2010 年版，第 89 页。

②　朱辅：《溪蛮丛笑》，中华书局 1991 年版，第 5 页。

第一步，勘探。在古代由于生产技术不发达，生活经验及技能尤为重要，成为人们战胜自然的法则。仡佬族先民濮人在寻丹的过程中掌握了一套丰富的实践技能。在实践过程中，仡佬族对丹砂属性、产质及分布有深入的认识，能根据岩层外部结构、岩石色泽变化、山脉及水流走势等判断岩层中是否有砂，是线形砂还是窝状砂。在《史记》中也有寻丹的记载，如《黄冶论》中李德裕称："光明砂者，天地自然之宝，在石室之间。采之者，寻石脉而求。"①然而，在实践过程中仅依照"石脉"寻丹很难正确定位，通常是采用综合判断的方式，最终确定丹砂的准确位置，并进行开采。

第二步，开采。务川县丹砂开采历史悠久，大致经历了钻取、火攻和黑火药爆破三个阶段。钻取法是最原始的一种采矿方式。"采矿者，寻石脉而求"则是说根据"石脉"将丹砂从岩石中取出，考古中出土的锤、钻、凿、铲等物品，恰恰是钻取丹砂的必备工具。用锤、钻从岩石中取丹，费时又费力。到宋代，人们开始懂得用火攻取。在这一时期，辰砂尤为出名，记载繁多，如祝穆《方舆胜览》卷30云："府沅陵光明山，一名龙门山，有砂（指辰砂）井，土人采取……烧石取之。""僚（指少数民族）以薪竹燔火爆石以取之。"②用火攻取丹砂的方法被当地人称为爆火窋石法，即用干柴、茅草将岩石烧热，然后迅速用冷水泼，石壁迸裂，再用铁锤、铁锹、铲子等工具沿裂缝凿挖矿石。虽然用薪火爆石取丹的生产效率远超过人力钻、凿，但所凿矿洞也仅仅只容一人，极大地限制了生产规模。大规模的丹砂生产是在火药出现以后。明末清初，铜仁府就有人在溶蚂窋用火药炸矿，成为用爆破开采朱砂的最早试行者，此后被逐渐推广。③用爆破采矿的方法是根据岩层厚薄、岩石线路、开采方位，确定用钢钎和大锤打炮眼的规格，以深度70厘米~80厘米、直径3厘

①　董诰：《全唐文》卷7《黄冶论》，北京中华书局1983年版，第7288页。

②　祝穆著，施和金校：《方舆胜览》卷30《湖北路·辰州》，中华书局2003年版，第546页。

③　贵州省铜仁市地方志编纂委员会：《铜仁市志（上册）》，贵州人民出版社2003年版，第423页。

米~4厘米为宜，再用药勺将黑火药倒进炮眼内，药量根据岩石大小、厚薄而定。随后，将银条放入炮眼洞，插进火药中，然后用细沙将炮眼口堵住、密封。最后抽出银条，放入引信（用蒙纸卷入火药制成），引信高出地面2厘米左右，点火爆破，采矿者根据裂缝进行开采。那时已有地井、斜井、天井、平巷等相当规模的采区，看来这种方法比烧爆火窿的方法先进。① 著名的地质学家王曰伦对当时的采矿工具描述如下："工人所用器具极为简单，凿岩用钢钻，形为四方之长棍，长约二尺，一端尖锐；锤为本地铁匠所作，质为熟铁。"用钢钻开采丹砂的方法一直沿用到20世纪中期才被风钻取代。②

第三步，淘砂。首先将矿石进行分类，分为全红颗粒朱砂、无矿石头、含红元素较高的矿石和含红元素一般的矿石四类。全红颗粒朱砂直接收藏，同时清除无矿石头，将含红元素较高的矿石捶打成细沙颗粒，放在摇船上的摇篓中用水淘洗，被滤过的浊水在船中沉淀，沉淀物就是混合着朱砂的矿砂，最后将矿砂放在淘盆中多次反复用水筛选，即可得到红色的朱砂。朱砂是含汞量很高的矿物质，可以直接出售，也可以用来炼汞。淘出朱砂后，剩余的矿砂则用来炼汞。也可在山沟溪流里直接淘取朱砂，其方法雷同。

第四步，炼汞。据《贵州矿产纪要》载，"万山、务川多用土圈灶、篾篓灶炼汞"。其方法有两种：①篾灶烧焙法。首先备一口用来装矿石的铁锅（直径60厘米~80厘米），根据锅圈大小砌一口灶，将矿石锤成细沙（完全燃烧）置于锅内（一次可放30斤~40斤）；然后用竹子编一个锅口大小的锅盖（中间留一圆口，口的大小需与坛子口大小一致），再准备一个装水银的坛子，置于篾锅盖上，将两口对齐，最后用泥巴和石灰浆将坛子、篾锅盖及锅灶周边密封。接下来就用柴火加热，直到锅内无蒸汽冒出（检测方

---

① 张颖：《博物寻根·丹道合宗——贵州万山汞矿申遗的人类学研究》，博士后出站报告，厦门大学，2015年。

② 当代中国有色金属汞工业编委会：《新中国有色金属锑汞工业》，当代有色金属工业编委会1986年出版，第243页。

法：用棍子从篾灶旁边插入，伸入矿石锅内搅拌两下，然后取出放入水中，若水面出现白色物质，说明烧制未完成，反之则烧制完成），等烧制完成后将坛子取下来用手或抹布擦拭以取出水银。②土法炼汞。采用土灶和铁锅、笼盘、蒸馏罐、简易冷凝收水银的盏子，进行土灶炼汞的一种民间工艺。所采用的工艺流程见图3-5。

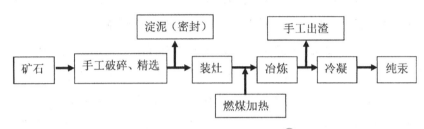

图 3-5 土法炼汞工艺流程图①

其操作流程如下：首先，将含有汞的矿石锤成鸡蛋大小的石子和淘砂过滤剩下的矿沙一起放进矿石铁锅内（根据锅大小装矿沙 15 千克~20 千克）。然后，根据铁锅口的大小砌灶，灶高 5 厘米~20 厘米（根据地面位置选择高度）、宽 80 厘米~120 厘米、长 2 米~3 米，由一个燃烧室和一个取汞灶组成，两灶之间留有排气孔，灶周围用石头砌墙，并用盐泥密封。最后，用一口与盛装矿石铁锅同样大小的铁锅倒扣在盛有矿石铁锅的灶上面，用泥巴、灰泥密封，在另一灶上放一口底部有缺口的铁锅（缺口与坛子口大小一致），缺口上倒放一个坛子（当地称"盏"子），这就是炼汞的土灶。用煤加热矿石铁锅，当达到一定温度时，锅内矿砂蒸发的汞蒸气上升，通过排气孔进入另一灶，在坛子内遇冷凝固，生成的凝固物即为汞。以前炼汞，采用燃香计时法。即在灶的旁边插一炷香，当香烧到一半时，将坛子迅速取下，抹下附在坛子内壁的汞，当地人将此过程称为"抹盏"，

---

① 李平、冯新斌、仇广乐、王少锋：《贵州省务川汞矿区土法炼汞过程中汞释放量的估算》，《环境科学》2006 年第 5 期，第 837~840 页。

随后再将坛子放回原处。一炷香烧完，再抹一次"盆"，这一锅矿砂就提炼完成。一口灶一天一夜一般可以烧出水银 500 克，民间至今仍用此方式炼汞。其基本原理为：燃煤加热丹砂矿石超过 600℃ 时，锅内矿砂受热后蒸发的汞蒸气上升，HgS 转化为 Hg^0 后，在坛子内遇冷凝固，并收集金属汞（即水银），化学反应式为 $HgS+O_2 \xrightarrow{加热} Hg^0+SO_2$。

然而，在 20 世纪 40 年代初期，工厂对土灶进行了改良，汞业管理试用铁管炉，拟行于各厂。这种改良灶有圆锅和长方形锅两种，都用铁管导入水箱，加强了冷凝系统的效果，使汞回收率提高了 10%。这种改良灶沿用到新中国成立后，逐渐被竖式高炉所取代。[1] 这时生产技术、工艺流程都有了很大的改进。井下大多为机器作业，用留矿法采矿；选矿从手选逐步改用机械选矿（重选和浮选）。采选冶流程从新中国成立初期的锤凿岩—人工手选—篾灶或土灶炼汞发展到 20 世纪 50 年代中期至 60 年代初的风动凿岩—手选—高炉炼汞，60 年代中期以后逐步发展为风动凿岩—重选或浮选—蒸馏炉。[2]

三、流通方式及渠道

丹砂生产，从最初的零星开发，到后来的大量发掘，由物物交换发展为商业贸易，其生产布局、规模大小以及发展速度则直接与当地交通和贸易有关。据史记载，"婺川当样柯，夜郎要路，婺古牂柯要路，巴楚交会之间"[3]。在夜郎市场上，不仅可以买到蜀郡出产的蒟酱，还可买到髦牛、蜜、丹砂等商品，甚至"僰僮"（奴隶）也有出售。[4] 在当时，亦有很多外地

---

① 当代中国有色金属汞工业编委会：《新中国有色金属锑汞工业》，当代有色金属工业编委会 1986 年出版，第 247 页。

② 当代中国有色金属汞工业编委会：《新中国有色金属锑汞工业》，当代有色金属工业编委会 1986 年出版，第 253 页。

③ 贵州省务川仡佬族苗族自治县交通志编纂委员会：《务川仡佬族苗族自治县交通志》，贵州人民出版社 2007 年版，第 32 页。

④ 夏鹤鸣、廖国平：《贵州航运史（古、近代部分）》，人民交通出版社 1993 年版，第 11 页。

人群迁入夜郎地区。作为咽喉之地的婺川处于群山大川之中，在历史上并不是一个封闭之区，境内有乌江支流洪渡河，西南经遵义至贵阳，西北经正安至重庆，东南经思南至新晃，各约七百里，东北经沿河出重庆秀山，亦五百里，且山路崎岖，通行比较困难。①务川就处于这样一个古道交错、四通八达的地理位置上。

这一区域古代交通的形成与族群间贸易往来的需要、中原王朝拓边、族群迁徙、战争、移民戍边等一系列政治经济动因有关，致使在这块多族群交汇的地区开通了不少古道与水运航线。早在春秋时期，乌江下游为古代巴国活动范围，"南及黔涪"②或谓"南及牂牁"③，约今正安、德江以北地区，务川属之。④战国后期，巴国势衰，楚占据，隶黔中（包括今贵州东北部，兼有乌江下段，涪陵为其前哨）。秦国曾四次出兵攻楚，"周慎王五年（公元前316年），秦灭巴、蜀后……遣将司马错由涪陵溯乌江向南进军，掠楚黔中地"的记载最明确。在《华阳国志》《巴志》及《蜀志》中也有零星记载，"从积（今涪陵）南入，泝舟涪水（乌江）……取楚商于之地置黔中郡"。大军由涪陵溯乌江南下，再进入支流，入沅水，声势浩大，是目前所见乌江有远程运输的最早记载。⑤又乌江进取楚黔中，首先要驶过下游河段，然后越武陵分水岭，至沅系支流，再进入干流。这条路线楚军未设防，是楚国统治较薄弱的地区，很快被秦所控制。战国后期，庄蹻灭夜郎，再经宛温（今兴义）至滇池也是选择此路（见图3-6）。

① 黎盛斯：《贵州婺川县汞矿简报》，《地学集刊》民国三十三年（1944年），第14页。
② 常璩撰，任乃强校注：《华阳国志校补图注》卷1《巴志》，上海古籍出版社1987年版，第41~42页。
③ 李吉甫：《元和郡县志》，中华书局2008年版，第702页。
④ 王燕玉：《贵州史专题考》，贵州人民出版社1980年版，第261页。
⑤ 夏鹤鸣、廖国平：《贵州航运史（古、近代部分）》，人民交通出版社1993年版，第28页。

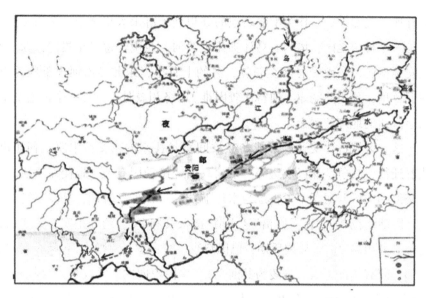

图 3-6　秦掠黔中及庄蹻入滇进军路线示意图①

洪渡河属乌江支流，其水运在这一时期也得到了迅速发展。据考古发现，大坪江边、官学、龙潭等地出土了不少秦、楚、汉时期的青铜器、陶器、古币、青铜、箭镞、朱砂及汉墓群，证明了在公元前 700 多年至公元 25 年，本地就与中原形成了水陆古道，在洪渡河两岸红丝至大坪一带有栈道痕迹及古城池、古宅基遗址，足以证明洪渡河是当时最便捷的水路通道（如图 3-7）。②

到唐代沿贵州各河设置州县，进一步促进水运发展，乌江航运已伸入今思南县境，在汉代基础上延伸了三百余里。③ 至元和年间（806—820 年），

---

①　夏鹤鸣：《贵州航运史（古、近代部分）》，人民交通出版社 1993 年版，第 22 页。

②　务川仡佬族苗族自治县委员会宣教文史委：《仡佬之源》，遵义康达印务公司 2005 年版，第 91 页。

③　夏鹤鸣：《贵州航运史（古、近代部分）》，人民交通出版社 1993 年版，第 39 页。

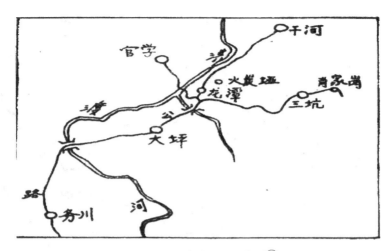

图 3-7 务川水路交通示意图①

贵州水陆联运网络初见雏形，特别是东北部地区，水陆联运更具一定规模。(见图 3-8)《元和郡县志》《太平寰宇记》中对贵州各州县间水陆历程记载颇详：

> 北部以都督府所在地黔州(今彭水)为中心，北至忠州(治临江，今忠县)水陆兼程四百里；西北至涪州(今涪陵)水路三百三十里；西南至播州(今遵义)陆路八百里；南至夷州(今绥阳、湄潭地)陆路五百八十里；东南至思州(治今沿河)水路二百八十里。自思州，西南至夷州陆路四百里；东南至锦州常丰县(今松桃)陆路五百里；至锦州(今湖南麻阳附近)陆路八百里；南至贵州水路四百里。②

这一时期，一些小河支流也受到重视和利用。如唐武德二年(619 年)，

---

① 贵州省博物馆考古研究所：《贵州田野考古四十年(1953—1993)》，贵州民族出版社 1993 年版，第 300 页。

② 夏鹤鸣：《贵州航运史(古、近代部分)》，人民交通出版社 1993 年版，第 53~54 页。

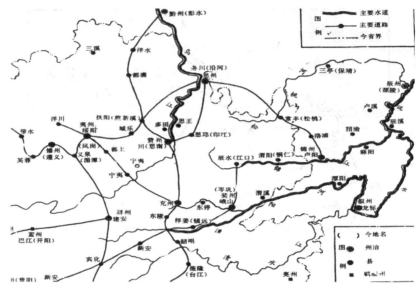

图 3-8　唐代贵州东北地区水陆交通示意图①

设洪杜县于乌江支流洪渡河口，隶属黔州（州治在今重庆彭水），洪杜县成为乌江进入今贵州的门户，官吏调迁，使节往返，贡赋运输多经过这里。如今洪渡河口尚存唐代旧县的遗址。当时，因乌江航运发展，商业活动频繁，洪杜县治迁至龚湍（今龚滩镇）。② 从适于耕作的敞谷地区，迁入峡谷河段、水流湍急、高峡紧锁、土地贫瘠之地，显然亦是为了商贸活动。

在古代经济、技术、人力资源有限的情况下，务川先民优先利用江河优势进行交往和沟通，水运就成为务川与外界交流的重要交通方式。务川先民经洪渡河入乌江进长江，再东出夔门（今重庆奉节一带）经汉水北上入关中、中原，进行贡赋、贸易等活动。但是这条道水急滩险，尤为三峡，滩多湍急，所谓"三峡黔江去路难"。李白诗云："白帝城边足风波，瞿塘

①　夏鹤鸣：《贵州航运史（古、近代部分）》，人民交通出版社 1993 年版，第 55 页。

②　夏鹤鸣：《贵州航运史（古、近代部分）》，人民交通出版社 1993 年版，第 39 页。

五月谁敢过。"据《元和郡县志》记载，"沿乌江流域的思、黔、费各州，贡物为朱砂、水银、黄蜡、犀角等"。其中，思州务川县（隋黔阳县）贡船历经艰险，最终仍在三峡倾覆。杜甫有诗云："巫峡盘涡晓，黔阳贡物秋。丹砂同陨石，翠羽共沈舟。"洪渡河为乌江的主要支流，天然落差较大，河谷深切，河道滩多水急，两岸多为悬崖陡壁，特别是红丝、蕉坝、柏村境内的几处险滩还需负舟而过，可见洪渡河常因急、险、浅、弯、窄等因素妨碍航行。由于交通不便，商贸活动难以开展，虽有大量的丹砂矿，却无法实现规模生产。先民逐渐意识到单靠水运不能满足生活、生产及与外界交流的需要，故为了充分利用已有资源，开始在无法利用水运的地点谋求与陆运衔接，推动了道路的开发和水陆联运的形成和发展。清人为此著有诗述："天堑攒山堞，何年有路通？丹砂开妙径，紫犹入华风。"[1]务川围绕着丹矿区修筑了县际主要出境古道及乡村间往来通道，特分述之（见图3-9）。

务川—湖南：婺川（今务川）—泉口—高山—水德司（今德江）—思南—印江—江口—铜仁—新晃。此路由县城向南经平津桥，接官坪、藕塘、上龙灯桥、牛塘、甘腴桥（今共青桥）、丰乐、铺子坳一带出界至德江天半寺、楠杆、天井塘（今火石坡）、石重盖、煎茶溪、鹦鹉溪至思州府（今思南），全长约235里。船渡乌江后，至印江到江口，东行九十里至铜仁，经铜仁的鲇鱼铺至新晃县，交通便捷。

务川—秀山：婺川（今务川）—火炭垭（今龙潭）经板场铺再经三坑场淘砂溪、大菁洞（今水银头）、三脚木、鲁家欠、红丝、七科坝、黄土坝、思渠至沿河，约230里，需行四日，由沿河渡江至秀山、湖南等地。[3]

务川—涪陵：婺川（今务川）—镇南—栋山（今砚山）—濯水—江口—彭

① 夏修恕、周作：(道光)《思南府续志》卷12《艺文门》，《中国地方志集成：贵州府县志辑》卷46，道光二十一年刻本，第398页。

② 贵州省务川仡佬族苗族自治县交通志编纂委员会：《务川仡佬族苗族自治县交通志》，贵州人民出版社2007年版，第1页。

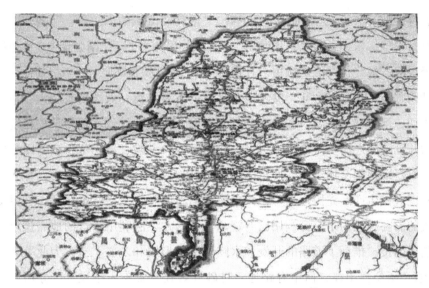

图 3-9 务川仡佬族苗族自治县交通图①

水—涪陵。这条古道方向县北，此路为务川运输之要道，明称楠坪路，由县城向北经杨村、藏凤岩、倒羊江（今洋岗河）、桃符坝、镇南桥、铜鼓溪、烟灯、栋山坡（今砚山）、天生关、水口寺、濯水关、独石、野前岩一带出境至四川干溪（今润溪）、江口，需行六日，江口至彭水至涪陵200余里之远，终年行帆，水运畅通，是务川丹矿重要的出境路线。

务川—南川：婺川（今务川）—涪洋—格林—正安州（今正安）大路—南川县。这条古道方向县西北，明清至民国沿袭通行，此路由县城向西经洋溪、郭家坝、大路坳、水坝、涪洋、冉家场、蔺家院子（今当阳）、崇子塘一带出境至正安丁木坳、风水垭、格林至正安州（今正安），全长约148里，路道崎岖。由正安向西北行360里可到南川县的石角镇，接川湘公路运往外地。古代婺银走私多出此途。

务川—遵义：婺川（今务川）—丰乐—九杵关—龙泉（今凤冈）—播州（今遵义）大路。这条古道方向县南，明代称虎水口路，明清至民国沿袭通

_____

① 黎盛斯：《贵州婺川县汞矿简报》，亚新地学社1944年版，第15页。

行，此路由县城往西经芭蕉关(今芭蕉湾)转向南经山水、大棒头、毛坝、新场、细沙溪(今山江)至丰乐、田村坝，从九杵关出境至龙泉(今凤冈)，再到播州(今遵义)，全长约370里。

大坪镇位于县东部，除大坪至县城的古道外，至三坑另有人行古道。大坪向北经小塘渡、江边、毛岗至官学。大坪向东北经邹家湾，于瓮溪桥处分两路：一路向东经龙井坡至三坑；另一路向北至火炭垭(今龙潭)。火炭垭向东北经干河、瓦子头，到岩平(今偏岩子)可转向北经李渡溪至黄草坪(今长脚)，亦可向东北经杨家坝、高家寨、化元坝、赶场坝至红丝。火炭垭向东北至干河，向东经三坑、板场，转西南至木悠、岩丰脚、四合头、水淹坝、沟透、河坝、闹水出境至德江堕坪。①

火炭垭所在区域正处于经济活跃的交通干道上，上接务川丹砂矿藏最丰富的三坑、板场、木悠等区域，下至古思州交通要道洪渡河边，距古县城都濡镇8公里。在大坪至龙潭大路间建有瓮溪桥，是明万年间朱砂、水银商陈均仁募建。四道桥，建于火炭垭至龙井坡大路间，是村内朱砂、水银商申某修建，据其后人介绍：

> 他们祖辈都是做朱砂、水银生意，钱财满贯，生了11个女儿，可惜膝下无子，只好从茶地(今后寨)抱养了一个儿子，据说当时是用银子斤对斤交换。有了儿子可是主人还是不甘心将自己打拼的财富留给继子，于是他多方打听，有一位巫师告诉他，"金银财宝来身外之物，唯有将其共享，必能换来心中所愿。"当时的火炭垭周围是商贾云集，以朱砂、水银生意人居多。为了方便路人，他投资修建了四道桥，改善了瓮溪桥至丹矿区三坑的道路。自那之后，他先后生了3个儿子，其家产得到了继承，且发扬光大。

---

① 贵州省务川仡佬族苗族自治县交通志编纂委员会：《务川仡佬族苗族自治县交通志》，贵州人民出版社2007年版，第32~34页。

四道桥的修建，说明在古代无论是帝王，还是民间百姓都非常重视交通，它涉及商旅往来、物资运输、信息传递及人口流动等诸多方面，推动了古道周边集市的形成和发展，有力促进了区域经济发展及文化交流。由此可见，交通始终是地域经济发展的重要条件之一。

如隋末唐初闻名遐迩的龚滩，为四川进入贵州的门户，因崩岩堵塞河槽，交通受阻，货物务必在此进行搬运和交易，从而形成集市，汇集了来自各地的各种物产。运入龚滩的货物主要有盐、锄、犁、布匹等，地方土特产有茶、马、牛、朱砂、水银、麻布、酒、黄蜡、犀角等。① 而思南位于乌江航运上端，是外界深入贵州东北部腹地的窗口。据《思南府志》记载："上接乌江，下通楚、蜀，舟楫往来，商贾鳞集……郡产朱砂、水银、绵、蜡诸物，皆中州所重者，商人获利，故多趋焉……"所属务川为朱砂、水银的重要产地，当地人多以采砂炼汞为业，外地商客更是辐辏而至，"人咸聚居贸易"。在明代，思南府已形成大型的区域中心市场或商业城镇。②

随着商业经济的飞速发展，区域中心市场也带动了周围四乡集市的发展，形成农村小区域内的"经济中心地"。清代在集市更为勃兴的情况下，形成了轮流赶场的市场网络。③《黔南略识·黔南职方纪略》记载了乾隆至道光年间地方市场21个以上的州县有普安厅、镇远、黄平、镇宁、荔波、贞丰、务川、仁怀等。④ 其中，务川境内就有东路墟市7个、南路墟市3个、西路墟市2个、北路墟市13个。⑤ 乾隆年间，务川已经有了定期的集

---

① 夏鹤鸣：《贵州航运史（古、近代部分）》，人民交通出版社1993年版，第44页。

② 张世友：《论历代移民对乌江流域民族地区的经济推动》，《贵州民族研究》2011年第6期，第92~98页。

③ 李仕波：《清代贵州定期集贸市场初探》，《贵州文史丛刊》2009年第2期，第39~45页。

④ 爱必达、罗绕典：《黔南识略》卷16，《黔南识略·黔南职方纪略》，贵州人民出版社1992年版，第172页。

⑤ 李仕波：《清代贵州定期集贸市场初探》，《贵州文史丛刊》2009年第2期，第39~45页。

市，各墟市规定开市日期，亦即所谓的"墟期""满时少，墟市多"，务川县"场市22个，各有定期"①。有十天开四次，集期有一六三八、二七四九等，有每旬2日集(五天一集)，乃二七日集，大多数集场以隔五天一场为主，个别场另有定集。这些墟市大小不等，五方聚集，每逢集期，沿集一二十里村民摩肩交易。② 集市上流通的商品种类繁多，明嘉靖《思南府志·风俗篇》记："丹砂、水银、银朱、茶出婺川县。"清道光《思南府续志·风俗篇》记："唯桐油、柏油、山漆及婺川产朱砂、水银，可以行远。"当时务川"有坑砂之利，商贾辐辏"，故民众"采砂为业，居人指为生计"。③ 清光绪《务川县备志》卷10经业篇商业条记载："县境商婺，近来凡见起色，盖界连川省故，交易者，川人为多。"这一时期的商业贸易活动中，由外运销进入务川的主要货物有布匹绸缎、盐、杂货、棉纱，从定期市场向外运销的主要是土特产品，有黄丝、五信子、猪毛、牛羊皮、山兽皮、水银朱砂、桊油、蜡花、漆等。④ 这些定期市场已成为农村小农家庭从事商业活动、参与市场交易活动的逻辑起点，也是乡村生产的农副产品及矿物资源向外流动的起点。从早市交通干道建制、集市的形成、区域中心市场的确立，向农村小市场的渗透，最终形成一个覆盖全省、沟通邻近省区的市场网络。在这个市场网络体系中，基层的农村墟市与交通便利的城镇集市、更大的区域中心市场乃至全国市场相联系，使得更多的州县或村落可与省内外其他族群进行经济、文化交流与互动。

---

① 李婧：《14世纪中期至19世纪中期州思南府的社会发展》，硕士学位论文，华中师范大学，2011年。

② 李仕波：《清代贵州定期集贸市场初探》，《贵州文史丛刊》2009年第2期，第39~45页。

③ 参见胡安徽、卢华语：《历史时期武陵山区丹砂产地分布及其变迁》，《中国历史地理论丛》2011年第4期，第35~43页。

④ (民国十一年)务川县修志局：《务川县备志》，贵州省图书馆根据上海图书馆藏本复制2006年版，第49~50页。

第二节　大传统：神圣之丹与"长生久视"

丹砂不仅仅是人类生存的基本物质，还是人类经济、文化交流的媒介，更是凝结天地精华的圣物。"丹"者，"万灵之主，造化之根，神明之本"，为天地日月精华凝结，象征着太阳、火、鲜血和灵魂，融通了中国性命文化的道相技法，包含了天地之道、生死之事、圣人之德。[①] 这是中国人特有的一种认知方式，充分体现了中国人的智慧、经验、知识、艺术的与众不同。因此，对认识、理解这一知识的产生、运动、存在价值及表达的深层含义等都极其重要。

一、丹砂的广泛应用

古人对丹砂的使用是一个逐渐认知和实践的过程。我国先民最早认识的红色物质是与丹砂颜色接近的赤铁矿粉，即"赭石"。[②] 1929 年在北京周口店发现了"北京猿人"头盖骨，其中山顶洞人的遗址中发现有被染红了的石珠，周围还有红色的颗粒，这些红色的颗粒被证实为赤铁矿粉。[③] 丹砂替代赤铁矿粉的最早实例可追溯到距今 6000 多年前的河姆渡文化时期。考古工作者在浙江余姚河姆渡遗址发掘中发现一件漆碗，造型美观，其壁外涂有红色朱砂，色泽艳丽。这一重大发现说明我国先民在河姆渡文化时期就开始使用天然朱砂作彩绘原料，这是我国迄今发现的最早使用朱砂的例证。[④] 据考古专家考证，朱砂在原始宗教中的应用始于新石器时代中晚期。青海省文物管理处考古队在考察青海乐都柳湾原始社会墓地时，发现此处

---

① 张颖：《文化遗产关键词：丹》，《民族艺术》2015 年第 1 期，第 63~70 页。
② 肖世孟：《朱砂人印泥考》，《湖北美术学院学报》2014 年第 3 期，第 14~16页。
③ 武金勇：《先秦两汉绘画颜料研究》，博士学位论文，天津大学，2011 年。
④ 浙江省文管会、浙江省博物馆：《河姆渡遗址第一期发掘报告》，《考古学报》1978 年第 1 期，第 39 页。

属新石器时代中晚期的马家窑文化。此外，还发现在一具男尸下撒有朱砂。① 这是大西北的先民在四五千年前开采和应用朱砂的例证，说明在新石器中晚期，我国古人就开始在墓葬中使用朱砂。商周时期古人崇尚赤色，如《礼记·檀弓》载："夏后氏尚黑，殷人尚白，周人尚赤。"丹砂以鲜红、持久这种得天独厚的特质受到古人尊崇，并被运用于日常生活的方方面面。

其一，彩绘颜料。丹砂色泽醒目、稳定持久的特性使其成为一种相当普遍的矿物染料和颜料。从西周至西汉的千余年间，辰砂一直被视为染涂贵重衣物的染料。如陕西宝鸡茹家庄鱼伯墓出土的西周贵族丝帛上的红色颜料就是朱砂。② 还有在长沙马王堆一号汉墓中发现的一件朱红菱纹罗锦袍，其红色染料经 X 射线衍射分析，为硫化汞。③ 古人也将丹砂用作涂料，据说周天子宫室地面就敷朱红色涂料(可能以血料掺和朱砂)，被称为"丹地"。④《春秋谷梁传·庄公二十三年》："秋，丹桓宫之楹。……丹楹，非礼也。"此乃以丹采饰宗庙之柱。还有《书·梓材》中也记载了"惟其涂丹雘"，有学者认为，此以丹砂为采饰，是说"涂丹雘"乃成器前的最后一道关键性工序。《左传·宣公二年》："从有其皮，丹漆若何?"即丹漆是皮革加工时经常用到的颜料。《国语·吴语》："赤裳、赤旟、丹甲、朱羽之矰，望之如火。"此乃以丹采装饰甲旗兵器。以上诸例表明，丹砂用作染料或涂料既广泛，又庄重和盛美，足见其品位之高。因古人对丹砂的敬重，及其隐含的权威象征，被用作丹书。《左传·襄公二十三年》载："斐豹隶也，著于丹书。"《汉书·高纪》曰："又与功臣剖符作誓，丹书铁契……藏之宗

①　王进玉、王进聪：《中国古代朱砂的应用之调查》，《文物保护与考古科学》1999 年第 1 期，第 40~45 页。

②　李也贞、张宏源、卢连成、赵承泽：《有关西周丝织和刺绣的重要发现》，《文物》1976 年第 4 期，第 60~67 页。

③　参见上海市纺织科学研究院、文物研究组、上海市丝绸工业公司文物研究组：《长沙马王堆一号汉墓出土纺织品的研究》，文物出版社 1980 年版，第 82~84 页。

④　王进玉、王进聪：《中国古代朱砂的应用之调查》，《文物保护与考古科学》1999 年第 1 期，第 40~45 页。

庙。"丹书传统在考古学中也得到证实。如考古发掘的殷商甲骨文中，极少数甲骨上就涂有朱砂。证明在殷商时期，朱砂已作为书写甲骨文的涂料。1965 年考古专家在山西侯马晋城遗址中发现，一些玉石片上有用毛笔书写的侯马盟书，字迹一般为朱红色，其颜料被证实是朱砂。① 在古代，无论是祭祀告天、宣扬王道，还是立誓为盟，皆以丹书作为神圣性的标志。

其二，宗教用途。《神农本草经》谓：丹砂"养精神，安魂魄"，"杀精魅邪恶鬼"。② 丹砂被应用于丧葬祭礼的原因之一应与古人对丹砂安魂祛邪属性的认识有关。朱砂在中国古代墓葬中的应用早在新石器中晚期就有了实例，四五千年前，青海乐都柳湾原始社会墓中就撒有朱砂。到商周至秦汉时期，出现了大量使用朱砂撒盖死者的现象。③ 山东长清仙人台遗址发现的 6 座周代贵族墓地均在棺底铺撒朱砂，有的厚度达 2 厘米；宝鸡益门村发掘的春秋晚期秦国墓葬群，棺底撒有厚 2 厘米~5 厘米的朱砂层。④ 贵州务川大坪镇江边发掘的 47 座汉墓群中，有 24 座墓葬发现朱砂，如 M21 凸字形土坑墓，墓底中部偏北处有成堆粉末状朱砂；M45 墓中随葬品丰富，其中就有一罐内储朱砂粉末；最多一墓 M39 出土了 250 余粒朱砂，大者 2.6 厘米×2.7 厘米。⑤ 古人为何要在墓葬中撒上朱砂？学界对此有不同的解释，如有学者认为原始人将朱砂"红"视为人类的血与精，是组成生命的基本元素，有助于人和其他生物的成长。⑥ 古人使用丹砂是崇拜火和太阳的遗迹。大多数学者将丹砂"红"视为人的血液，丹砂的鲜红之色如同血液，将其撒入墓内，表示给逝者"补充"生命元素，赋予新的生命，可能还

---

① 张颔、陶正刚、张守中：《侯马盟书》(增订本)，山西古籍出版社 2006 年版，第 1 页。

② 张颖：《文化遗产关键词：丹》，《民族艺术》2015 年第 1 期，第 63~70 页。

③ 曹玮、孙周勇、种建荣：《2002 年周原遗址(齐家村)发掘简报》，《考古与文物》2003 年第 4 期，第 3~9 页。

④ 于筱筝、赵孟坤、刘善沂等：《山东济南长清仙人台周代墓地 M4 发掘简报》，《文物》2019 年第 4 期，第 25 页。

⑤ 邹进扬：《务川古墓葬》，中国文史出版社 2014 年版，第 37~64 页。

⑥ 利普斯：《事物的起源》，汪宁生译，四川民族出版社 1982 年版，第 81 页。

有祈求保护、避灾等意义。① 也有学者认为，墓中撒丹砂主要是一种财富的象征及宗教上的用途。在洛阳烧沟汉墓中也有用丹砂染红的卵石来镇墓压邪。② 可见丹砂用于墓葬有深厚的历史文化含义。丹砂用于墓葬的习俗在务川一些偏远的地区仍然存在，当地人民将丹砂撒在墓底或是用丹砂点七窍，封三魂七魄。在丧葬仪式中，道士也用朱砂画符涂棺、涂于朝箭、发送公文，呼龙接脉、护养风水。笔者在田野调查时，有一申姓村民介绍道：

> 我们家祖辈几代都是刨岩子的，就在前面那山上，有个叫木悠场的地方，我祖父他们就在那里刨岩子，这东西非常值钱，我们一大家子就是靠挖这个度命。那时候我祖父比较会找矿，他一眼看去就知道哪里有矿。他走后，我们在他的墓中用朱砂撒了"福""禄"二字。因他一生太辛苦了，希望老人在另一个世界能享福！

其实，在务川龙潭诸多家中都藏有朱砂和水银。有的是想等价格回升后卖个好价钱，有的是准备用于自己死后的墓葬，在他们眼里，死亡不过是另一个世界自我生命的重新开始。

其三，防腐作用。古人将丹砂粉末撒于尸体上，除宗教意义外，主要起防腐作用。有学者注意到，从新石器时代到战国秦汉墓葬中较多使用朱砂。如长沙马王堆（M1）和江陵凤凰山男尸（M168）、山西龙山文化陶寺类型的墓葬、偃师二里头遗址 3 区发掘的 M2 墓葬等，均有朱砂防腐。商代和西周，规格较高的墓也往往如此。朱砂虽非保存尸体的唯一原因，也非唯一起杀菌作用的物质，但古人认为它具有防腐作用，因而成为最传统的防腐剂。直到春秋战国时期水银的出现，使古人发现水银较朱砂粉末具有

---

① 张颖：《博物寻根　丹道合宗——贵州万山汞矿申遗的人类学研究》，博士后出站报告，厦门大学，2015 年，第 31 页。

② 邹进扬：《务川古墓葬》，中国文史出版社 2014 年版，第 63 页。

更好的防腐功效，有很强的杀菌防腐能力。① 据文献记载，齐桓公死于公元前643年，那时丹砂已被用来提炼水银了，因此其墓中灌有水银，成都的蚕丛氏墓中同样存在大量水银。现已探明，尚未发掘的秦始皇陵，其下就分布有大片水银。这与司马迁《史记·秦始皇本纪》秦始皇陵"以水银为百川江河大海，机相灌输，上具天文，下具地理"的记载相印证。② 到宋代，统治阶级在墓葬中使用水银防腐十分常见，如《宋代·礼志·诏葬》："太师清河郡王张俊葬……仍赐水银二百两"，又"杨存中薨……仍赐水银，一龙脑以敛"的记载。③ 用水银保存的尸体玉色如生，如《宋史·真宗李哀妃传》载，其妃薨，"殓用水银实棺"，后仁宗即位，"亲哭视之，妃玉色如生，冠服如皇太后，以水银养之故不坏"④。考古发掘的宋、元、明时期墓葬中，有不少残存有水银。在古代，水银是防腐的最佳药物。在古人心目中，丹砂、水银是既可用于活人服食又可用于死尸防腐的"通用"药物。他们服食这类药物，上者是求不老成仙，次者是求祛病延年，下者是求死后不腐，整体是一个连续的过程。

其四，入食与丹药。丹砂服食入药的神奇功效在龙潭广为流传：

据说有一天，仡佬族的祖先在山上种地，那天天气格外炎热，他们其中一人建议下河洗澡，于是大家都向河边奔跑，正准备下河洗澡时，有一人看见水中冒红色水泡，没有多想直接跳进河里痛快地洗澡，突然发现自己身上的伤疤不见了，试探着喝了几口水，突然觉得神清气爽，他意识到这红色物质有去疲、解毒、止痛之功效。他在周武王盟会上，将此宝贝献于周武王，武王服丹后，顷刻神清气爽、智

---

①　李零：《中国方术正考》，中华书局2006年版，第245~246页。

②　张颖：《文化遗产关键词：丹》，《民族艺术》2015年第1期，第63~70页。

③　夏湘蓉、李仲均、王根元：《中国古代矿业开发史》，地质出版社1980年版，第111页。

④　霍巍：《关于宋、元、明墓葬中尸体防腐的几个问题》，《四川大学学报（哲学社会科学版）》1987年第4期，第94~103页。

谋倍增，并敕封献丹者为宝王。从此，宝王成为濮人的首领，带领濮人以采丹砂为业。

据村中老人回忆，他们儿时，如果生病了，父母将丹砂置于猪心中炖汤，喝汤吃肉，病就好了。朱砂是神砂，有安神、止痛的效果。那时没有钱看病，朱砂就是最好的药，无论老人、小孩皆可食用。

丹砂用作药物，在《五十二病方》第 130 行中也有记载："白母奏(腠)，取丹沙与鳝鱼血，若以鸡血，皆可。"这一药方是考古工作队于 1973 年对长沙马王堆进行考察时发现的。据考证，《五十二病方》为公元前 3 世纪末的写本，是目前我国现存最早的药方。① 《周礼·天官冢宰篇》："凡疗疡，以五毒攻。"郑康成注云："今医方有五毒之药，作之合黄，置石胆、丹砂、雄黄、礜石和磁石其中，烧之三日三夜，其烟上着，以鸡羽扫取之，以注刨，恶肉破骨则尽出。"《黄帝内经》载："小金丹，方以辰砂……可辟风邪。"根据以上文献不难发现，先秦时代古人对丹砂的实践和认识不断深入，丹砂的用途从印染、丧葬等非药物用途逐渐发展到药用价值。至春秋战国时期，丹砂开始广泛用于临床。② 汉代《神农本草经》较早地认识到了朱砂的安神作用，书中记载：朱砂"味甘，微寒。主身体五脏百病，养精神，安魂魄，益气明目"。南北朝时期，《名医别录》中记载了丹砂有除烦、解毒、止痛的功效。因丹砂的药用价值极高，被誉为"益人万倍于五谷"的上品神药。不仅如此，古代先民还进一步拓展了朱砂的功能，将其作为炼制"不死之药"即仙药(丹药)的首选。

二、神仙信仰与仙药

中文之"仙"是一个会意字，甲骨文、金文无此字，篆文从人，从䙴(表示升高)，意为升天成仙而去。《说文·人部》遵从此意："僊，长生仙

---

① 周沫：《朱砂研究简史》，硕士学位论文，黑龙江中医药大学，2011 年。

② 张颖：《博物寻根 丹道合宗——贵州万山汞矿申遗的人类学研究》，博士后出站报告，厦门大学，2015 年，第 32 页。

去。从人，从罨，罨亦声。"又汉代刘熙《释名·释长幼》："老而不死曰
仙。"①而"仙人"泛指成仙之人，所谓游于"方外"或"物外"的人，如"真
人""神人""仙真"等。②求这些神仙便是求生命无限的延长，即长生久
视。古人对长生不死而成仙的追求早在春秋战国时期即已流行。在这一
思想影响下，出现了很多关于神仙的传说和专门寻求"不死之药"和"不
死之道"的方士。如《山海经》中记载了"不死民""不死之国""不死之药"
的传说。《庄子·逍遥游》中专门对"仙人"进行了详尽描述："藐姑射之
山，有神人居焉。肌肤若冰雪，绰约若处子；不食五谷，吸风饮露；乘
云气，御飞龙，而游乎四海之外。"这些传说中，专门鼓吹神仙说的人叫
作方士，他们懂得神奇的方术，或者收藏了许多药方，故有了此称号。③
《韩非子·外储说左上》载："客有教燕王为不死之道者，王使人学之。"④
说明至少在公元前二三百年就有了"不死之药"的说法。《战国策·楚策》
云："有献不死之药于荆王者，谒者操以入。"⑤神话故事中，以西王母为
代表，《归藏》载："昔嫦娥以西王母不死之药服之，遂有奔为月精。"⑥因
此，"不死药"也就成了古代上至君王下至民间百姓追捧之物，另有各类方
士献策，使"成仙"风气大增。道家的养生思想也成了神仙信仰的一部分。
仙学巨子陈撄宁先生认为，能够使生命体达到"仙人"之境界的办法，唯从
炼丹入手，不炼丹不足以成仙。⑦可见仙是铸炼之极事。"老而不死曰仙"
的信仰，寻仙求药以"修性延命"，到"万卷仙经话总同，金丹只此是根
宗"，道出了"成仙"与"炼丹"的因果关系。"仙"是丹道——不老不死、天

① 彭兆荣：《文化遗产关键词：仙》，《民族艺术》2015年第1期，第58页。
② 许地山：《道教的历史》，北京工业大学出版社2007年版，第148页。
③ 彭兆荣：《文化遗产关键词：仙》，《民族艺术》2015年第1期，第58页。
④ 肖建春：《大学语文》，浙江大学出版社2019年版，第12页。
⑤ 张联荣、刘子瑜：《战国策·楚策》卷4，北京大学出版社2019年版，第10页。
⑥ 彭兆荣：《文化遗产关键词：仙》，《民族艺术》2015年第1期，第60页。
⑦ 田诚阳：《仙学详述》，宗教文化出版社1999年版，第186页。

人合一的信仰内核。①

　　神仙信仰逐渐成为炼制仙药的精神动力。在战国时代（齐威王、齐宣王时代），权势及方士阶层兴起了"求仙运动"，其动力源自追求不死之药，认为这种药能"起死回生"，甚至认为万物中存在某种仙药，即所谓的"不死药"。著名的道教炼丹家葛洪将仙药臆想出两种：一种是草木药，另一种是矿物药。他认为矿物药更具影响力，所谓"服金者寿如金，服玉者寿如玉"。在当时所有矿物药中，最具影响力的是服食水银和丹砂，据说可以飞升。② 此仙药（丹药）就是以四氧化三铅和硫化汞及其他物质为原料，冶炼出长寿金丹。③ 具体为何药？《盐铁论·散不足》说，秦代齐燕方士争趋咸阳，"言仙任食金饮珠，然后寿与天地相保"，估计"丹药"与"金丹"有一定关系。所谓"金丹"是指神仙术士们在求仙活动中，人工从冶炼金石药物中获取的"服食成仙"的还丹、仙丹、灵丹之类的"长生药"。其中关于"还丹"，葛洪解释为"丹砂烧之成水银，积变又还成丹砂"。烧制还丹，就是将天然丹砂升炼成为水银，水银与硫混合后在封闭的鼎器中提炼为纯硫化汞，硫化汞再加入铅或其他药物炼成水银，反复多次炼成"仙丹"或"仙药"。④

　　三、炼丹术兴起之渊源脉络

　　（一）炼丹术及生成逻辑

　　关于炼丹术，《中国百科大辞典》释："炼丹术乃道教修炼方法之一，其过程与修炼精气神的'内丹'方法相对，即用炉烧炼矿石制取长生不老丹。初步炼成的叫丹头，作点化之用，继续烧炼，便成'金丹'，供服食。

---

① 张颖：《博物寻根 丹道合宗——贵州万山汞矿申遗的人类学研究》，博士后出站报告，厦门大学，2015年，第45页。
② 王明：《抱朴子内篇校释》，中华书局1980年版，第144页。
③ 杨维荣：《汞与社会》，《化学教育》1989年第1期，第1页。
④ 张颖：《文化遗产关键词：丹》，《民族艺术》2015年第1期，第63~70页。

所用药物以铅、汞为主。"①在《中国道教科学技术史·汉魏两晋卷》中给炼丹术下的定义为："炼丹术是将金石矿物放入真实的炉鼎内烧炼，以期获得长生不死仙药的一种巫术与科学相混的冶炼术。"②其实，炼丹术采用的药物并非只有金石矿药物。《中国文化百科》认为："外丹，指用炉、鼎烧炼铅、汞等矿石药物，或掺入草木药，以制'长生不死'的丹药。因它的基本原料是丹砂，故通称炼丹术；因谓服食丹药可以成仙，故又称仙丹术；又谓炼成的丹药可成黄金、白银，故又称为黄白术。"③

因此，炼丹术包括金丹术和黄白术。冶炼金石矿物获得长生不死的仙药，此方技乃为"金丹术"。而"黄白"，在《抱朴子内篇·黄白》中记载："黄者，金也；白者，银也。古人秘重其道，不欲指斥，故隐之云尔。或题篇云庚辛，庚辛亦金也。"④因此黄白之意，实指采用药剂点化，使铅、锡、铜等贱金属与药剂反应生成"黄金（药金）"或"白银（药银）"，获取金银的方法就是"黄白术"。后因要与兴起的内丹术相区别，故炼丹术亦被称为外丹术。

这些定义所具有的共性是都认为炼丹术与长生成仙建立了密切的因果关系。道家认为炼丹原料采自天地之间，丹砂可治身体五脏百病，久服通明不老；水银久服神仙不死；空青曾青服之轻身延年，不老；石胆炼饵服之，不老，久服增寿神仙。魏伯阳在《周易参同契》中写道："金性不败朽，故为万物宝，术士服食之，寿命得长久。"⑤浓缩了天、地、日、月之精华的丹药，具有超越黄金、白银等贵金属的不朽属性，如"煮不烂，埋不腐，烧不焦以及烧之愈久，变化愈妙等性质"，人一旦服之，就能将其性质转移至人体，并使血肉之躯具有相同性质，达到与天地齐年的效果。⑥ 这一

---

①　中国百科大辞典编委会：《中国百科大辞典》，华夏出版社1990年版，第143页。

②　姜生、汤伟侠：《中国道教科学技术史》，科学出版社2002年版，第267页。

③　王德有、陈战国：《中国文化百科》，吉林人民出版社1991年版，第528页。

④　王明：《抱朴子内篇校释》，中华书局1980年版，第286页。

⑤　张厚宝：《道家炼丹术与丹药》，《时珍国医国药》2000年第3期，第216页。

⑥　王明：《抱朴子内篇校释》，中华书局1980年版，第184页。

思想成为道教炼丹术最基本的原理之一。

炼丹术并非凭空问世，在其产生之前就有着丰富的社会文化诸因素的积淀。自汉代以前，我国的采矿、冶金、医药等技术便已达到了古代较高水平。如早期青铜冶铸技术的鼎盛时期产生于商代，出现了"分铸法"。至春秋时期，技艺方法更多，如"分铸""红铜镶嵌""混铸""铜焊""锡焊"等，这一时期，冶铁技术也得到了很大发展，我国成为世界上最早掌握生铁冶铸技术的国家。这些发达的冶炼技术，客观上为炼丹术提供了一定的物质基础和丰富的实践经验。

中国的炼丹术思想源于古代的宗教哲学思想。这些宗教哲学思想诸多源于手艺、技术的实践，如崇尚工艺价值的墨家，其思想具有实践理性和鬼神信仰色彩。首先，墨家创建的工艺、技术实践经验对炼丹术的产生尤为关键。炼丹术最早并非为炼可服食的丹药，而是制造黄金，物质在此过程中需要经过复杂的转化和演变，这一指导思想源自墨家总结的"化、损、益、环、库、动"六种物质转化形态中的"化"，即物质形态的根本变化。①可见墨家思想观念铸就了炼丹术士们炼丹的信心和催生了探索万物变化奥秘的实践活动。其次，墨家的《明鬼》思想观念对早期炼丹术产生了一定的影响，使得许多方士认为，要想制造出高质量的黄金，就必须将自身的技术力量与鬼神力量相结合。最后，墨家特别反对人在生死问题上听天由命的消极态度，其"非命"说亦对后来"我命在我不在天"的丹道生命观产生了深刻影响。

庄子学说的工艺精神也对早期炼丹术的发展产生了深远影响。如《庄子·养生主》曰："道也，进乎技矣。"表明了古代哲学思想中"道"为上，由"技"得以升华。中国最初的道教炼丹者，如狐刚子、栾大曾、李少君、葛洪等就是掌握着丰富冶金知识和技术的神仙家或工匠。道教炼丹家不仅继承了"知者创物"的工艺精神，更是继承和表达着"贵生""长存"的生命

---

① 蔡林波：《内在化：中古道教丹术转型的文化阐释》，博士学位论文，山东大学，2005 年。

价值传统。① 道家在对待生命价值及生存实践时，倡导积极主动的生活观，从不相信天国的永生，而是热爱生命，追求现世人间的长存。他们相信人类能产生一种不可思议的力量，这种源自人类通过外部世界获取的某种形态力量一旦作用于人体，可以使人类实现肉体不腐，永世长存。墨家和道家在工艺技术、生命价值、生活实践、经验总结等方面，可以说是中国古代炼丹术得以孕育、产生的思想根源。

(二)炼丹术之发展脉络

中国炼丹术的发展经历了漫长的历史过程。陈国符在相关研究中曾有相关表述："我国之炼丹术与黄白术，可以溯源至战国时期燕齐方士之神仙传说与求神仙仙药。盖战国时代先有神仙传说与求神仙奇药，及前汉始有金丹术与黄白术之发端也。"②英国著名科技史家李约瑟同样认为，长生不死之药的冶炼经历了从植物到矿物金属的转变，大概也与齐国、燕国的原始化学及冶金术有关。据《史记·封禅书》记载，中国的炼丹术，相传起源于春秋战国时期的燕齐神仙方技。③ 但是直至汉初《史记·封禅书》的出现，才有了对"以丹化金"等炼丹活动的明确记载，相关内容如下：汉武帝时，约公元前135年，李少君以祠灶、谷道、却老方见上。上尊之。少君言于上曰："祠灶则致物，致物而丹沙(砂)可化为黄金，黄金成以为饮食器则益寿，益寿而海中蓬莱仙者可见，见之以封禅则不死，黄帝是也。臣尝游海上，见安期生，安期生食巨枣，大如瓜。安期生仙者，通蓬莱中，合则见人，不合则隐。"于是天子始亲祠灶，遣方士入海求蓬莱安期生之属，而事化丹沙(砂)诸药齐(剂)为黄金矣。④

文中提到的"饮食器"不是一般意义的饮食器具，而是用于祭祀、封禅、

① 张颖：《博物寻根 丹道合宗——贵州万山汞矿申遗的人类学研究》，博士后出站报告，厦门大学，2015年。

② 陈国符：《道藏源流考(下)》，中华书局1963年版，第371页。

③ 司马迁：《史记》，中华书局1982年版，第1385页。

④ 司马迁：《史记》，中华书局1982年版，第1385页。

觞烹神仙的彝器，乃国之重器。《左传·宣公三年》载："昔夏之方有德也，远方图物，贡金九牧，铸鼎象物……使民知神奸。"《王子吴鼎》中载："……择其吉金，自作饮鼎（具），其眉寿无谋，子子孙孙永保用之。"可见，"鼎"乃为交通天地之物，目的是"用能协于上下，以承天休"。① 宝鼎出而与神通，封禅。说明汉武帝并未服食仙药，而是铸鼎成功后，得以与神通，封禅后遂成仙。汉初的黄冶为金之术，颇为盛行，或作"饮食器"求长寿，或炼"金银"谋取财富。《汉书·艺文志·方技略》载有《泰壹杂子黄冶》，晋灼注解《汉书·郊祀志》中"黄冶：黄者，铸黄金也。道家言冶丹砂令变化，可铸作黄金也"②。淮南王刘安召集方士数千人，试图将铅、汞、铜、铁等贱金属炼化为黄金、白银，即炼出含锌的貌似黄金的黄铜以及含镍的类似白银的白铜，并撰《淮南鸿烈》一书，其载有"言神仙使鬼物为金之术"③。他写过一本《枕中鸿宝苑秘书》（《抱朴子·遐览》有《鸿宝经》），亦言"神仙黄白之事"（《汉书·淮南王安传》和《刘向传》）。从此，黄白术渐渐演变为中国外丹术的一大支系。这一时期炼丹术有两个不同方向：一是致力寻找长生不老药；二是试造黄金。

至东汉，道教的形成使炼丹术汇融于道教并获得了相对独立的社会地位，炼丹术士开始由炼金铸鼎转向制作长生不老之丹药，出现了制造直接用于服食的"仙药""神丹"的活动迹象。随着炼丹活动的日益增多，炼丹技术增强，东汉末年出现了一大批丹经著作，如《三十六水法》《太清经天师口诀》《太清金液神丹经》《黄帝九鼎神丹经》《周易参同契》等。其中，尤其是被道家奉为仙法大成的《周易参同契》，全书6000余字，总结了汉代及以前炼丹的理论及方法，内容极为丰富，被视为"万古丹经王"。该书作者魏伯阳根据自己炼丹的实践经验，主张以铅、汞为药物，炼制大丹，并对"还丹"进行了解释。《周易参同契》中的"丹鼎歌"一篇是现存关于炼丹之

① 蔡林波：《内在化：中古道教丹术转型的文化阐释》，博士学位论文，山东大学，2005年。

② 班固：《汉书》，中华书局1962年版，第1261页。

③ 参见张颖：《文化遗产关键词：丹》，《民族艺术》2015年第1期，第63~70页。

重要工具"丹鼎"的最早记载。此外，《太平广记》中还记载了"九鼎丹法"，据陈国符考证，"九鼎丹法"是现存最古老的金丹之法。

魏晋南北朝时期是充斥着动荡和流离失所的三百年，人们渴望逃避现实，超脱世俗，崇道事佛以寻求心理上的平衡。这一时期道教兴旺，炼丹进入高潮。代表人物葛洪继承了早期的炼丹理论和实践，并将其扩充，撰写了影响深远的《抱朴子内篇》。该篇列举了金丹、仙药、黄白、房中、吐纳、导引、禁咒、符箓等，其中以金丹之说为主，"只有服了'金丹'，即'九鼎丹''太清神丹''金液'等才能长生不老而成仙"。关于"仙药""黄白"的书籍记载了冶炼金银、丹药和炼汞的方法、设备及方技等化学知识。齐梁炼丹家陶弘景，据说曾为梁武帝炼丹。《南史·隐逸下》有载："弘景既得神符秘诀……帝给黄金、朱砂、曾青、雄黄等。后合飞丹，色如霜雪，服之体轻。及帝服飞丹有验，益敬重之。"①

唐代，炼丹术兴盛。唐代国家稳定、昌盛，统治阶级对外丹术极为推崇和保护，其炼丹术士之众多，炼丹经诀之丰富，炼丹义理之深入，产生的社会影响之广泛，可谓空前绝后。这一时期以魏伯阳《周易参同契》及阴阳五行的理论体系为圭臬，不少人潜心研究此书，为它作注，征引此书，论述其丹道要旨。② 在唐代，《周易参同契》已成为道教外丹之理论权威和经典。

然而，在炼丹术繁荣景象的背后，也出现了深刻的世俗化流变。自魏晋南北朝以来，道家一直传承着炼丹知识和炼丹技术。随着炼丹活动的空前繁荣，上至帝王、贵族、方士，下至民间大众，纷纷卷入了寻丹、炼丹、食丹的时尚潮流中。他们并没有严格的宗教信仰和戒律约束，只因"慕仙"而炼丹。此时，出现了"儒生也爱长生术，不见人间大笑人"的炼丹景象。人们在长期的炼丹实践过程中，发现很难制成飞升的仙丹，本求服后而长生，结果却足以致人丧生。因此，一些追求者转而制造"黄白"，既

---

① 参见薛宗源：《道学与丹道》，宗教文化出版社2017年版，第224页。

② 金正耀：《道教与炼丹术论》，宗教文化出版社2001年版，第66～70页。

没有生命危险，又可得财利。当时的唐朝皇室及一些道士利用黄白术铸炼"药金""药银"，作为等价交换的货币。颇为权威而神秘的炼丹术，此时已发展成为世俗功利之目的的工具，再也不是"只为求做神仙，而不以致富"的神圣成仙之术了。

道教炼丹术在经历了唐代的盛荣后式微。一方面，随着"内丹"派思想与实践的不断成熟，外丹术受到冲击，其精神阵地日渐萎缩；另一方面，道教炼丹术受到其他学派如佛、儒等思想及宗教学派的抨击。虽然繁荣一时的炼丹术逐渐被边缘化，但是并不意味着全部绝迹，在道教内部，炼丹术仍有隐秘传承。在宋元时期，尽管内丹彰显，但仍有外丹者，如与炼丹技术相关的代表作《丹房奥论》《墨庄漫录》等，都记载了此时炼丹之术及相关炼丹活动。此外，一些丹经也时有出现，如《修炼大丹要旨》《金华冲碧丹经密旨》《还丹众仙论》《指归集》《渔庄邂逅录》等。这一时期也有一些文人参与炼丹活动，如苏轼、苏辙等。外丹术在明代曾出现短暂的"回光返照"。在《明史·陶仲文传》一文中记载了明世宗求长生，召集了高手方士，他们伪造诸品仙方，制造出性燥而非服食仙丹。皇帝食后，易发火，不能愈。在《明史·顾可学传》中也记载了朝中太子"食禄不治事，但供奉药物而已"，这里的"物"就是丹石之药。此外，还出现了不少炼丹著作，如《金丹要诀》《黄白镜》《庚辛玉册》《乾坤秘蕴》《造化钳锤》等。在清代同治年间，著有《金火大成》，共收集25种外丹药籍，可见清代仍有外丹迹象。

至近代，民间或宫廷仍有炼丹活动，只是不再是为了长生成仙，而是转向医药、冶炼和工业等社会生活领域。宫廷及各界方士随着外丹需求的衰落，"昔日锦囊之秘，至此也纷纷落入民间"①。外丹术用于医术，陈国符认为起初二者没有区别，分派疑始于金宋时。② 这说明在宋代时期，外丹术的工艺技术就已经融入了医学领域。在《中国方技史》中记载了大量的道教药方。③ 古代遗留下来的有关药书中，也能看到道教药方载入的痕迹，

---

① 姜生、汤伟侠：《中国道教科学技术史》，科学出版社2002年版，第45页。
② 陈国符：《道藏源流考（下）》，中华书局1963年版，第397页。
③ 赵洪联：《中国方技史》，上海人民出版社2013年版，第253～264页。

如《太平惠民和剂局方》中记载了丹药方技。① 《医宗说约》也有关于外丹术应用于炼制医药外科药物之事。② 《中国炼丹术与丹药》记载了 28 种主要丹药的炼制技术及临床应用。③ 此外，在"黄白"方面，宋后炼制"黄白"更为凸显，一度兴旺发达。现存有关炼制"黄白"的著作有《宋史·佞幸传》《还丹众仙论》《灵砂大丹秘诀》《丹房须知》《庚道集》《黄白镜》等。

综上所述，丹砂作为天地化身之物，因其变化无常及物性转移特性从而具有了神圣性，随着神仙信仰思想的深入，炼丹术之方技、实践和经验的丰富将丹砂的神性延伸至丹药，一整套以丹砂活动为主的文化知识体系也随之建立起来。这一历史传统力量甚至影响到了丹砂产地，极大地促进了古代王朝与地方的联系。

第三节　物的实践：丹砂的地方化表述

一粒神奇的丹砂将务川龙潭的地方历史文本嵌入了整个华夏语境之中。长生—修仙—炼丹—寻丹的逻辑关系，使产丹的地方群体不可避免地与王朝、宦官、道教、商贾等交织纠结在一起。伴随着求仙—服丹—炼丹—释丹等系列活动而生成的丹砂文化知识体系，在实践活动中对地方经济、文化产生了深远的影响。在与地方文化相互接触、渗透与融合的过程中，丹砂文化形成的知识体系将会在龙潭地区绽放出怎样的光芒和色彩？

一、丹文化知识的传入及对地方文化的影响

（一）龙潭周边汉墓群：移动的两端

看到龙潭周边密密麻麻的汉墓，此刻历史上的人口迁徙仿佛正在进

① 陈承：《太平惠民和剂局方》，辽宁科学技术出版社 1997 年版，第 13 页。
② 金正耀：《道教与科学》，中国社会科学出版社 1991 年版，第 226 页。
③ 张觉人：《中国炼丹术与丹药》，四川人民出版社 1981 年版，第 2133 页。

行，描述这一情境最贴切的词语便是"背井离乡"。"背井离乡"意为被迫离开自己的家乡，去远游。在乡土中国，常态的生活方式是终老是乡，而移民他乡无疑是一次重大的生活改变、生死抉择。人们必然会把"背井离乡""身处异域"视为悲惨和不幸之事。① 移民之路是一条谋生的血泪悲情、艰辛痛苦之路，甚至成为一些不堪劳苦、绝命他乡游子的不归路。东汉末年，文人五言诗最高成就《行行重行行》曰：

> 行行重行行，与君生别离。
>
> 相去万余里，各在天一涯。
>
> 道路阻且长，会面安可知？
>
> 胡马依北风，越鸟巢南枝。
>
> 相去日已远，衣带日已缓。
>
> 浮云蔽白日，游子不顾反。
>
> 思君令人老，岁月忽已晚。
>
> 弃捐勿复道，努力加餐饭。

这首诗写出了"生离别"的痛苦、担忧和思念之情。龙潭周围大量的汉墓群诉说着历经"生离死别"的怆痛之感。但问题是这些外来人群为何要来到这个蛮荒之地？是否因当地丰富的丹砂资源？

首先，从国家政策层面分析。早在战国晚期到秦统一时期，由于楚将庄硚西征滇国和秦命常频开通"五尺道"，汉族已初步进入今贵州境域。历史上贵州地域却是秦楚纷争的一个重要战场，除了黔中是控扼巴楚战略地位的重要因素之外，乌江地区的朱砂资源也是双方争夺黔中的一个重要因素。对于龙潭村民口口相传"楼下（龙潭江边）是个府，江边是座城"的传说，当地文化精英认为，这一传说很有可能反映的是春秋战国时期，楚国在江边建立的一座小城池或是军事据点，兼具军事和经济（丹砂开采）的双

---

① 叶舒宪：《文学与人类学》，社会科学文献出版社2003年版，第65页。

重作用。① 至汉武帝开"西南夷"，大量外来人群迁入务川。1789年4月2日，当地农民杨兴舟夫妻在大岩掏岩窝肥，挖出大量的秦汉钱币，下限止于王莽时期；同时，在龙潭、县城、丰乐等地亦大量出土汉砖，这说明自汉以来，这些地方就有外来人群定居。②在那时，中央王朝已将务川地区纳入了郡县体制，施行"羁縻"政策。

其次，从移民路线分析。从务川及周边汉墓群的分布情况看，务川汉墓主要分布在南部的大坪镇，中部的镇南镇、都濡镇，西北部的濯水镇等，呈现东南西北向贯穿全境(如图3-10)。从汉墓群走势推测，2000多年前，为了获取务川的丹砂，中原人沿长江溯乌江而上，至重庆武隆，再沿芙蓉江而上，由道真入务川，从濯水至镇南然后到大坪江边，并在江边形成了一个丹砂贸易的集散地，一部分人还到产砂地三坑、汞矿一带。随着务川道真县20世纪七八十年代至2004年汉墓群的相继发现，似乎佐证了这一推测，汉墓从北往南逐渐递增，到大坪江边、沙坝、龙潭地区形成了汉墓群，还有官学汉墓群、肖家岗汉墓群、干溪汉墓群等。③ 此外，考古专家结合墓葬形制和出土遗物作初步分析，大坪汉墓群出土的墓砖和一些器物以及墓葬风格都与乌江下游峡江地区的同时期墓葬十分相似，反映出两汉时期，大量外来人群从峡江逆乌江转洪渡河进入务川境内的移动趋势。④ 这些汉墓群都处在务川丹砂矿产资源区及主要的运输线上。

自汉代以来，移民不断迁入，不仅给当时地旷人稀的务川增加了丰富的劳动力，而且带来了先进的生产工具和采矿冶炼技术，促进了当地社会经济的早期开发。从汉墓群出土的文物观之，主要有蒜头壶、提梁鼎、青铜甑、釜、陶罐、陶盆、耳杯、瓮、铜鍪、钵、箭镞等器物，还有五铢、

---

① 邹进扬：《务川古墓葬》，中国文史出版社2014年版，第47~48页。
② 《丹砂古县·务川》编委会：《丹砂古县·务川》，四川大学出版社1994年版，第22页。
③ 邹进扬：《务川古墓葬》，中国文史出版社2014年版，第27~31页。
④ 王小梅：《仡佬族古先民"丹砂文化"线路》，《贵州日报》2010年10月27日第10版。

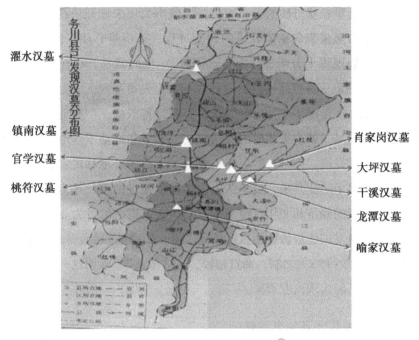

图 3-10 务川县汉墓分布图①

八铢半两、四铢半两、秦半两、剪轮五铢、货泉等钱币及实用器具。西汉中期以后，明器大量出现，主要有水井、水田、房屋、圈舍、池塘、博山炉等陶制模型，其中陶人俑、陶猪、陶狗等数量最多。② 从这些随葬器物可以看出当时龙潭江边的生产技术、经济状况已具有一定发展水平。外来人群的移入为地方带来了先进的生产技术和生产工具，培养了大量的艺人、工匠。至今，龙潭仍存在很多木匠、石匠、铁匠等。

当地汉墓中出土了大量丹砂。不仅江边发掘的汉墓群有大量丹砂出土，在此之前，考古专家清理高家湾汉墓时，墓中也发现了丹砂。砖室墓中多见颗粒丹砂，而土坑墓中多见粉末丹砂，摆放多成堆与钱币混出或邻近相伴而出，有铺撒于墓底，也有成罐放置于墓底者。丹砂从粉末、粉末

---

① 邹进扬：《务川古墓葬》，中国文史出版社 2014 年版，第 30 页。

② 邹进扬：《务川古墓葬》，中国文史出版社 2014 年版，第 51~64 页。

与颗粒混搭到颗粒状丹砂的形态变化，反映出大坪朱砂开采在两汉时期经历了从前期自然采集向矿岩开采的转变过程。墓中丹砂除了宗教用途外，财富意义也表现得十分明显。据文献记载，"民间贸易，往往用之比于钱钞焉"①。《史记·货殖列传》载："巴寡妇清，先得丹穴，成为累世富翁。"

可以说，正是缘于本地富庶的矿产资源，得以将王朝与地方紧密交织在一起，在满足王朝、贵族所需的同时，也刺激和推动了本地区矿业经济的活跃与持续发展。同时丹砂资源也吸引了大量的外地移民、商人及丹砂崇拜者，壮大了矿业开采、贸易队伍，带来了先进的生产技术及工具，繁荣了务川地区的经济和文化。对于龙潭仡佬人来说，以丹为业成为当地人民进行经济开发的优势传统和生财致富之道。如嘉靖《思南府志·地理志》所载"务川有沙（砂）坑之利，商贾辐辏，人多殷实"，表明这一时期务川在黔东北地区已经出现商业繁荣。②

（二）葛洪炼丹与仙龟传说

被誉为"丹砂古寨"的龙潭村，据说是务川著名的炼丹之地。寨内关于丹砂使用的痕迹及与丹砂有关的遗址，如丹砂井遗址、洗笔井、葛洪炼丹洞遗址等，佐证了龙潭是务川境内著名的炼丹之地。当地所产丹砂历来都是朝贡的重要物资。传说帝王服用此地产的丹砂后觉得效果显著，因此派人前来寻一处炼丹之地就地采炼，左挑右选最终相中了火炭垭（龙潭村），认为此地是务川最为富庶、更显灵力之地，是名副其实的"风水宝地"。

据当地人说，被皇帝派来寻丹的人为葛洪。他是魏晋时期著名的道教炼丹家，晚年游经此地，就地取材，利用当地天然的洞穴及水源进行炼丹。具体炼丹过程、炼丹工具、药材等当地居民不得而知，据说他每天外出都是骑着白马，两个徒弟背着白色包袱跟随其后，回来就躲在洞里炼制仙丹。制成的仙丹模样祖辈上也没有见过，但人人向往得到不死神丹，能

---

① 钟添：《思南府志》卷1《风俗篇》，天一阁藏明代方志选刊，上海古籍出版社1962年版。

② 参见李坤：《仡佬族人与丹砂》，《当代贵州》2016年第34期，第27~29页。

够长生久视。当地传说，曾经有人见过葛洪在洗笔井用药物检测水质及元素，当他将药物滴进水池后，里面的水顿时变成了黑色和黄色，再用其他药物滴入水池后，水又变成另外的颜色。变换几次后，这里的水就可用来炼制丹药。葛洪来此炼丹的真实性现已无法考证，但是《道教·洞神部·太清金液神丹经》（卷下）记葛洪语云："余少欲学道，志游遐外，昔以少暇，因旅南行，初谓观交岭而已，有缘之便，遂到扶南。"①这段文字记载是否属实，学界颇有争议，但丁宏武在详细考证陈国符《道藏源流考》附录五《中国外丹黄白术考论略稿》、饶宗颐《〈太清金液神丹经〉（卷下）与南海地理》、冯汉镛《葛洪曾去印支考》等众多学者研究成果的基础上，认为《太清金液神丹经》（卷下）确系葛洪手笔，葛洪早年的扶南之行属实，时间可能就在光熙元年至永嘉四年（306—310年）之间。②

葛洪早年扶南之行时，是否在务川龙潭炼丹却无详细记载，但本地诗人邹氏所写"江边八景"中《西井朱砂》一诗有所记载："泉涌西池泛流砂，粒粒朱琢耀日华。向使葛洪知此处，又求为今任其家。"③此外，在本地流传的仙龟传奇故事似乎可以作为佐证材料：

相传，一日洪渡河里有两只乌龟在岸边晒太阳，河上漂来一只小船，下来俩农夫，径直走向岩边两块大石头前，坐下歇息，他们聊着农事、采丹经历及葛洪炼丹的事情，刚好被两农夫所坐石头下面的两只乌龟听见了。等两农夫走后，两乌龟迫不及待地向农夫描述的方向爬去，烈日下两乌龟累得筋疲力尽。其中一只乌龟实在走不动了，想坐下休息一会儿，而另一只乌龟一心想着仙丹，但又不忍心丢下朋友，只好把随身携带的雨伞送给朋友，鼓励它继续前进。这只乌龟打

---

① 丁宏武：《〈道藏〉洞神部所收一篇葛洪佚文及其文献价值》，《宗教学研究》2012年第1期，第1~7页。

② 丁宏武：《葛洪年表》，《宗教学研究》2011年第1期，第13页。

③ 《邹氏族谱》中有明嘉靖丙辰年（1556年），民国二十五年（1936年）所写"江边八景"中《西井朱砂》。

着伞，慢慢地、艰难地前行，另一只乌龟心意已决，非吃到丹药不可，它忘掉了一切阻难，径直爬向炼丹洞，最终吃到仙丹，化为仙龟。而意志力薄弱的那只乌龟听说朋友已经吃掉了仙丹，心中仅存的一点毅力全被淹没了，一下子瘫坐在地。从此吃上仙丹的乌龟变成了仙龟，云游四海去了，未能吃上仙丹的乌龟成为今天的仙龟打伞景点，至今还坐在石头上，撑着雨伞，望着远方，似乎在等待朋友归来。

据考古专家发现，在龙潭汉墓中也存在成仙的文物图像。钱树座是一类镇墓辟邪的文物，在龙潭江边第5、10、29号的墓葬中均发现钱树座残件。其中29墓中出土的钱树座为西王母形象："万民皆付西王母，唯王、圣人、真人、仙人、道人之命上属九天君耳。"《汉书》也有"西北至塞外，有西王母、仙海、盐池"的记载。西王母成为"仙界"的代表，其依据是西王母就住在昆仑山，后羿长生不老药拜她所赐，加上汉代又是神仙思想发展的重要时期，[①] 因此她与昆仑山成了"仙界"最有代表性的部分，成为栖居"西天"的神祇和圣地。古人坚信人死后，墓主人可以通过车马进入天门，抵达西王母仙界，所以许多墓葬中的图像有西王母和昆仑山的仙界图。[②] 大坪镇第29号墓葬中的西王母符号表现了一个重要的主题——成仙。这一思想不仅在王朝中心受到广泛崇拜，在偏远的务川龙潭亦不例外。

二、丹砂里的乡土味

龙潭仡佬人珍视生命，相信重生的意识，形成了"天人合一"的自然哲学思想。他们认为人与自然是相互依存、共生共荣的关系，甚至很多时候

---

① 彭兆荣：《文化遗产关键词：仙》，《民族艺术》2015年第1期，第57~62，70页。

② 黄雅峰：《汉画图像与艺术史学研究》，中国社会科学出版社2012年版，第39、78、79页。

自然还成为人类生命的保护神。因此仡佬先民在漫长的采砂炼丹历史长河中，在行业祖先宝王的庇佑下，视自然神灵为精神，珍惜自然及生命。他们始终坚持人力与自然力（天工）的配合，适时调整自己的行为以顺应自然，使自己与自然达到某种协调关系。[1] 通过技术这一实践表达形式，将"天人合一"的自然观与人类行为合二为一。

（一）丹砂产制中的规制

龙潭居民采砂、炼汞，必须祭拜行业祖先宝王。龙潭世居仡佬人多以采丹砂为生，这是一项十分危险而繁重的工作。一代接一代，一年复一年，他们铤险于幽谷深峡，攀援于绝壁悬崖，钻黑洞，入暗穴，以血汗甚至是生命换来粒粒朱砂，不少人葬身岩腹。因此在过去，无论是个体开采丹砂还是小团体，无论老板还是矿工，都相信宝王是保佑他们打"发槽子"的菩萨，是仡佬族人心中渴望财源和平安的神灵，常年烟火祭祀不断。有诗记载："井水澄澄彻底清，涌水朱砂色莹莹。奇珍不供凡夫采，留与英雄识宝人。"[2]在龙潭流行的民间故事中也有关于宝王爱子孙而显灵的传说，流传在务川大坪龙潭一带"狗大佬倌"的故事就说明了这一点。

传说以前有个穷人叫狗大佬倌（大坪镇三坑村小王坝人），家境十分贫穷，衣食无着。快过年了，狗大佬倌为了祭宝王菩萨，央求屠夫赊个猪头给他，费了几多口舌才求得屠夫的同情，赊了半边猪头给他，回家后刚把猪头煮熟，准备去拜祭宝王菩萨，哪知此时，屠夫怕狗大佬倌无法还钱反悔了，到狗大佬倌家提走了猪头，狗大佬倌悲伤不已，只好盛了一些汤去拜祭宝王菩萨，狗大佬倌百感交集，跪向宝王哭诉："人家有年我无年，提起猪头要现钱，宝王保我时运转，朝

---

① 陈天俊、赵崇南、龙平久：《仡佬族文化研究》，贵州人民出版社1999年版，第194页。

② 贵州省务川仡佬族苗族自治县民族事务局：《务川仡佬族》，贵州民族出版社2006年版，第32页。

朝日日当过年。"拜完之后，狗大佬倌正准备起身，只见眼前一黑晕倒在地，宝王菩萨向他托梦，叫他去开采丹砂，宝王将助他一臂之力。狗大佬倌醒来，知道自己是在做梦，但又清楚记得宝王给他指引的路子，于是就去木悠山开采丹砂，刚在石壁上凿了几下，就见一个红人从石壁中跳出向他扑来，狗大佬倌吓了一跳，赶紧把手中的铁凿向红人扔去，掉头就跑，跑了老远后，狗大佬倌稳住心神，感到很奇怪，于是又转回矿洞来看个究竟，却看见自己扔出去的铁凿深深地插在石壁上，再走近仔细一看，只见石壁上一条碗口粗的朱砂矿红线清晰可见，狗大佬倌欣喜若狂。他终于找到了"发槽子"（含量高、品位高的丹砂矿石），发了家，过上了好日子，成了远近闻名的大富商。①

这个故事代代相传，使仡佬人更加坚信宝王就是保佑他们打"发槽子"的菩萨。因此人们在采丹砂前，都要在自己开的矿洞前摆上猪头、丹砂、酒等贡品向宝王菩萨虔诚祈福。大祭则是人们采到丹砂后，对祖先感恩而进行的祭拜，称为还愿。此外，还有年祭，仪式相对简单。祭拜时还要念祷词："人家有年我无年，提起猪头要现钱，宝王保我时运转，朝朝日日当过年。"②人们祭拜宝王，一方面感恩祖先创下的基业，歌颂祖先的丰功伟绩；另一方面，仡佬人认为祖先的灵魂会暗中助后人，给予他们足够的勇气，不畏劳苦，艰苦创业。因而虔诚祭祀宝王就成为仡佬人重要的道德义务和伦理精神。

对宝王的共同信仰，赋予龙潭仡佬族人强烈的归属感，人们自觉接受行业规则的约束，取之有道，分之有法。在长期的采砂、炼汞过程中，仡佬先民意识到自然对人类生存和发展的决定作用，自然万物就像人类的生命一样不可亵渎，从而不断探索、自觉遵守自然之道。人们在开采前首先

---

① 务川仡佬族文化编写组：《仡佬文化简读本》，仡佬文化编写组编印 2013 年版，第 70 页。
② 《务川仡佬族苗族自治县概况》编写组：《务川仡佬族苗族自治县概况》，贵州民族出版社 1987 年版，第 20 页。

要用猪肉、酒、丹砂等供奉宝王、山神等菩萨，保佑他们人身安全和寻到富矿。人们在开采时，更要遵守自然法则，通过仪式、信仰、禁忌、日常生活习俗等活动达到人与自然共通、和谐共生的状态。仡佬人相信，违背自然定会遭到惩罚。当地传说中就有一例：

> 很久以前，板场街上有个叫花子，常常在大街上云游吟唱："不算银钱沟，不算四合头，找到朱砂窝，金子银子用马驮。"有四个老表听见这歌后，就威胁叫花子不准他唱了，否则会招惹麻烦。四表兄根据叫花子的指引，赶紧去找"朱砂窝"。他们几经周折，终于找到了"朱砂窝"。但由于财迷心窍，高兴至极，利令智昏，在没有开挖朱砂的条件下，莽撞行事，有几个老表已经断送了生命，只有一位幸存的已气息咻咻，找不到洞口，辗转了许久，好不容易才从洞中爬出来，已不辨东西南北，与之前叫花子一样，在板场街疯唱："不算银钱沟，不算四合头，找到朱砂窝，金子银子用马驮。"直到现在，人们也不知道"朱砂窝"在哪里。①

"朱砂窝"的传说深刻反映了仡佬人对自然万物的崇敬及利用法则，在实践中对取之有度的深刻解读，形成了"天人合一"的自然观。

人们在开采过程中不仅取之有度，分之也有法。务川片区的丹砂矿山看似属于公山，所有的资源可以共享，但实际上这里的丹砂资源本身有一定的归属性。丹砂储在地下，根据丹脉走向而进行开采，有的洞深几十米，开采时需要一人照明、一人鼓风、一人开采，然后轮流进行，所以丹砂开采是一项艰险、需合作才能完成的工作，其工作性质决定了人们在开采时多为家族或团队工作。一个家族或团队选择某一片区进行开采，这一片区自然被默认为其所有，人人都在自己的自由区域开采，其他人不得进

---

① 遵义市政协文史与学习委员会：《中国仡佬族》，遵义市政协文史与学习委员会2008年下册第2期，第48页。

入。这一约定俗成的规矩将原有的公山变成了大家的私有财产。有的片区是丹砂矿密集地区，很多开采者挖到富矿而发达，同时也成为他人眼中的"红人"，成为被攻击的对象。由于丹砂矿有贫富矿之分，致使争抢矿区的事件时常发生。村中一位老人向笔者讲述了他的老祖宗经历的一次血战：

> 我们老祖辈最先在岩前采矿，矿产资源特别丰富，随便打洞进去都能找到丹砂矿石。丰富的丹砂资源，使得整个家族的男丁都加入采矿的队伍，而女性是不能上山采矿的，据说女人上山会把富矿转移，家族挖不到矿就会饿死，所以整个采矿过程都是男人的事。由于矿区的丹砂资源过于丰富，他们不得不请族外人帮忙，没开采几天，这些外来的人就起了歹心，他们约上一帮人早早地来到矿区山上，备好石头，等族人刚走到山脚，准备爬坡时，山上的石头迅猛地滚下来，打死了好多族人，山下血流成河。他们采用流氓手段，杀死了我族很多人，幸存下来的族人只好去给别人做工，维持生存。

引起争斗的原因有二：一是矿脉走向致使矿产资源分布不均，贫富差距过大，使得一些拥有较少矿产资源的人们必须采取武力斗争获得他人财富；二是不断壮大的家族与有限的资源之间产生张力，部分家族成员被迫分离出去，另寻丹矿资源，他们偷偷去别人的矿山开采，成为社会不安定分子，扰乱社会秩序。

在丹砂烧制成水银的过程中，冶炼工序也有严格规制，繁冗复杂。丹砂升炼的方法不同，用各有别，作亦不同。狐刚子云："凡出水银又三种法：一名雄汞，二名雌汞，三名神飞汞。"[1]如《雄汞长生法》："取朱砂十斤，酥一合。作铁釜，圆一尺，深半寸，平满，勿令高下不等，错之使平，以为釜灶，亦令正平……以酥涂釜，安朱砂于中，其朱捣筛令于釜中

---

① 中国学术名著提要编委会：《中国学术名著提要（隋唐五代编）》，复旦大学出版社 2019 年版，第 290 页。

薄而使酥气。然后以瓮合之……放火之后，不得在旁打地、大行、顿足，汞下入火矣。"又《炼雌汞法》："用猪脂一升，和朱砂十斤为泥，以泥釜中；若作神飞汞，用朱砂末十斤，吴黄矾一斤，栀子四十枚，石盐一斤，郁金根一斤，胡同律一斤。各异捣下筛，以牛粪汁和之为泥，泥釜厚一寸，盖固际，柴草烧已，收拭一如上法。"唐肃宗前人撰《太上卫灵神化九转丹砂法·第一转化丹砂成水银》中对火候的要求为："……初先文火养之一日一夜，讫。后渐加武火烧之，经两日夜，候药炉通赤了，便上火。候药炉冷了，细细开炉看之，其朱砂尽水银为度。"①

水银还原成丹砂也有严格规定。《诸家丹法》引玄真子孟要甫《金丹秘要参同录》云："一切万物之内，唯铅与汞、可造还丹，余皆非法。""……凡修丹最难于火候也。火候者，是正一之大诀。修丹之士，若得其真火候，何忧其还丹之不成乎？设若火候不全，如何制作。万卷丹经，秘在火候。"《灵砂七返·第五返丹灵砂》云："……便衣前篇用阴阳火候飞伏。还五日为一候。内一日用坎卦，是水煮一日。四日用离卦，即阳火飞之，初起阳火，用炭九两，每转后增炭二两。至五转后每转增炭三两……"此用火鼎。②

中国的炼丹家也极为重视炼丹器具的设计和制造。作灶法，初唐《太清丹经要诀》用铁灶，其《造灶法》云："右其门高六寸，阔五寸，以铁为之。其堗勿令向上，宜下开之，可高三寸半许，阔二寸半。若向上开者，火则微翳，向下开之为佳也。"③炼丹家对工艺技术有严格要求，如制造"鼎"（炼丹炉）在《神仙炼丹点铸三元宝照法》中有严格规定，其鼎高下锱铁厚薄，一一依法。鼎高一尺二寸重七十二斤，其数有九。内围一尺五寸，底厚一寸半，身厚一寸半。内受物可三升半，深六寸，盖厚一寸，耳高一半。次有十病，不在用限：1. 金不精；2. 厚薄不匀；3. 铸不及

---

① 陈国符：《中国外丹黄白法考》，上海古籍出版社1997年版，第86~89页。

② 陈国符：《中国外丹黄白法考》，上海古籍出版社1997年版，第98~100、311页。

③ 陈国符：《中国外丹黄白法考》，上海古籍出版社1997年版，第29~82页。

时……10. 高下大小厚薄，不依尺寸。若遇有此十病，并不在修至药之限。①

炼丹时对时辰的择定及捣药人也有要求。对于时辰的择定，"丹法以天为鼎，以地为炉，以月为药之用，而采取必按月之盈亏，以日为火之候，而动静必视日之出没。自始至末，无一不与天地合"②。对捣药人的要求更是严格，"捣药人当得温慎无多口舌者。当令先斋戒三十日，讫，捣药别处盛室，洁其衣服，沐浴。合药可三四人，同心齐意，隐静而处。禁忌之法，亦如斋禁例"。③ 工序仪制，其义昭然：人之丹工，法天象地，行其道也。④

（二）龙潭人的生计与传统

采砂、升炼在龙潭先民日常生活中有序进行，成为当地居民维持自我生存的基本方式。他们以采砂为计，养民生、建住所、兴城邑，且在整个工艺活动中，朱砂也融入人们的精神生活，成为影响龙潭仡佬族人价值、审美、心理、信仰的关键因素，并在他们生活的地域范围内流传和延续。

生计方式是由当地居民的生活实践及所处的环境所决定的。龙潭地区独特的喀斯特地貌很难适应农耕的发展，丹砂自然成为龙潭仡佬族赖以生存的重要物质资源。当地居民在龙潭周围的板场、木悠、岩前、任办等地建有 4 个朱砂矿场，在井下日夜劳作。据嘉靖《贵州图经新志·思南府风俗》描述婺川人开采丹砂的劳作情境："婺川有木悠、板场、岩前等坑，砂产其中。坑深约十五六里，居人以皮为帽，悬灯于额，入而采之，经宿乃

---

① 蔡林波：《内在化：中古道教丹术转型的文化解释》，博士学位论文，山东大学，2005 年。

② 董沛文：《参同集注》第九卷《周易参同契发挥》，宗教文化出版社 2013 年版，第 335 页。

③ 《道藏》第 22 册，文物出版社 1998 年版，第 470 页。

④ 参见张颖：《文化遗产关键词：丹》，《民族艺术》2015 年第 1 期，第 63~70页。

出。所得如芙蓉箭镞者为上，生白石上者为砂灰，碎小者为末砂。砂烧水银，可为银砂，居人指为生计。岁额水银一百六十斤入贡。而民间贸易，往往用之比于钱钞焉。"①

人们在丹砂生产、流通、分配及消费过程中，遗留下众多遗址。如因丹砂资源而形成的大坪汉墓群，为丹砂运输而建的瓮溪桥以及因丹砂财富累世积淀而建的龙潭古建筑群，这三个重要遗址已成为贵州省省级重点文物保护单位。其他还有如明代板场水银税课局遗迹，汉以来直至清代、民国时期的采砂矿洞，堆积成山的冶炼矿渣，专为祭拜采砂炼汞护佑神而修建的宝王庙等，众多遗址至今尚存。

从已有的文史资料中也能管窥出当地居民进行丹砂生产的情形。譬如，《务川仡佬族苗族自治县志》载："黔中太守田宗显，于隋大业十年（614年）在务川岩峰脚等处开采朱砂、冶炼水银，纳课水银190.5斤。"②又《通典·食货典》记唐制："天下诸君每年朝贡，黔中郡贡朱砂十斤。"唐时所置黔中郡，郡治设今彭水县，后改为黔州，所辖五州，其中思州即务川。当时务川僚人多以采砂谋生。唐贞元十三年（797年），黔州刺史魏从琚贪暴，"于两税外，加增朱砂"，务川人深受其害。宋《太平寰宇记》云："黔中地，在徼之外，蛮僚杂居，言语各异，产朱砂、水银、茶、蜡，常赋。"③清朝咸丰同治年间，《思南府志》载："务川木悠厂采砂最盛，每场出汞二十到三十挑，官坝发达，有获利万者。"

务川流传的麻阳人传说也生动形象地描绘了历史时期人们采丹的生活情境。

传说在很久以前，有一群又矮又小的人在板场、木悠一带开采丹

①　钟添：嘉靖《思南府志》卷1《风俗篇》，天一阁藏明代方志选刊，上海古籍出版社1962年版。

②　贵州省务川仡佬族苗族自治县民族事务局：《务川仡佬族》，贵州民族出版社2006年版，第115~116页。

③　乐史：《宋本太平寰宇记》，中华书局2000年版，第2276页。

砂，这群人就是麻阳人。当地又把"麻阳人"称为"猫人"，说"猫人"
身材矮小，据说只有一尺多高，奔跑迅疾，善于攀爬，遇生人即化风
而去。这群人拥有极为丰富的寻丹经验，能够精准判断地下矿脉，找
准地面与地下矿之间距离最短的点凿洞。由于身材矮小，采丹洞仅能
一人弯腰进去，所用工具也只有一尺来长，便于匍匐在洞中劳作。据
说，现在都能听见"麻阳人"在山肚子里开采丹砂的锤凿声。①

在务川地域内，丹砂开采冶炼从汉唐一直延续到明清、民国直至 21 世
纪，历史跨度之大，延续时间之长，实为罕见。由于丹砂、水银的价值所
在，被人们视为至宝，历代王朝都规定务川以朱砂水银进贡。商人把它当
作"摇钱树"，各朝各代四面八方的求宝人，不断涌入仡佬山区，古道上往
来的商旅，人挑马驮，络绎不绝。偏僻原始的蛮夷之地竟成"商贾辐辏，
人多殷富"的繁华之邦。② 由此可见，丹砂开采和由此产生的丹砂经济对古
代务川政治、经济、文化等整个社会层面都产生了重要影响，很大程度上
影响了务川的历史进程。

采砂炼汞作为龙潭仡佬族的生计方式，在满足他们生存需要的同时，
丹砂超越物的生命价值及财富象征已融入龙潭仡佬人的精神生活。当地居
民将丹砂列为"江边八景"之一进行讴歌，题有《西井朱砂》一首："精华灿
烂涌水湍，井底红光射斗寒。灵物由来天俾赐，不劳鼎炼自成丹。"③此诗
表达了龙潭仡佬人独特的地方情感。此外，歌声中也表达了人们对采丹活
动的怀念：

---

① 务川仡佬族文化编写组：《仡佬文化简读本》，仡佬文化编写组编印 2013 年
版，第 57 页。
② 务川文史资料研究委员会：《务川文史资料》第六辑，务川文史资料研究委员
会 1992 年版，第 138 页。
③ 《邹氏族谱》中有明嘉靖丙辰年(1556 年)、民国二十五年(1936 年)所写"江边
八景"中《西井朱砂》。

　　　　进入大山心胸

　　　　敬过"宝王"，山蛮

　　　　以皮为帽，悬灯于额

　　　　随开采工一起，摸索进洞

　　　　洞深十五六里，一步步进入大山的心胸

　　　　采集地球的起始，探寻天赐灵物伴随的吉凶

　　　　踩者入而采之，经宿乃出

　　　　出洞，背一篓霞红

　　　　似婴儿得以平安降生

　　　　回想于母体中十月怀胎

　　　　一朝分娩

　　　　捧出红光耀眼的仡山精华

　　　　山蛮脸上，也有了旭日的笑容①

　　当地居民用诗歌赞颂、用歌声传承丹砂的伟业。它为当地人民构建了精神思想的不朽大厦，也为他们营造了超越自身、追求永恒的灵魂家园。②在仡佬族人民的思想观念中，丹砂是另一个世界的明灯。如果没有丹砂，另一个世界将是一片黑暗，逝者难以找到回家（回到祖灵之地）的路。长篇小说《丹砂》就讲述了这么一个故事：一位奶奶快要离世时，因没有找到丹砂，害怕另一世界的黑暗，只好将灵魂附在即将出生的孙女身上，直到孙女找到了丹砂，送到奶奶坟前，奶奶的灵魂才离开孙女回到墓地。③ 所以在龙潭，仡佬人离世后会在坟墓里撒上丹砂，安冢墓、接龙脉、利子孙。在饮食中，仡佬人在制作传统食品时都要加入"红土"（丹砂粉末），如"红酥食""红麻饼""红米粉"，又如泡粑、滚团上要"点红"，肉丸子要用红米

————————

　　① 遵义市政协文史与学习委员会：《中国仡佬族》，遵义市政协文史与学习委员会2010年版上册第1期，第48页。

　　② 张颖：《文化遗产关键词：丹》，《民族艺术》2015年第1期，第63~70页。

　　③ 肖勤：《丹砂》，作家出版社2011年版，第235页。

包裹；当地婚宴也被称为"红饭"。人们对"丹红"的崇拜在建筑装饰上也有体现，仡佬人喜欢用朱砂作颜料，以"红"来驱鬼降魔、安宅利民。龙潭人崇拜丹砂、丹砂红，并将其存于心中。作为一种精神皈依，丹砂规范着龙潭人的行为和伦理道德，引领仡佬族在正确的道路上不断前进。

第四章　丹砂之业：明清时期丹业的发展

神圣之"丹"将整个王朝、各阶层、群体等与务川龙潭紧密联系在一起，建立了"长生—求仙—寻丹—炼丹—释丹"的逻辑关系网络，揭开了龙潭仡佬族与大传统下政治、经济、社会、文化、历史的渊源与联系，并强调了历史中存在着的人们诸多记忆、想象、意图及期望。围绕丹砂生产、分配、交换、消费等环节，龙潭仡佬族先民与众多群体形成互动，共同构筑了一幅丹砂里的动态生产、生活及利益交织的历史文化图景，在此情景中，移动的物、不同的群体、古老的矿山、繁忙的交通等都沉浸于地方丹业的发展之中。

第一节　明代以前务川丹业概貌

一、龙潭仡佬族以丹砂为业的传说及依据

> 地满山连树，山空洞出砂。
>
> 春枝飞越鸟，落日煮僧茶。
>
> 久姓夷风易，千家溪洞斜。
>
> 疏藤穿过月，香暗破梅花。
>
> ——知县陈维藩①

---

① 务川文史资料研究委员会：《务川文史资料选辑》第六辑，务川文史资料研究委员会1992年版，第231页。

此诗是务川知县陈维藩的五言律诗，生动形象地描述了当时仡佬先民在木悠采砂的生活情景。当时在龙潭周围的砂坑就有"板场、三坑、木悠、岩前等坑，砂产其中，居人指为生计"①。龙潭仡佬先民发现丹砂、采砂、炼汞，最早始于何时，尚无具体的文献记载。但从大坪龙潭一带流传的宝王传说中可窥见一斑。据说龙潭仡佬先民濮人向周武王献丹，皇帝加封发现朱砂的青年为"宝王"，后人将其奉为"宝王菩萨"，并修建寺庙祭拜。据史料记载，周成王大会诸侯于洛阳，各邦国以地方特产进贡。"蜀人以文翰，巴人以翼鸟，卜人以丹砂"②。卜即濮人。这是濮人在3000多年前以丹砂与周王朝交换之始，说明这一族群在当时已具备一定的实力和地位，并且与中原王朝建立了密切联系。从此，龙潭与外界联系的通道因丹砂而打开：龙潭人从龙潭江边的洪渡河经乌江，进长江至中原，而中原人也经此路进入务川龙潭。③ 丹砂生产及丹砂贸易由此带动的经济发展凸显了该地区的重要性。传说虽不可成为信史，却映射出历史的影子。

第一，从古代濮人的分布来看，江应樑在《说"濮"》一文中曰："在较早的文献中，讲到南方民族，都不言越而言濮。"④《史记》卷四《周本纪》正义引《括地志》亦云："濮在楚西南。"可见历史上的濮人是一个支系繁多、分布广阔的南方强大群体，并非仅仅是今天的仡佬族先民。凌纯声指出："后世黎僚、洞僚、土僚、乞僚、皆白濮之青。"⑤白濮主要邦国为巴和蜀，其中巴国的地理范围东至鱼腹，西至僰道，北接汉中，南及黔涪，包括古代巴国及秦巴郡的四境，大抵西包嘉陵江、涪江之间以至泸州一带，东至

①　钟添：《思南府志》卷1《风俗篇》，天一阁藏明代方志选刊，上海古籍出版社1962年版。

②　黄怀信、张懋镕、田旭东：《逸周书汇校集注（修订本）》，上海古籍出版社2007年版，第756页。

③　务川文史资料研究委员会：《务川文史资料选辑》第六辑，务川文史资料研究委员会1992年版，第135页。

④　江应樑：《说"濮"》，《思想战线》1980年第1期，第64~71页。

⑤　凌纯声：《东南亚古文化研究发凡》，《民族学研究专刊》1950年第3期，第1~3页。

今重庆奉节，北抵米仓山、大巴山南坡，南及贵州思南一带。"务川与思南接壤，属巴子国南境"且"其属有濮、賨、苴、共奴、獽、夷蜑之蛮"。①至今务川境内尚有古地名，如濮家山、濮口溪、濮生台等。凡此种种，皆印证着"濮僚边蛮"的历史足迹。

第二，从丹砂矿产地分析，《华阳国志》卷一《巴志》述："周时巴国特产、纳贡之物凡十八种，其中有丹。"②又《名医别录》曰："丹砂生符陵山谷，采无时。"③陶弘景注"符陵即涪陵"④，元朝胡三省《通鉴注》曰："汉之涪陵，今之彭水县也。"⑤此外丹砂产地有重庆的酉阳，还有秀山和贵州务川等地。《三国志》载："涪陵出丹，于巴郡南。"⑥而务川正在巴郡的南部，可见务川在先秦时期已是丹砂的主要产区。

在战国时期，秦国实行"官管民采，收取税利"的矿业政策，但是对巴蜀、宛等边远地区实行允许私人自由开采的开放政策。洪世涤所写《秦始皇》一书说："随着秦国商业的发展，到战国后期，商业交换十分发达，秦国的北地郡与西南的巴郡也有大商人出现……巴郡有个寡妇名叫清，几世经营丹砂资源，成为了大富商。"⑦司马迁在《史记·货殖列传》特为巴寡妇清列传："巴寡妇清，其先得丹穴，而擅其利数世，家亦不訾。清，寡妇也，能守其业，用财自卫，不见侵犯。秦皇帝以为贞妇而客之，为筑女怀

---

①　常璩撰，任乃强校注：《华阳国志校补图注》卷1《巴志》，上海古籍出版社1987年版，第3页。

②　常璩撰，任乃强校注：《华阳国志校补图注》卷1《巴志》，上海古籍出版社1987年版，第5页。

③　(梁)陶弘景：《名医别录》(辑校本)，人民卫生出版社1986年版，第2页。

④　黄爽：《神农本草经》，中医古籍出版社1982年版，第8页。按陶注涪陵，原文作涪州，显系传抄之误。唐以前，两汉有涪陵县，属巴郡。六朝有涪陵郡，治涪陵县，唯独没有涪州。

⑤　转引自李仲均：《中国古代文献中记载的汞矿产地》，《有色金属》1981年第4期，第68~70页。

⑥　何凌霞：《〈三国志〉专名研究》，复旦大学出版社2017年版，第166页。

⑦　务川文史资料研究委员会：《务川文史资料选辑》第1、2辑，务川文史资料研究委员会1992年版，第52页。

清台。夫倮鄙人牧长，清穷乡寡妇，礼抗万乘，名显天下，岂非以富邪？"①《正义》引《括地志》："寡妇清台山俗名贞女山，在涪州永安县东七十里也。"②涪陵涪州治所在今重庆的涪陵，而涪陵在蜀汉时期，治所在今重庆彭水。据有关专家考证，巴寡妇清为重庆市彭水县人。③涪州与务川相隔仅百里，加之从重庆市进入务川龙潭周边丹砂矿区沿路发现有汉墓存在，说明在先秦时期巴寡妇清已经控制了巴国及周边区域的丹砂资源。这一地区自春秋战国以来至秦就是有名的丹砂、水银产地。④务川与巴蜀毗邻，其朱砂、水银被巴寡妇清收购也是在情理之中，加之务川汉墓出土的提梁鼎、蒜头壶等器物具有典型的秦文化特征，以及江边汉墓群走向沿镇南、砚山、濯水、道真一线至重庆毗邻地区，且考古专家针对龙潭江边汉墓群作出"距今两千年左右的两汉时期，这里曾经是人口稠密、繁华一时的商贸交易之地"的估计。由此推断务川所产丹砂、水银在秦汉时期就已经进入秦帝国都城咸阳，成为秦始皇陵"百川江河大海"水银的主要来源。⑤

　　第三，从古资料及现存遗物看，2007—2010年，贵州省文物考古研究所会同务川县文物管理所对龙潭江边一带先后进行两次大规模发掘，共清理了墓葬47座、汉窑2座，获各类文物500余件以及大量的丹砂。2008年北京大学考古文博学院科技考古中心对龙潭江边出土的丹砂、务川矿山及河流中朱砂进行了采样分析。初步检测结果表明，各地点朱砂S同位素一致，进而证明了江边汉墓群出土朱砂即产自务川当地。也就是说，务川丹砂采冶贸易在汉代以前已经发端兴盛。⑥

-----

①　司马迁：《史汉文统·史记》，商务印书馆2019年版，第227页。

②　童恩正：《古代的巴蜀》，四川人民出版社1979年版，第34页。

③　刘芃、吴家荣：《朱砂现今产地主要的本草考证》，《中国中药杂志》2000年第4期，第242~243页。

④　李鄂荣、李仲均：《中国历代矿政史概述（上）》，《河北地质学院学报》1991年第2期，第209~216页。

⑤　向海燕：《注视仡佬》，现代出版社2014年版，第176~178页。

⑥　张颖：《丹砂庇佑：贵州务川龙潭古寨文化生态探源》，《贵州社会科学》2016年第3期，第10~13页。

原贵州省博物馆考古队曾于 20 世纪 80 年代对务川县红丝乡太坝村的朱砂矿洞大箐洞进行调查，在洞内采集到了铁器、竹器残件及用火痕迹。他们认为，采集到的铁器使用年代为 2200 年以前。汉墓中同样也出土了铁犁。同时，推测用火的年代在 3800 年以前。① 龙潭仡佬人民还保留有祖先生产丹砂、水银传承下来的棕帽、手锤、尖钻、摇船等原始工具，说明该地区采丹业在汉代就具备了先进的生产工具和生产技术。

以上分析足以说明务川龙潭为早期濮人所居、丹砂所出、世居以丹为业之地，足以说明务川龙潭仡佬先民早在上古时代殷周时期，确有濮人在务川活动，以"攻取"丹砂为业，繁衍生息。② 可见流传于大坪龙潭的宝王传说并非空穴来风。

二、隋唐五代时期丹砂开采及土民的生活状况

务川丹砂开采有史载最早见于隋朝。《贵州古代史》在隋唐五代部分就有"当时的溪州（辖及贵州的松桃）、溱州、奖州、思州（今务川）是丹砂的主要产地"的记录。当地居民将丹砂开采，提炼成水银，作为贡品送至京师。丹砂的需求量和产量都很大。③ 隋唐时期，务川以丹砂为主要贡品。如"隋大业十年（公元 614 年），黔中太守田宗显于务川岩峰脚开设水银、朱砂两厂，生产水银、朱砂，向朝廷纳课 190.5 斤"④。据《田氏宗谱原序》载，岩峰脚在现三家田坑口 850 中段至 930、980 中段一带。唐开元年间（713—741 年），"思州（今德江县北），开元贡朱砂"⑤。王朝遂将这些土产作为贡品，并逐渐固定下来。

当时贵州主要的生产关系是封建领主所有制。这些地区的土地、资源

---

① 邹进扬：《务川古墓葬》，中国文史出版社 2014 年版，第 41 页。

② 务川文史资料研究委员会：《务川文史资料选辑》第 6 辑，务川文史资料研究委员会 1992 年版，第 136 页。

③ 韦天蛟：《贵州矿产发现史考》，贵州人民出版社 1992 年版，第 13 页。

④ 贵州省务川仡佬族苗族自治县志编纂委员会：《务川仡佬族苗族自治县志》，贵州人民出版社 2001 年版，第 132 页。

⑤ 务川矿志办公室：《务川汞矿历史资料 1953—1993 年》，1993 年，第 4 页。

归领主所有，因此农奴对领主有强烈的依附关系，对领主要服役、行礼。加之隋唐时期，王朝对西南经营的重点不在贵州，所以对大部分地区采取宽松的统治政策，以许以官职为条件，"招抚"各少数民族首领内附，以土官制土民，达到稳定政局的目的。在此情况下，一些封建领主纷纷遣使朝贡，举土内附，从而增强了该地统治者的权威。此外，隋唐时期中央皇朝、贵族、方士等对丹砂的广泛使用，尤其是炼丹术在当时已达到鼎盛，极大地增加了丹砂资源的需求。这一地方资源也成为务川地区土著首领献给王朝表示忠诚的重要方物。他们往往把其经济力量作为政治活动的资本，同时又凭恃其所获的政治特权去维护与扩充其经济实力。如唐贞元十三年(797年)，溪州刺史魏从琚贪暴，"于两税外，每年加进朱砂一千斤，水银二百驮(约1.5万公斤)，户民疾苦"①。一些劳动人民受尽压迫和剥削，一时找不到出路，被迫皈依佛教，"忍受今生苦，争修来生福"②。

三、宋元时期丹砂开采技术及产量

宋元时期，思州生产丹砂、雄黄、金、银、铁、汞的技术已有相当的进步。古代仡佬先民开采丹砂是先于矿山处凿井，井深数丈，积薪于井，燃薪焚井壁，使石壁脆裂，而取砂矿，故宋人朱辅在《溪蛮丛笑》中谓，"辰锦砂最良。……砂出万山之崖为最，仡佬以火攻取"，"水银出于丹砂，因火而就"。③ 这说明丹砂开采技术在宋朝时期较人工凿井已取得进一步发展。务川仡佬族先民依矿层走向，凿山洞开采丹砂，用木柴和竹子做燃料，将岩石烧裂，然后压碎矿石，提取丹砂。山洞起伏曲折，有长达一二里甚至十余里者。高处可直立行走，低处仅能匍匐进出。凿矿者，头顶油灯，背负食物及饮水，在洞内日夜开凿。优质矿装入麻袋，搭于胸前背后

① 贵州省文史研究馆：《贵州通志·前事志》，贵州人民出版社1985年版，第27页。

② 《贵州通史》编委会：《贵州通史》卷1，当代中国出版社2003年版，第300页。

③ 参见符太浩：《溪蛮丛笑研究》，贵州民族出版社2003年版，第103页。

负出；普通矿则用簸箕抬出，堆集于洞口。随后，将矿石敲碎后，运于河边，放于方形木盘筛内进行水选。朱砂密度大于石头，经水中筛淘，丹砂沉底，碎石在上，去石粒得朱砂。若提炼水银，则需在洞前砌灶进行冶炼。整个过程十分艰辛，能掌握这些技术是一件极为不易之事。因水银有毒，冶炼者常有口干舌燥唇肿之患，严重者流鼻血，但采砂冶炼收益高，广大仡佬族人民为了生活，常不顾险患，上山采炼。①

这一时期，贵州丹砂、水银产量的记载散见于各文献中，未见有全面系统的统计，并且使用的单位也不同，有斤、两、驮、担、罐、吨等。据《通典·食货典》记唐制：天下诸郡每年常贡，黔中郡贡朱砂十斤；《新唐书》记载：建中三年（782年），蛮州刺史宋鼎贡朱砂五百两；② 后唐天成二年（927年），牂柯刺史宋朝化率领的朝贡使节共153人，向后唐明宗李嗣源贡献方物（土特产）有草豆蔻二万两、丹砂五百两、蜡两百斤，合计共1600斤左右，以表忠诚；③ 宋代300年间，贵州少数民族首领入京朝贡多以丹砂、水银为贡品，每次多达千两以上。④ 朱砂的开采量比过去有了明显增加，仅沅州一地每年向王朝缴纳朱砂1500两、水银2240两。⑤ 宋时，皇祐年间（1049—1054年）岁得朱砂2800斤、水银2200斤，当时课岁约百分之十，全国产量10吨有余；宋元丰元年（1078年），岁得朱砂3646斤、水银3356斤，全国产量还有提高。⑥ 从历代朝贡的丹砂、水银数量可以看出历史上贵州地区丹砂、水银产量较为丰富。

---

① 贵州省文史研究馆：《黔故谈荟》，上海书店出版社1993年版，第117~118页。

② 贵州省开阳县志编纂委员会：《开阳县志·矿产》，贵州人民出版1993年版，第31页。

③ 周春元、王燕玉、张祥光：《贵州古代史》，贵州人民出版社1982年版，第142页。

④ 史继忠：《贵州民族地区开发史专论》，云南大学出版社1992年版，第72页。

⑤ 林富民：《贵州矿产开发史略》，西南财经大学出版社1984年版，第59页。

⑥ 当代中国有色金属汞工业编委会：《新中国有色金属锑汞工业》，当代有色金属工业编委会1986年出版，第247页。

四、丹砂、水银朝贡及贸易

丹砂、水银作为思州仡佬族地区的例贡，同时也是交易商品，在当时具有一定的地位。思州在唐末以来为土酋田氏所据，宋徽宗大观元年（1107 年），思州蕃部长田祐恭入朝，上表"愿为王民"。① 南宋高宗绍兴二年（1132 年），复置思州三县（务川、邛水、安夷），以田祐恭为守，治务川，为羁縻州，从此子孙世官焉。② 由此可见，作为"蕃部长"的田祐恭"纳土内附"，务川地区以化外之地纳入中央王朝管辖。为体现中央王朝的权威及民族地区的归属，封建王朝规定各地的羁縻州都要向中央定期朝贡，一般是三年一贡。据不完全统计，宋代贵州各族统治者向中央王朝贡达 70 余次。至元初，至正十五年（1355 年）思州境七岩土、黄坑等地已设场局采冶丹砂、水银，曾规定"水银、朱砂之类，皆因土人呈献而定其步入之课"。思州、播州等处每年都必须照常纳课，只在特殊情况下才获减免。③ 可见思州地区经常朝贡。其贡物有丹砂（朱砂）、石英、芙蓉、名马、水银、银装剑槊、犀角、毡、药物、蜜蜡、名酒、蒟酱及香炉、铜鼓等。封建王朝赏赐大量的物品如玉器、金币、银币、巾服、锦袍、银带等。这些贡品多为当地的土特产或珍奇异物，而朝廷的赏赐则数倍于所贡。这可从其他地区朝贡记载中窥见一斑，如宋英宗治平四年（1067 年），八番罗甸安抚司的龙番朝贡所进"马一匹，朱砂八两"，而王朝的赏赐中则有"锦旋襕衫一领，八两洋镀银腰带一条，衣着二十四"。朝贡人少者数十，多者数千，各地朝贡每岁不断。④ 由于频繁的朝贡和朝廷给予的众多

---

①　《贵州通史》编委会：《贵州通史》卷 1，当代中国出版社 2003 年版，第 370 页。

②　贵州省文史研究馆：《贵州通志·前事志》，贵州人民出版社 1985 年版，第 456 页。

③　夏鹤鸣：《贵州航运史（古、近代部分）》，人民交通出版社 1993 年版，第 46 页。

④　周春元、王燕玉、张祥光：《贵州古代史》，贵州人民出版社 1982 年版，第 169 页。

回赐，无形中加重了地方土官的负担，他们只好转嫁给当地居民，年年预增，形成恶性循环。

　　这一时期，朝贡贸易也促进了思州交通的改善。自唐设务州、费州等州县以来，乌江航运可越龚滩而上。费州（今思南）有水路可达思州（今务川），从思州有水路西北向可通黔州（今重庆彭水），从而使得乌江航运向上延伸三百余里。当时，黔州都督府统领今贵州的经制州（唐代的思、费二州原为乌江中段的两个经制州）和羁縻州。黔州乃是政治中心，负责政务的上达下传，贡赋、贸易的转运等，地位非常重要，从而使得乌江流域成为重要的交通要道。庄蹻入滇就是通过乌江水路，《史记·西南夷列传》记载："楚威王时，使将军庄蹻将兵循江上略巴、黔中以西。……欲归报，会秦击夺楚巴、黔中郡，道塞不通，因乃以其众王滇，变服，从其俗，以长之。"按此路线，庄蹻应是逆长江而上，然后至涪陵折入延水（今乌江），起岸后由陆路入滇，迨至秦夺楚巴、黔中地，此道断绝不得而归。由此看来，经乌江入川、入滇的水道在秦汉以前就已开通。在务川龙潭仡佬族人民的盘歌中，有一首表述历史时期航运的情境：

　　　　　歌师傅来老先生，唱首盘歌来分清。
　　　　　什么东西常过河？什么东西常翻山？
　　　　　什么出来亮点点？什么出来亮满山？
　　　　　歌师傅来老先生，这首歌子我来分。
　　　　　三板船儿常过河，河里起露常翻山。
　　　　　晚上星星亮点点，十五月儿亮满山。①

　　贵州位于西南大山深处，河流湍急，行船艰险，且很多地方只能水路和陆路兼程。其地域中部、南部以及西部各羁縻州，可由陆路先到费、思二州，再由费州、思州沿乌江而下达黔州，于是费州、思州成了水陆运输

---

① 杨旭峰：《浅探务川仡佬族盘歌》，《音乐时空》2016 年第 6 期，第 12～13 页。

的交会之地。为使节、商贾、移民、朝廷贬谪的官员和流放"罪人"等进出提供了方便。

唐代川盐、淮盐、安宁盐及各种物资销售贵州各地，也得益于交通的开辟。川盐由石门道和牂牁道入贵州，如韦皋治蜀时，向鲁望（今贵州威宁境）地区的人民发放米、盐就是走石门道。① 石门道修建于隋开皇五年（585年），益州法曹黄荣率领石工凿通了自戎州（今宜宾）经鲁望而达云南的通道，路过贵州西北一隅。《南诏德化碑》记载："盐池鞅掌，利及牂、欢，城邑绵延，势连戎、棘。"牂即牂牁（今福泉）石门道连通了川、黔、滇三地，成为西南地区重要的经济、文化、贸易枢纽。贞观十三年（639年），重庆人候弘仁辟出一条通道，由牂牁经西赵（今贞丰）进入邕州（今广西南宁），即牂牁道，沟通川、黔、桂三地，加强了川、黔、桂、滇的经济文化交流。贞元三年（787年），南诏异牟寻遣使三道入朝，其中一道出牂牁从黔府入，而思、费、奖三州均有陆路可通至牂牁境内，陆路与水路就此相连。在唐代，东谢首领谢元深、南谢首领谢强、西赵首领赵磨、夷子渠帅季氏、蛮州首领宋鼎、黔中观察使赵国珍等皆入朝，显然有路与中原相通，加强了中原与西南地区的朝贡及贸易往来，客观上有利于社会、经济和文化的发展。②

宋时，北方马道断绝，马匹不敷军用，于是遂开南方马市。贵州正处在"川马"（四川）和"广马"（广西）之间，故参与"川马"和"广马"博弈。据周去非《岭外代答》记载，当时通过贵州的道路有三条：一条自邕州横山寨（今广西田东）出发至自杞国（今贵州兴义）；一条自横山寨起至罗殿国（今安顺）；一条由自杞经罗殿东南行，从荔波入广西南丹境而达宜州（今广西

---

① 李清清：《唐代西南地区盐的产销及其在经济社会中的作用》，硕士学位论文，西南大学，2010年。

② 史继忠：《贵州民族地区开发史专论》，云南大学出版社1992年版，第105页。

宜山)。① 便利的交通有助于贵州的手工业产品、茶叶、丹砂及水银等通过交通干道与邻近地区及中原王朝发生频繁的朝贡和商贸联系。

交通的开辟促进了龙潭地区商业贸易的发展。务川大坪镇境内有洪渡河与乌江相连,古道纵横,为该地区商业的发展提供了便利。从境内大量汉墓群及出土的各种文物观之,大坪在历史上交通发达,商业繁荣。这些汉墓群主要分布于龙潭村青杠、下坝等村民组境内的洪渡河两岸农田及坡地上,称江边汉墓群,沙坝、赶子元一带的龙潭汉墓群,杉银头、毛岗一带的官学汉墓群,以及肖家岗、干溪、高家湾、瓦子坪汉墓群等近十处。这一区域正是务川丹砂矿的主要产区,商业主要是围绕丹砂进行贸易。1984年3月4~8日,考古队在大坪龙潭沙坝地区发掘了一座石室汉墓,出土了11枚大小不等的五铢钱和无字钱,据专家考证属于东汉晚期货币。其中出土的无字钱既不同于洛阳烧沟汉墓的无字钱,也不同于文献记载中东汉末年董卓所铸无字小钱,很可能属于地方私铸的铜钱。1984年7月,贵州省博物馆专业人员在务川县政府驻地内发现一座花纹砖室墓葬,出土了东汉时期"𨭎铢"铜钱。② 1987年11月,贵州省博物馆考古队对龙潭江边以及官学一带的墓葬进行了清理,出土了铜钵、铜耳环、陶罐、丹砂、钱币等物。其中,丹砂有粉末状、粉末与颗粒丹砂混合状以及颗粒状,有的撒于墓底,与钱币混为一体,有的置于陶罐中;出土的钱币约21公斤,以东汉五铢的数量为最,剪轮五铢次之。另外,还有少量的八铢和四铢半两,西汉五铢、王莽货泉等多种货币。盛储钱币的单鱼、双鱼纹铜洗在四川、云南也有发现,如昭通东汉顺帝"永建五年"(130年)墓所出的双鱼洗③、传世的"汉中平双鱼洗""汉双鱼洗"和"朱提双鱼洗"等,均属川、滇

---

① 史继忠:《贵州民族地区开发史专论》,云南大学出版社1992年版,第106页。

② 贵州省博物馆考古研究所:《贵州田野考古四十年(1953—1993)》,贵州民族出版社1993年版,第303~305页。

③ 《云南青铜器论丛》编辑组:《云南青铜器论丛》,文物出版社1981年版,第17页。

当地私手工业作坊所制，从洗中铭文可知其产地有"蜀郡""朱提"和"堂狼"等。① 众多类型的钱币及其他重要文物说明从西汉初期至东汉晚期，巴、蜀、秦、楚、南昭等各地商贾因为丹砂资源而云集于务川大坪、红丝、镇南、涩水一带，促进了这一地域内经济的繁荣以及与巴蜀及中原等地的商品流通和文化交融。2004 年，在大坪龙潭朱砂井一带发现汉代居住遗址，面积 10000 平方米，再次印证了当时这一地域内商业的繁荣和经济的发达。

丹砂经济促进了该地区濮人的社会分工，农耕经济、手工作坊大量出现，邑聚(即城镇)已开始形成。汉武帝开发"西南夷"之后，加之这一时期上层社会对长生不老术的极度追求致使丹砂需求量大增，推动了大量的外地人群涌入，他们带来了先进的生产技术和生产工具，直接影响了当地丹砂开采及贸易，使务川龙潭仡佬族先民的生活逐步改善。大坪汉墓群出土的铁犁说明该地区在汉代时农耕已有相当的发展，农耕经济的出现使当地濮人不再仅仅以采砂、渔猎为生。在农业发展的基础上，龙潭地区仡佬族先民的手工业及商业也有了进一步发展。在隋唐时期，仡佬族先民能够用当地所产的葛麻、茅花、构树皮等作原料，纺织成各种精美的葛布、娘子布，并制成桶裙、大口袴、布袍等各种衣物。当地丰富的丹砂资源，练就了仡佬族先民独步于当时、领先于世界的采砂炼汞技艺，培育了一批优秀的石匠、铁匠、木匠、篾匠等艺人，同时丹砂资源也促进了当地民间火药技术的发展。大坪一带出土的大量汉砖刻有"富贵"等文字，为典型的秦隶，说明至少在秦汉时期，中原和务川大坪一带就有商贸往来，并且汉墓群中出土的五铢钱、半两钱、货泉以及双面铜印也证明了该地区商业及贸易的发达。当地经济的发展促进了一些人口相对集中的地区邑聚的形成。据《务川仡佬族苗族自治县志》载，"唐，开(朱砂)集镇于板场"，且邑聚已形成。丹砂炼汞带来的商贸繁荣、百姓富庶也是隋开皇十九年设置务川

---

① 贵州省博物馆考古研究所：《贵州田野考古四十年(1953—1993)》，贵州民族出版社 1993 年版，第 310~311 页。

县的重要原因之一。因丹砂富庶而兴建的火炭垭古寨、朱砂井等在当时也是重要的丹砂贸易集散地。

得益于丰富的丹砂资源及产业，务川地区很早就被纳入了中央王朝的统治。隋朝开皇年间在此地设置了务川县，唐武德四年(621年)，因务川当祥牁要路而改为务州。贞观四年(630年)改务州为思州，隶属于黔州道。在隋唐时期，统治者采取比较宽松的"羁縻政策"及"以夷制夷"来维护其统治。设立羁縻州县，指派当地土著首领为刺史、县令，代替中央王朝直接管理。中央王朝根据各地特色，制定贡品。据《元和郡县志》记载："沿乌江流域的思、黔、费各州，贡物为朱砂、水银、黄蜡、犀角。"①《太平寰宇记》载："同黔中地，在荒徼之外，蛮僚杂居，言语各异。此地产朱砂、水银、茶、蜡，常赋。"②又锦州贡丹砂、犀角；奖州贡麩金、犀角、蜡；夷州贡犀角、蜡烛；播州贡班布；思州、费州、溱州贡蜡、班布、丹砂等。③可知当时贡赋已成定制，王朝将这些土特产作为贡品逐渐固定下来。但是王朝所辖的地方居民仍不为"编户齐民"，不征收赋税，贡赋也并无定则。当时，只是一些土著头领为表效忠，得到王朝的褒奖和加封，按期向朝廷进贡朱砂、水银、马匹、葛布等地方土特产。王朝则以金银、袍带等赏赐给地方首领，以维持王朝对地方的统治。

这种情况在元代发生了巨大转变，除赋税外，亦按各地土特产征收课税。元初，统治者尚知"山林川泽之产，皆天地自然之利也，可以富国，而或以病民"之理，因而对地方特产征收课税。其中矿产品的课税实行"其多者不尽收，其少者不强取"的政策。④《新元史·食货志》记载，"至元十九年(1282年)，凡洞冶、盐、茶、酒及一切杂税，俱谓之课程。……凡产朱砂、水银之所：在辽阳曰北京，湖广曰潭、沅，四川曰思州。"当时朱

---

① 李吉甫：《元和郡县志》卷31，台湾"商务印书馆"文渊阁本复制本1968年版。

② 乐史：《太平寰宇记》，中华书局2007年版，第2276页。

③ 《贵州通史》编委会：《贵州通史》卷1，当代中国出版社2003年版，第319页。

④ 孙文学：《论元朝矿政》，《财经问题研究》1991年第8期，第47～52页。

砂、水银的产地不多，全国仅有四处，每年向管课官纳朱砂、水银几千两。在至正十五年（1355 年），思州境七岩土、黄坑等地已设场局，采朱砂，冶水银，并规定"水银、朱砂之类，皆因土人呈现而定其步入之课，渐定岁课以征收"①。思州、播州等地，每年必须照常纳课，只在特殊情况下才获减免。元代国祚短暂，对务川矿业资源的控制尚不够深入，而到了明代务川，朱砂水银逐渐被中央牢牢掌控。

第二节　明清时期务川龙潭丹业的发展

一、沙坑之战

明朝对贵州矿业采取官矿和民矿的政策。1365 年，思州宣慰司和思南宣慰司（务川属思南府）脱离了明玉珍的统治，归顺于明朝。"明洪武初，析为二宣慰，属湖广。"朱元璋进一步完善了元朝设置土官协助统治的制度。为安定社会、扩大财源、巩固统治，对农工商采取"各安其生"的政策，而对矿业采取官矿和民矿的政策。官矿是明廷直接经营管理的矿，而民矿是按照规定，取得官方许可，向官方缴纳一定课额的民矿。这一时期，明朝廷为了征收矿课多方求索，加重了务川仡佬人民的生活负担。《明史·食货五》记载："明在西南屡征金银、铜铁、铅汞、朱砂诸矿之课，民嫌其矿税额重。"②

明代贵州朱砂、水银的生产规模大，成为全国之冠。当时主要有三大产区，最大的产区在黔东北，包括铜仁府、思州府、思南府和石阡府。据弘治《贵州图经新志》《大明一统志》记载，铜仁府的大万山，思州的施溪、

① 夏鹤鸣，廖国平：《贵州航运史（古、近代部分）》，人民交通出版社 1993 年版，第 46 页。

② 方铁：《西南通史》，中州古籍出版社 2003 年版，第 581 页。

黄道溪,思南府的务川县和印江县,石阡府的石阡均产朱砂和水银。①《明史·地理志》载:"普安卫东南有都得山,一名白崖,产水银。"包汝楫《南中纪闻》载:"安酋国中甚富,有朱砂、水银坑两处,岁获银亿万。"说明在明代,普安州、黔西北彝族地区也产朱砂、水银。②

思南的丹砂矿主要分布在务川地区。思南府位于湘黔汞矿带,境内的务川县有丰富的汞矿资源,有板场、木悠、岩前、任办四个矿坑。这些矿坑能带来巨大的经济利益。洪武年间,全国仅有大万山司水银朱砂局一处,《明史·食货志》中特别注明:"惟贵州大万山有水银朱砂场局。"因获利甚大,有利可图,官办场局越来越多,至永乐年间已增至七处。③ 明初,思南在田氏土司的统治之下。明皇帝对思南府采取土司自治方式,当地土司只需向朝廷"额以赋税,听我驱调,而法始备矣"。在其统治区域内,他们"世袭其职,世守其土,世掌其民",从而使得土司拥有更大的权势,将地方大小事务、各种资源牢牢控制在自己手中。据史料记载,思南、思州田氏土司就是靠朱砂矿资源发迹的。

田氏土司的始祖田克昌因朱砂资源,从事商贾,获利巨万,侨居日久,并遂卜筑于思州。田氏土司依靠朱砂经济的暴利逐渐发展成为西南地区的一大土司。④ 因此史学界素有"'思播田杨,两广岑黄'之称,盖大其氏也"的说法⑤,形象地描述了思州田氏、播州杨氏以及两广的岑氏和黄氏土司四大土司当年的赫赫威名和熏天权势。田氏土司统治之下的土地和人民实际上都属于当地土官所有,他们只需向王朝进贡,服从调动即可,其

---

① 《贵州通史》编委会:《贵州通史》卷3,当代中国出版社2003年版,第246页。

② 《贵州通史》编委会:《贵州通史》卷3,当代中国出版社2003年版,第247页。

③ 《贵州通史》编委会:《贵州通史》卷3,当代中国出版社2003年版,第248页。

④ 王明析:《丹砂古县的文化记忆》,贵州新闻出版局2007年版,第65页。

⑤ 钟添:《思南府志》卷1《地理志》,天一阁藏明代方志选刊,上海古籍书店1962年版。

内部事务，中央王朝殆少过问和干涉。王朝对土官无定额俸禄，由他们向辖区内的土民索取。这些土司在其辖境内不但享有全部土地的所有权，而且还具有行政、司法等权力，实为独霸一方的土皇帝。

在封建领主统治之下的仡佬族人民依附于当地土司，且社会地位低下。田氏土司掌控辖区内的人民、土地及自然资源，强行要求辖区内土民耕种、经营，并掠夺其一半甚至更多的所得。土官可以随意支配土地，土司往往占据肥沃之地（思南宣慰司"属地俱属宣慰氏私庄"），而土民则仅能占据零星贫瘠之地。土司和土民之间是一种奴役关系，即土民被土司奴役，为之种田，没有人身自由，"抄没鬻卖，听其所为"①。在土司的管制下，一些土民虽可以自耕其土，但还是无法摆脱土司对他们的掌握，如《太宗永乐实录》载："明朝思南宣慰使田宗鼎禁民居不得瓦屋，不得种稻，不得从华风，子弟不得读书，人才不得科贡……人甚苦之"。广东布政使、郡人田秋云："滩心洲屿平如砥，齿齿白石青可扪。矣乃沧浪歌孺子，凄凄芳草怨王孙。"②可见当年土民的悲惨命运。

务川丰富的丹砂矿资源也是统治者搜刮的对象。田氏土司为了满足最高统治者的私欲及维护自身地位，将搜刮的丹砂视为思南历代朝贡的重要方物，并自觉遵循朝贡的义务，如表4-1所示。

表4-1　思南地区与明代中央的朝贡、赏赐

时　　间	朝贡、赏赐
洪武九年八月庚戌二十八（1377年9月12日）	思南宣慰使田仁智入朝，贡马、朱砂等方物。诏赐仁智及其下各有差，仁智入谢，更赐织金文绮三十匹，帛如之③

① "中央研究院"历史语言研究所：《明实录·太宗实录》卷54，"中央研究院"历史语言研究所校印《永乐八年四月庚午条》。

② 赵尔文达：《明代思南宣慰司研究》，硕士学位论文，贵州民族大学，2016年。

③ "中央研究院"历史语言研究所：《明实录·太祖洪武实录》卷121，"中央研究院"历史语言研究所校印，第1页。

续表

时　　间	朝贡、赏赐
洪武二十年十二月庚戌初四（1387年1月13日）	思南宣慰使田大雅来朝，贡马及水银①
洪武十八年（1385年）	思南府税收课朱砂12600余贯②
洪武三十五年九月癸卯（1402年10月19日）	思南宣慰使田大雅来朝，贡水银、朱砂等物；赐锦绮、白金、彩帛，赐其兼从有差③
永乐二年四月甲午二十四（1404年6月1日）	思南宣慰使田大雅与其祖母来朝，贡方物。赐大雅钞四锭、彩币四表里，加赐其祖母钞币。其从行头目，赐钞有差④
永乐十年五月丙午二十三（1412年7月1日）	思南故宣慰使田大雅母杨氏，率官属六十五人来朝，贡马、朱砂及水银等方物，回赐银、文绮、纱帛有差⑤

资料来源：笔者根据《明代思州—思南地区改土归流研究》及相关资料整理。

　　除了要求朝贡之外，还广立名目役使土民。规定"贵州土人判罪例"如下：叛死罪的改为终身服役，叛充军的改为依年限服役；应杖者服役十月，应答者服役五月。用法律形式使其为官府服役。反抗官府失败被俘者，常被械押谪戍。宣德十年（1435年），在大兴左卫谪戍的就有"贵州土

---

① "中央研究院"历史语言研究所：《明实录·太祖洪武实录》卷187，"中央研究院"历史语言研究所校印《洪武二十年十二月庚戌条》。

② "中央研究院"历史语言研究所：《明实录·宣德实录》卷7，"中央研究院"历史语言研究所校印。

③ "中央研究院"历史语言研究所：《明实录·太宗永乐实录》卷48，"中央研究院"历史语言研究所校印《永乐五年正月壬戌条》。

④ 赵尔文达：《明代思南宣慰司研究》，硕士学位论文，贵州民族大学，2016年。

⑤ "中央研究院"历史语言研究所：《明实录·太宗永乐实录》卷83，"中央研究院"历史语言研究所校印《永乐十年五月丙午条》。

民"。① 由于"西南戍守将臣不能宣布恩威，虐人肥己，致令诸夷苗民困窘怨怒"。② 地方文武官员"欺其愚蠢，占种田地，强制仡佬族人民在极苦的生活条件下从事生产劳动，即使矿产低微，也要强行生产，因洞深利小，常出现百姓流徙逃亡，不自聊生"③。仡佬族人民稍不遂其欲，则吊拷其家，作刑毙命，且亲族尚出垫刀数十金。仡佬族人民忍受不了长期沉重的压迫，或逃匿山林或举行武装反抗。洪武十七年（1384年），黄平驿使者往还兴役，"夷人不堪，其后窜入山林者众"；思南府"夷民贫困，虽鬻子女"亦不能完纳税课，追索急时"则窜山峒"。④ 永乐六年（1408年），思南境内，蛮民抗纳课税，土官出面催逼，仡佬族怒欲抗之。⑤ 洪武五年（1372年）至永乐十二年（1414）年间，贵州各种武装反抗纷纷而起，这些反抗斗争使得明廷意识到思州、思南地区土司势力的发展对明廷已造成极大危害。

思州、思南田氏土司内部也产生了激烈的纷争。丹砂矿资源因其重要的经济价值，刺激着人们的占有欲望，酿起了思州、思南两土司之间的战争，改变了以往的政治模式。思州、思南土司为了自身利益，强行占有地方土地、财富及人口等，不仅对周边地区进行攻伐，其内部也发生争袭内讧。"田琛，仁智子也，嗣立，与大雅之子宗鼎争砂坑，日寻以兵"，历史上称之为"砂坑之战"。两土司的相互残杀，除了自元末积累下来的私仇外，更重要的是利益之争。一方面，丹砂具有重要的经济价值，"务川有

---

① 侯绍庄、史继忠、翁家烈：《贵州古代民族关系史》，贵州民族出版社1991年版，第271页。

② "中央研究院"历史语言研究所：《明实录·洪武实录》卷255，"中央研究院"历史语言研究所校印。

③ "中央研究院"历史语言研究所：《明实录·宣德实录》卷80，"中央研究院"历史语言研究所校印。

④ "中央研究院"历史语言研究所：《明实录·宣德实录》卷90，"中央研究院"历史语言研究所校印。

⑤ 侯绍庄、史继忠、翁家烈：《贵州古代民族关系史》，贵州民族出版社1991版，第272页。

砂坑之利，商贾辐辏，人多殷富"，这足见丹砂价值之高；另一方面，丹砂更有重要的政治意蕴，丹砂作为地方特产，自唐以来就是重要的进贡物品，以此来博取王朝赏识和巩固自身政治地位。砂坑之战最终致使两宣慰使废除，田氏遂亡，同时也为明朝实施改土归流提供了一个借口。明廷以两土司争地仇杀不听调解为由，命镇远侯顾成率兵五万对田氏土司进行讨伐。据《明史·土司传》记载："永乐十一年，思南、思州相仇杀，始命（顾）成以兵五万执之，二田氏送京师斩首。"从此废除了思州、思南两宣慰使，明朝直接派人治理思南、思州。田氏土司就此解决，置思南府，隶贵州布政司（行省）。永乐十二年（1414 年）三月，明王朝在解决田氏争端后，在原田氏领地正式改土归流，将思南地置思南、镇远、铜仁、乌罗四府；思州地置思州、石阡、新化、黎平四府，废除了思南、思州两宣慰使司。务川改属思南府，正式划入贵州行省，并进一步融入中原体系。

二、丹砂资源的控制及利益的分配

（一）明朝时丹砂资源的管理及开采

田氏土司统治结束后，明王朝在务川地区设置流官，加强对朱砂、水银开采的管制。由于贵州是明清最重要的汞矿开采基地，明王朝在贵州设有若干场局，设官督办，课以产品，上供朝廷所需。永乐十一年（1413 年）贵州建省时，将原属思州、思南二宣慰使的场局分属铜仁、思南二府，务川板场、木悠、岩前、任办四坑水银、朱砂局隶思南府，明王朝为了管理务川境内的板场、木悠、岩前三个水银、朱砂坑，设水银场税课局于板场，专司课税，且在三坑、五堡、都濡设巡检司，派出"矿监""税吏"，加强对水银、朱砂生产地的管理。明嘉靖《思南府志·地理志》记载："板场坑水银场局：隶务川县。成化间革去局官，课程付本县征解。"同书卷二《建置志》亦有记载："板场坑水银场税课局，成化九年革去，遗址今存。"遗址仅存基址，占地 100 平方米，坐北向南，原建筑四立三间，木构建。清代改建为西夷庙，民国时期在庙内设国民政府资源委员会板场工务所，毁于"文革"时期。制定税课司之目的在于将思南的矿业经济纳入明王朝的赋税体系。此外，中央王朝还明确了以土贡形式向朝廷交纳朱砂、水银的定额。《思南府志》卷三《田赋志》载："永乐年间，务川县贡赋水银一百六十七斤八两。"景泰三年(1452年)奏准："蠲除贵州思印江长官司原额水银课，其务川县板场水银场局水银、朱砂如旧。"1473年前"务川县板场水银税课局"一直在收税。嘉靖《贵州通志》记载："贵州布政司属府，岁解水银二百二十七斤，朱砂一十六斤八两。"① 其中，思南府，岁解水银一百九十七斤八两(蛮夷司三斤，水德司四斤，印江县二十三斤，务川县一百六十九斤八两)。铜仁府，岁解朱砂一十六斤八两，水银二十九斤八两(万山司五斤八两，省溪司一十一斤)。② 务川岁解最多，约占全省的75%，是当时全省之冠。在官府、土司势力未能触及之处，亦有民间开采，很多如陕、川、湖等地的外来移民也纷纷来到务川，涌入山洞，开采丹砂矿。道光年间，邑人申一瑢所办砂坑，雇佣矿工达300人之众。③ 又如务川卢氏得一朱砂大如壶，重20余斤，卖至汉口镇得银800两，归置田产。后为一大臣以重金购取，雇巧匠制为"朱砂瓜"，作为宝物贡于帝王。④ 务川仡佬族因采朱砂炼水银致富者众。采炼朱砂水银者，须向官府纳税。明末清初，官府议准，"如有本地人民具呈愿采，该督抚即委官监管采取"，官府除税收20%，统购40%外，余下由民自行处理。

(二)开采人群

明廷为了征收赋役，制定了历史上最严密、最系统的服役制度。明朝的服役制度主要由登记户籍情况的黄册和登记土地情况的鱼鳞册组成。洪

---

① 王明析：《丹砂古县续传奇》，《当代贵州》2012年第23期，第66页。
② 林富民：《贵州矿产开发史略》，西南财经大学出版社1988年版，第61页。
③ 侯绍庄、史继忠、翁家烈：《贵州古代民族关系史》，贵州民族出版社1991年版，第316页。
④ 侯绍庄、史继忠、翁家烈：《贵州古代民族关系史》，贵州民族出版社1991年版，第328页。

武十四年（1381 年），明政府在普查人口的基础上，编定黄册。黄册以户为主，"户籍之制，凡户三等：曰民、曰军、曰匠"，"土田之制，凡二等：曰官田、曰民田"。民户种民田、民地，当民差；军户种军田、军地，当军差；匠户种匠田、匠地，当匠差。据《明史》记载，全国户籍分为民户、军户、匠户……不同的户籍，服不同的役；籍不能更改，役必须永充。① 简言之，就是民有田则有租，有身则有役，且役籍是世籍，父死子继，世代相承。据嘉靖时统计，务川县有 650 余户，8026 人。② 道光《思南府续志》记载，道光年间，全县有民户 31611 户，人口 130040 人。③ 编户民必须纳粮当差，民户除了要承担正役外，还要承担繁重的杂役。编黄册的主要目的是在清查户口的基础上征收赋役。明代"配户当差"的户役制度逐渐代替了传统的"编户齐民"政策，从事丹砂矿生产的仡佬族人民必须为朝廷交纳矿课，承担朝廷的户役，不得诈冒脱免，避重就轻，如果有违，则处以杖刑。

有关数据显示，永乐年间，思南府贡粮米 960 石 2 两、水银 190 斤 8 两。务川县贡粮米 321 石 6 斗 9 升、黄蜡 182 斤、水银 167 斤 8 两。嘉靖十年（1531 年）奉例攒造所属官、民、军、杂役人户共计 2642 户，男、女共 26691 口。务川县人户 650 户，男、女共 8026 口。明廷在务川招收力差布、按二司，本府儒学、司狱司、本县巡检司共 76 名，其中巡检司 36 名，用以加强三坑、板场的朱砂和水银的管理。④ 明代对务川朱砂、水银的征税标准是朱砂百斤二八抽课、水银百斤三七抽课。⑤ 由于赋税严重，仡佬

---

① 《贵州六百年经济史》编辑委员会：《贵州六百年经济史》，贵州人民出版社1998 年版，第 207 页。

② 思南县志编纂委员会：《思南府志》卷 2《田赋志》，文史资料研究委员会整理1990 年版，第 38 页。

③ 夏修恕、周作：（乾隆）《清江志》卷 2《地理志》，见《中国地方志集成：贵州府县志辑》卷 46，道光二十一年刻本，第 381 页。

④ 王明析：《务川历史古籍文献资料辑录》第 13 辑，遵义康达彩色印务有限公司印 2010 年版，第 87 页。

⑤ 王明析：《务川历史古籍文献资料辑录》第 13 辑，遵义康达彩色印务有限公司印 2010 年版，第 429 页。

族人民生活疾苦。思南府知府张谨，于宣德七年五月己未（初二）（1432年5月30日）上奏曰："本府税课司岁辨（办）课钞一万二千六百余贯，边民之地，别无出产，商旅不至，课钞皆民陪纳。近户部以钞法不通。于课额外加一倍，夷民贫困，虽鬻子女不能办，追责急，则串山岗。乞仍旧为便。"上谕行在户部臣曰："贵州边郡，其可以中国例之乎？此盖卿等初议之失。其悉如旧。"①据《傅氏家谱》载，清代仅板场仡佬族傅氏一家，每年须向官府纳水银3斤，红课（即朱砂）半斤。②

移民涌入，坐拥务川沙坑和土地资源。明初百万军事移民、"调北填南"以及一些经商、商屯、流徙来的大量移民进入务川，这些移民大多是在政治、经济、军事的作用下自然产生的，如逃避兵祸、自然灾害，以及经商等因素，他们凭借国家政权的保护和强大的军事势力，占领当地仡佬、苗、布依、彝、侗等民族的资源。③ 据明嘉靖《思南府志》记载："府旧为苗夷所居，自佑恭克服之后，殆尽。至今居民皆流寓者，而江西、陕西为众，江西皆商贾臣游之裔，多读书，乐仕进。"而陕西皆宣慰氏之羽翼……多巨族，负地望，颇以富足。因移民涌入，抢占领地，使务川自永乐以来，"土著之民无几而四方流寓者多"④。可知外地已有大量移民迁入思南，移民不仅参与地方政务，也促进了当地商贸的发展。如《思南府志》载："正德间，川、湖游民纷至沓来，涌入山洞，开采丹砂矿，当时务川地区呈现出'商贸繁荣，人多殷实'的实景。"⑤且因丹砂贸易修建的瓮溪桥、丹砂客栈、会馆等遗址至今仍清晰可见（如图4-1至图4-4）。

---

① "中央研究院"历史语言研究所：《明实录·宣德实录》卷90，"中央研究院"历史语言研究所校印，第1页。

② 《仡佬族简史》编写组：《仡佬族简史》，贵州民族出版社2007年版，第78页。

③ 王来贤：《（万历）贵州通志》，书目文献出版社1991年版，第22页。

④ 古永继：《元明清时贵州地区的外来移民》，《贵州民族研究》2003年第1期，第135~141页。

⑤ 《贵州通史》编委会：《贵州通史》卷3，当代中国出版社2003年版，第249页。

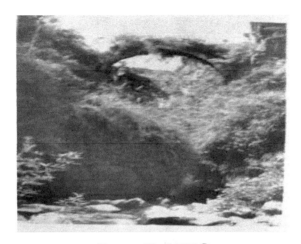

图 4-1 (明)翁溪桥①

图 4-2 维修瓮溪桥功德碑

---

① 贵州省务川仡佬族苗族自治县编纂委员会:《务川仡佬族苗族自治县交通志》,贵州人民出版社 2007 年版,第 7610 页。其载《翁溪桥路碑记》:大明陕西西安府兴平县底潜里信商陈君仁,偕缘虞、赵氏,会同寓贵州思南府务川县管辖地名板场下寨居住。窃见自三坑司由小黄坝、龙井坡、三潮水、细砂溪、瓮溪湾、鲁牙溪、黄茅井至县,道路崎岖,桥梁缺修,往来艰行病涉。夫妇发心,自备己财,鸠工命匠,买陈有二民地,以龙井坡至碓窝田改修。起万历十四年丙戌岁(1586 年)四月二十六日,止十六年子岁(1588 年)五月十二日,桥成路就,便益行人。

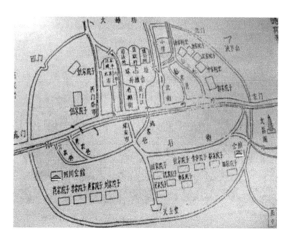

图 4-3　会馆

图 4-4　茶楼

龙潭仡佬族申姓家谱也记载了其祖先来自外地：

> 宋大德初年，有祖申宝庆历官楚省，生子申有福，官至福建副
> 使，福子一为蜀监察御史，一为思州府五寨司土官，一为婺川县三坑
> 司巡检，是我族发祥分派以来始于南京苏州吴县继宦河南迁楚省后，

适黔都思南府务川县，卜居火炭垭后寨，迄今派演支流脉巩山固栽培之功与生成之德可谓原也……①

从这些碑记、谱志记载中可以看出，这些移民多因贸易、做官、行医、木匠、石匠等迁入龙潭，其迁徙时间大致在明清时期，落籍后编入务川火炭垭里甲。因受到官府控制、赋税沉重、移民涌入等因素的影响，当地居民的经济资源逐渐转到了外来者手中，改变了当地原有仡佬族人民的生存及生活环境。

(三) 务川龙潭仡佬岩丁的生产、生活状态

移民占领土地、坐拥砂坑，部分龙潭仡佬族人民失去了原有的经济来源，被迫转入其他地区继续从事丹砂矿业生产。洪武年间(1368—1398 年)，就有"云南人马老板雇用了务川的岩丁，在务川、万山一带的悬崖陡壁上造梯开洞，洞深十五六里，发财而归……"②万历年间(1573—1620 年) 又有一批务川龙潭人来万山用爆火窿法采矿③，即仅于发现露头之处，聚柴烘烧，使之碎裂，以便锤碎选炼。④ 嘉靖之际，黔中一带之矿产，以白马洞及其附近为最盛，发达时"背夫捶手数至万余"，这些工人多为矿主遣人至思南一带招募而来，务川龙潭仡佬族就在其中。务川龙潭乘矿岩丁的劳动全为重体力劳动和超重体力劳动，工作异常辛苦，如务川民谣所唱：

腰上挂块遮羞布，手上提盏桐油灯，下井有如到阴间，出洞是鬼不是人。洞内一盏桐油灯，一钻一钻声不停，吃尽黑烟成痨病。背矿

---

① 龙潭申有能藏家谱《申氏族谱》。

② 《贵州文史丛刊》编辑部：《贵州文史丛刊》第 7 期，贵州人民出版社 1981 年版，第 71 页。

③ 《贵州文史丛刊》编辑部：《贵州文史丛刊》第 7 期，贵州人民出版社 1981 年版，第 71 页。

④ 林富民：《贵州矿产开发史略》，西南财经大学出版社 1988 年版，第 60 页。

背得背成驼，千金大石压我身。炼炉一烧毒气熏，手颤舌烂牙落尽。打砂苦呀打砂苦，苦难的日子没法诉，打得官家像畜猪，打得砂丁皮包骨。坑道矮齐半腰杆，只能爬来不能站。背上背着一箩筐，双手双脚爬向前，爬一步来哼一声，哎哟！手掌脚盖都刺烂。一行脚印千行血，满腔怒火骂老板。①

矿工的吃住甚至不如牛马，当地民歌生动形象地记述了岩丁的吃住环境：

三碗岩巴当顿饭，烂布筋筋当衣裳。活人成了鬼打扮，烟子病魔把身缠。穿的麻袋片，住的岩洞和土窑。吃的瓜菜粑，盖的秧被睡稻草。官僚地主打，管班把头将我敲，生活如牛马，满腔怒火恨难消。三块石头砌成灶，九根木棍搭成房。房子四面八方空，秧被盖身身冰僵。外面大雨哗哗下，里面小雨嗒嗒响。大风小风来扫地，晚上照明有月亮。手上提盏桐油灯，背上背个砂背箩。四六上灶二八抽，身上剩根稻草索。②

龙潭仡佬族人民讲述着祖辈采矿的生活情景：

老祖辈遭受着饥寒之饿苦，只有以地瓜、南瓜和菜充饥，故多数虚弱，渐渐脱形。从来是穿不上布衣裳，穿麻布衣都是疤上补疤，被盖根本没有。天黑就住矿洞里，大小岩洞都是工人聚居区。若是能在岩边搭个草棚，算是阔气的，但仍要给官僚、豪绅交租。听说干河有一位姓吴的人家，住在木悠场旁边的一个"风来风扫地，夜来月点灯"的阴暗潮湿的弃洞里，地主还要他每年交两斗米的"洞租"。我们老祖辈住在四面通

---

① 林国忠：《贵州近代矿业发展史（1940—1949）》，贵州省社会科学院印刷厂1994年版，第155页。

② 林国忠：《贵州近代矿业发展史（1940—1949）》，贵州省社会科学院印刷厂1994年版，第156页。

风的岩板下，每年也要向田姓地主交租四斗苞谷。①

但也有老人说：

> 被抓去的矿工，也有得到优惠待遇的。这样的人一般是有实践经验的矿工，他们主要是用来给豪绅、官僚看山，寻矿及打井方位等的技术人员。古代没有什么测量仪器，人们就凭一双眼及常年的开矿经验就能找到山底矿脉，分析其矿脉位置，然后打井开采。由于豪绅、官僚不具有如此经验，为了节省财力、物力和人力，这些地主贪官只能依靠当地有经验的矿工，并给予掌握技能的矿工优惠待遇。龙潭仡佬族先民世代采砂，掌握了丰富的技能，他们大多能得到很好的待遇，吃、住、言语等方面要比其他矿工略优。只有少部分没有上山采过矿的仡佬族，或是给当地其他仡佬族做事的人，不具备看山、采矿的经验，被他们抓去后，就只能干苦力，有的一去就再也没有回来了。②

龙潭仡佬族人自濮人时期就以开采丹砂、冶炼水银为生，拥有丰富的采矿经验，掌握了寻矿、采矿、选矿和炼汞的整套技能，代代相传。在无任何经济来源的情况下，这套技能不仅是龙潭仡佬族的生存之道，更是改变其人生的重要法宝。

三、族际经济的交流与互动

(一)技术和文化的交流

大批移民慕朱砂矿产资源之利涌入务川，参与当地的采矿冶炼，同时

---

① 资料源自笔者 2016 年 4 月 3 日在龙潭采访录音整理。
② 资料源自笔者 2016 年 4 月 3 日在龙潭采访录音整理。

带来了先进的生产工具和生产技术，使龙潭仡佬族人的生产技能得到了很大提升。明清时期的开采技术已能根据矿藏生成的不同情况，挖掘各种形式的矿洞进行采矿。《黔书》记载最详，曰矿坑有四种："掘地而下曰井，平行而入曰矍，直而高者曰天平，坠而斜者曰牛吸水。"[1]有矿洞深者1500米，为当地开采之最深者，浅者为四五十丈不等。弘治时（1488—1505年）务川采井"其深十五六里，居人以皮为帽，悬灯于额，入坑采砂，经宿乃出。其良者如芙蓉、箭镞，生白石上者为砂床，碎小者末之以烧水银为银朱"[2]，"箭头为上，墙壁为次之"[3]。

以开采技术来说，人们已"焚膏而入，蛇行匍匐，如追亡子，控金颐，而逐原鹿，夜以继旦……遇石则斧之，过坚则煤之，必达而后止"[4]。也就是说，这时仡佬族不仅使用柴薪"爆火裂石法"，而且开始学会用煤及锤打铁钻的"挺石法"。[5] 就选矿方法而言，"矿砂无论大小都'以晶莹为上，色如芙蓉'，投诸水，淘之汰之。摇以床，漂以箕。既净，裹而漉之。不即干，口以吹之其水，或潴者之池，或引之竿，使越钢逾岭，涓涓天上落也"[6]。铜仁万山、务川板场都使用这种方法。在采砂炼汞提炼技术上更加熟练，《黔记》下《砒银》条记载："揉盐泥而涂其唇筑之。乃锻之，凡一昼夜而汞成。滴滴悬珠，滉漾璀璨，皆升于覆釜之腹……溢则注于孔之槽。俟其性定，挹而注诸豕脬，裹而缚之，乃可运行。"[7]在采矿时，由于矿洞太深，人们不得不使用简单的风箱通风，后改成活塞式的木风箱，这种木制风箱利用活塞和空气压力自动开塞活门产生的比较连续的压缩空气来提

---

① 蒋立松：《山地生境与贵州少数民族物质文化的形成及其特征》，《贵州民族研究》1999年第3期，第91~97页。

② 沈庠、赵瓒编集：《贵州图经新志》第4卷，张光祥点校，贵州人民出版社2015年版，第73~74页。

③ 王士性：《黔志》，贵州人民出版社2010年版，第7页。

④ 王云五：《黔书（下）》，商务印书馆1936年版，第30页。

⑤ 林富民：《贵州矿产开发史略》，西南财经大学出版社1988年版，第65页。

⑥ 王云五：《黔书（下）》，商务印书馆1936年版，第30页。

⑦ 王云五：《黔书（下）》，商务印书馆1936年版，第32页。

高风压和风量(见图 4-5)。这种活塞式木风箱比欧洲 18 世纪后期才发明的活塞式鼓风器要早一个多世纪。采砂冶炼的燃料也由木柴和竹子发展到煤，随之冶炼矿石也由原来粉末砂才能完全燃烧发展到颗粒砂，大大节省了人力和物力。可见明清时期的采、冶、运等方法之先进，采砂冶炼技术进步非常显著。外来移民的迁入，不仅带来了先进的生产工具和技术，也促进了族际间的交流和互动，更促使地方经济、文化得到了较好的发展。

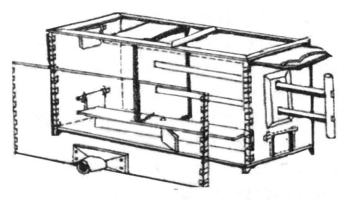

图 4-5　活塞式木风箱结构图①

(二)经济的互动

大量移民的涌入及当地人们生产技术的改进，大大促进了族际间经济的交流和互动。族际经济交流和互动是一种为了基本生活需要而在多民族共生、共存的一个民族区域内进行的无意识的多民族间"相帮互助"的过程，人民在相互帮助的过程中"确保财物与服务的结构化供给"②，进而促进少数民族之间的经济交流和互动。尤其在经济欠发达的务川少数民族地区，这种族际经济交流和互动就显得更为特殊和重要。

---

① 参见图片网址：http://image.so.com/v？ie=utf-8&src=hao_360so&q.
② 栗本慎一郎：《经济人类学》，王名等译，商务印书馆 1997 年版，第 12～13 页。

自明代以后，王朝对西南地区实行军屯制度，造成"调北填南"的移民浪潮以及自发的移民活动，客观上促成了务川仡佬族与其他民族"杂处"的居住格局，带来了务川仡佬族自身经济发展的契机和有利条件。这一时期，大批移民进入务川带来了先进的生产力、生产技术及经商经验，大大促进了龙潭仡佬族人对外部资源的需求和对新兴生产、生活方式的接纳，催生了仡佬族人的商贸意识，促进了族群经济的进一步发展。① 历史上汉族与少数民族之间因生活方式、生产力发展水平以及文化经济类型等存在差异，使双方的经济往来及文化交流等具有很强的互补性和吸引力。② 汉人带来的铁器、铜器、锡、陶、瓷、绸缎、绢帛、布匹、盐、糖、杂货及其他工艺品等，与务川仡佬族土产的农产品、药材、木材、黄蜡、朱砂、水银、马匹及其他土特产品等是相互供求的物品，或是彼此间不可或缺的生产和生活资料。物质上的巨大吸引，使汉族与龙潭仡佬族之间的经济贸易日益频繁，逐渐从统治者之间的贡赐发展到互市，如明朝在务川三坑、板场、岩前设朱砂、水银场局和修建路桥、建立大小集市，在火炭垭建立朱砂、水银集散中心和开设茶馆等，供汉人与仡佬族等少数民族进行交易。这一举措加强了汉人与仡佬族等少数民族之间的经济文化交流。此外，明中期以后，赋税可以用银两代替，不再将人束缚在土地上，一些农民、工匠等都获得了人身自由，出现了专门从事商业的商人及技术精湛的手工艺人。如务川龙潭有名的商人明老板，从事朱砂、水银生意致富，据说当时家丁上千人，有专门的人、马队进行贸易运输，在后院建有地下藏金库，院落四周设有瞭望孔，有专门的士兵把守，可见资产之雄厚。同时，移民中也有大量的手工艺人，其技艺在当地传承下来流传至今，寨内现有的木匠、石匠、铁匠、篾匠、杀猪匠等众多艺人就是最好的证明。随着族际交往的频繁，各族群在长期的交往中，相互学习、适应环境、改变生产方式和生产技术，使龙潭地区由原来自给自足的经济交换发展为各族群间相互关联的经济文化合作区域。

---

① 苟爽：《明清以来仡佬族分布格局变迁研究》，博士学位论文，中央民族大学，2011 年。

② 李旭强：《民族地区边境贸易探讨》，《学理论》2013 年第 21 期，第 79~80 页。

务川丰富的朱砂矿产资源，吸引了众多移民、商旅，其中"交易者川人为多"，他们"在县城开行号者约十余"。① 据《思南府志》记载："商人以湖南、四川、江西、陕西人最多。"他们来到务川，坐拥朱砂，从事商业活动，使得务川的朱砂、水银开采量大增，贸易更加频繁，不仅促进了务川地区的商业发展，还崛起了一批本土商人。因丹砂资源丰富，各地、各阶层不同人群来到务川地区，开采朱砂矿，收购大量的朱砂、水银、生漆、兽皮、黄蜡、木材等运往中原、四川、重庆等地销售，同时又将外地的日用百货，如铁制的生产工具、盐、布等物资运入务川地区，深入农村市场，刺激和推动了务川地区生产技术的改进、经济文化的变迁以及交通要道的扩建，同时也促进了龙潭仡佬族与中原民族及其他各族群之间的经济文化的交流与互动。此外，外来移民、商贾以及各种商贸活动催生了本地仡佬族人的商贸意识，他们不愿再经外省商人转手，而是自行开采和销售本地物资。如处在交通要道上的龙潭地区的仡佬族人民经商之路开始崛起。他们走村串户，将本地的朱砂、水银、桐油、生漆等收购起来，运往西南民族地区及中原等地区，冲破了地域及文化间的封闭与局限，彼此间发生交换获取经济利益的同时，客观上也促进了龙潭仡佬族内部及族群之间在经济上发生各种联系，形成一定规模的族际经济，从而改变了原有的经济发展模式。随着多族群间经济联系增强，建立在深厚的民间基础之上的区域经济逐渐突破族群边界，替代原有的独立经济模式，成为民族地区经济发展的基础。

第三节　邑聚的形成及族群关系

经济的发展促进了邑聚的形成。施坚雅分析了农村市场结构及所具有的经济功能，并指出农民生活在一个自给自足的社会中，这个社会就是基

---

① 侯绍庄、史继忠、翁家烈：《贵州古代民族关系史》，贵州民族出版社 1991 年版，第 317 页。

层市场社区，他这一论断无疑是从经济和社会范畴提出的。施坚雅认为村民生活的实际区域并不是由村庄边界决定的，而是由基层市场区域，即经济和族群活动的实际范围决定的。① 施坚雅的市场体系理论对于研究贵州农村社会经济结构具有一定的借鉴意义。基层农村市场结构的研究，能如实地反映这一地区的经济结构，也能反映不同历史时期的经济发展状况以及人民的物质、文化生活、精神风貌及族群关系等。

一、龙潭墟市及商品交换

（一）市场体系

思南地区便利的交通，促进了各地墟市的发展。历史上的思南府上接乌江，下通蜀楚，"舟楫东来，商贾云屯"，可谓地处邻省"川贵商贾贸易之咽喉"。便利的交通，促进了城乡商业活跃，各地墟市也明显增多。如思南的龚滩，是四川货物经涪陵运往贵州的必经之地，形成了巨大的交易市场，每年所征课税颇富，获利数万，尚"难以尽利"，可见交易之盛。在城市商业的推动下，军卫与民间、各民族之间的经济交往日益频繁，于是在城市附近及交通方便的地方出现了一批农村市场。施坚雅将其称为"基层集镇"，它满足了农民家庭所有正常的贸易需求：家庭自产不自用的物品通常在那里出售；自家需用不自产的物品通常在那里购买。这类基层市场为农村生产的商品提供了交易场所，更重要的是它是农产品及手工业品向上流动进入市场体系中较高范围的起点，也是供农民消费的输入品向下流动的终点，② 因此它是沟连城市与农村、屯堡与农村经济联系的贸易枢纽。具体到贵州，至乾隆年间整个黔东北地区有 78 个集场，而思南集场就有 54 个。具体为思南府亲辖 8 个集市、安化县 18 个集市、务川县 22 个集

---

① 施坚雅：《中国农村的市场和社会结构》，史建云、徐秀丽译，中国社会科学出版社 1998 年版，第 40 页。

② 施坚雅：《中国农村的市场和社会结构》，史建云、徐秀丽译，中国社会科学出版社 1998 年版，第 6 页。

市、印江县6个集市。道光年间发展到119个集场,其中思南府亲辖36个集市、安化县38个集市、务川县25个集市、印江县20个集市。① 这一时期,农村集市得到了很大的发展。详见乾隆、道光年间各州府县集场分布列表(见表4-2、表4-3)。

表4-2 乾隆年间黔东北各州县集场分布

地名	府、直隶厅	时间	所属府县		总计(个)	主要集期规定
黔东北	思南府	乾隆年间	思南府亲辖	8	54	每旬2日集(五天一集)如:一六、二七、三八、四九、五十日集为主
			安化	18		
			务川	22		
			印江	6		
	石阡府		石阡府亲辖	4	23	
			龙泉	19		
	铜仁府		铜仁	5	5	
	松桃直隶厅		松桃	——	——	

资料来源:根据《思南府志》《黔南识略》《石阡府志》及《黔西州志》等资料整理。

表4-3 道光年间思南府集场在府境内的具体分布

地名	时间	所属府县集场概况					总计(个)	主要集期规定
			思南府亲辖	安化县	印江县	务川县		
思南府	道光年间	东路墟市数	5	5	7	7	119	每旬2日集(五天一集)如:一六、二七、三八、四九、五十日集为主
		南路墟市数	10	5	6	3		
		西路墟市数	6	8	4	2		
		北路墟市数	15	20	3	13		

资料来源:根据道光《思南府续志》及《清代贵州定期集贸市场初探》整理。

---

① 李仕波:《清代贵州定期集贸市场初探》,《贵州文史丛刊》2009年第2期,第39~45页。

在贵州，农村集市贸易称之为"场"或是"会"，据《黔南识略》载："黔人谓市为场。"①方言中"赶集"即为"赶会、赶场、赴庙、趁市、趁墟等"②。"场"属于满足基层人民生活需要的地方小市场，是农村小区域内的"经济中心地"，也是农民、手工业者及商人等进行贸易的集散中心。这种集散中心几乎都位于交通便利、人口稠密的场镇。在贵州各州县，一般设有一至四个定期市场。至清代，务川农村商品生产确实有较明显的发展，随着交易范围的扩大，产品数量增多，需要更多不同领域的集市，作为城乡之间交换的场所。③查阅清代贵州省的府州县志30余部，发现定期集场的记载颇丰，且明确规定了各地的交换时间，即"各场聚市有期，有一六者，有二七者，有三八、四九者，多半一旬赶两集，也有一旬一集，还有以期牛羊、鼠马者，以天干地支为数，时间间隔不等，进行城乡物资贸易"④。具体到黔东北地区，道光《思南府续志》载："墟市的商品多样、场区大小不等，每逢集期，五方聚集，周围村民摩肩交易。"⑤"交易者多以蜀、楚、江西商民居多，年久便为土著。……赶场以五日为期，场多客

---

① 爱必达、罗绕典：《黔南识略》卷1，见《黔南识略·黔南职方纪略》，贵州人民出版社1992年版，第26页。

② 夏修恕、周作：乾隆《清江志》卷2《地理志》，见《中国地方志集成：贵州府县志辑》卷22，道光二十一年刻本，第381页。

③ 何伟福：《清代贵州市场初探》，《贵州财经学院学报》2005年第3期，第70~73页。

④ 夏修恕、周作：乾隆《清江志》卷2《地理志》，见《中国地方志集成：贵州府县志辑》卷22，道光二十一年刻本，第382页。

⑤ 夏修恕、周作：乾隆《清江志》卷2《地理志》，见《中国地方志集成：贵州府县志辑》卷22，道光二十一年刻本，第382页。

夏修恕、周作：乾隆《清江志》卷2《地理志》，见《中国地方志集成：贵州府县志辑》卷22，道光二十一年刻本，第381页。

参见何伟福：《清代贵州市场初探》，《贵州财经学院学报》2005年第3期，第70~73页。

夏修恕、周作：(乾隆)《清江志》卷2《地理志》，见《中国地方志集成：贵州府县志辑》卷22，道光二十一年刻本，第382页

民，以约束之。"①每逢墟市场期，农民大多是为买而卖地交换产品，满足生活需要；而对于商人来说，是为了卖而买。这种劳动生产物的直接交换方式，并不是"土货之产殊"，而是因为明代贵州商品经济才开始萌芽，还未达到需要以等价物作交换媒介的历史阶段。随着墟市贸易大发展，一些地方过去只知"务本力穑，不事商贾"，后来也"渐习贸易"，而商贾辐辏之区，"铺店稠密，商贸日集"，更使"民趋于利"。② 清代务川地区的商业贸易进入了兴旺时期，形成了初级市场网络，并与贵州各府、州、县属地的市场构成了一个商场网络体系。

具体到务川，这类农村市场以县城为中心，在周围轮流起场。从明代起，务川商业发展迅速。由于农业和手工业逐步发展，务川县的朱砂、水银产量大幅度增长，当地人多以采砂炼汞为业，外地商贾更是辐辏而至，人们"咸聚贸易"，商业随之发展起来。③ 一些农村集市随之应运而生，嘉靖《思南府志》载："务川县墟市：日县前铺，在县治前右；曰牛德铺，去县三十五里；曰丰乐铺，去县治六十里；曰天井捕，去县百里；北曰岩前铺，去县二十里；曰木悠铺，去县四十里；曰板场铺，去县治六十五里；④三坑司，距县三十里，今尚为市，不知撤于何时。惟明时。"⑤此外，务川还有其他集场（详见表4-4）。这一时期，集期主要以每旬2日集（五天一集），如一六、二七、三八、四九、五十日集为主。明代以来务川不仅有了定期场市，而且随着生产、生活的需要，场期不断增多，规模大小不等，每逢集期，四方村民及川、黔、湘、鄂商贾往来买卖。务川政府还派

① 爱必达、罗绕典：《黔南识略》卷1，见《黔南识略·黔南职方纪略》，贵州人民出版社1992年版，第171页。

② 《贵州通史》编委会：《贵州通史》卷2，当代中国出版社2003年版，第293页。

③ 方铁：《西南通史》，中州古籍出版社2003年版，第645页。

④ 钟添：嘉靖《思南府志》卷1《地理志》，天一阁藏明代方志选刊，上海古籍书店1962年版。

⑤ 务川仡佬族苗族自治县旧志汇编组：《务川旧志汇编·务川县备志》，贵州省图书馆馆藏2006年版，第48页。

员稽查、课税、维护治安，设立"场主"进行日常管理。①

表4-4 务川县各路墟市分布

方　位	务川县属墟市	离县城距离	主要集期规定
务川县东路墟市	桃符坝	县东四十里	二、七日
	龙井坡	县东四十里	一、六日
	乾河坝	县东六十里	三、八日
	白村	县东六十里	一、六日
	镇南桥	县东六十里	四、九日
	合掌蓬	县东一百六十里	四、九日
	当家园	县东九十里	二、七日
务川县南路墟市	沙子阱	县南六十里	三、八日
	干溪	县南一百里	四、九日
	青岗坡	县南三百二十里	四、九日
务川县西路墟市	新场	县西五十里	四、九日
	细沙溪	县西六十里，铺民八十余户	二、七日
务川县北路墟市	鹿池	县北四十里	五、十日
	三角口	县北四十里	四、九日
	虎门	县北六十里	二、七日
	涪洋场	县北五十里	四、九日
	太坝场	县北八十里	二、七日
	砚山坡	县北九十里	二、七日
	分水丫	县北一百二十里	一、六日
	官店坝	县北一百二十里	二、七日
	濯水场	县北一百五十里	一、六日
	毛天口	县北一百八十里	三、八日

---

① 方铁：《西南通史》，中州古籍出版社2003年版，第291页。

续表

方　位	务川县属墟市	离县城距离	主要集期规定
务川县北路墟市	后坪	县北二百里	四、九日
	唐坝(现属沿河县)	县北二百四十里	五、十日
	王家陀	县北三百里	一、六日

资料来源:《务川旧志汇编》①

　　不难看出,集市商贸的发展与交通条件的改善有很大关系,上述集市贸易大多在古道及水路方便的地区。为了发展商贸,务川仡佬族利用当地便利的水运及陆路与四川、重庆、湖广等地建立了密切的商贸关系。如务川至江口镇(原四川武隆县境)有便利的乌江水运;务川至思南有古道,明永乐十二年(1414年),务川县入思南府,途经龙灯、牛塘、丰乐,渡丰乐河渡口,走天半寺、楠杆、煎茶、鹦鹉溪至思南,全长230里,境内设牛塘铺、丰乐铺等。思南的食盐、印江的花布等销往务川至江口镇亦走此道。务川至重庆贸易的古道是一条古代迁徙之路,全长460里,人力运输往返耗时16天,境内设大路坳、蔺家铺子、涪洋三个铺。丰乐、涪洋、黄都、都濡等乡镇出重庆均走此道,古运输称"下四川"或"出重庆"。此外还有务川至湖南、南川、遵义等古道,以及县际古道、乡间人行古道等。②为了方便丹砂水银的开采及交换,县官、村民及商贾等在道路险要地段集资开路、修桥,如位于三坑村板场的板场桥,桥南至干溪、木悠峰等地,桥北为板场。此地在明代设铺舍,设朱砂水银场税课局,是朱砂水银重要的集散地,一度繁荣。板场桥是古代进入板场的必经之路。龙井坡古道、翁溪桥等建于明万历年间,为陕西商人陈君仁捐资修建。清道光年间,村民申永雄、杨逢春等人集资重修下梯岩古道;干溪付姓村民祖上用所卖朱

　　①　务川仡佬族苗族自治县旧志汇编组:《务川旧志汇编·南园纪事一》,贵州省图书馆馆藏2006年版,第121~122页。
　　②　贵州省务川仡佬族苗族自治县编纂委员会编:《务川仡佬族苗族自治县交通志》,贵阳远大印务有限公司印2007年版,第32~34页。

砂钱文修天生桥古道，这些古道的修建都是服务于朱砂水银外运的主要通道。①

交通条件的改善，加速了商品经济的流通，促进了区域市场网络的形成。便利的交通，使务川的茶、桐、水银、朱砂、漆之利，产量大，岁不下数万金，获利颇丰。外地的货物，如川盐从涪陵经乌江的龚滩进入贵州，运销思南，每年征盐税"获利数万"。商品的快速流通，极大地推动了思南地区经济的发展。陈鼎《黔游记》中说："黔中诸郡皆荒凉，惟思南府最盛，有水道通舟楫，货物俱集而人文亦可观，较之石阡、思州有天壤之隔。"思南被视为"商旅之康庄，舟车之孔道"，商业堪称繁荣。② 川、陕商贩常来思南务川收购土特产运至涪陵、常德销售；江西商人在思南府城开设大小 10 多家大商号，收购当地土特产运至省外销售，并运回洋广杂货，经思南府城至务川中心市场分销至各地。明清时期思南的商品经济发展迅速，从农村墟市、务川城镇商业市场到思南区域中心市场形成一个覆盖黔东北地区、沟通邻近省区集市的区域市场网络。在这个市场网络体系中，农村市场是商品自上而下流通的终结市场，也是各种土特产从基层走向世界的起点，其重要性不言而喻。正是这一基层市场与商业城镇、区域中心市场乃至全国市场相联系，才使得务川村落可与其他区域甚至省外区域进行经济往来。③

（二）龙潭墟市

据龙潭老人讲述：

龙潭以前叫火炭垭，是现在旅游发展将其改为龙潭。这里的人靠

---

① 王明析：《务川历史古籍文献资料辑录》第 13 辑，政协务川自治县宣教文史委 2010 年版，第 433 页。

② 《贵州通史》编委会：《贵州通史》卷 2，当代中国出版社 2003 年版，第 87 页。

③ 何伟福：《清代贵州市场初探》，《贵州财经学院学报》2005 年第 3 期，第 70~73 页。

挖矿挣钱修建了这座古寨，富裕人家将朱砂涂于墙壁、神龛或是刷家具，不仅可以防止虫咬，还可以辟邪。这里人在古代是很富裕的，人人都会找矿、挖矿，然后将矿石锤成粉末，淘朱砂、烧水银，拿到江滨去换东西，或是放在家里等人上门收购，还有专门的脚夫（背力的人）在周围收购了背到江口去卖，然后换盐、布等杂货回来，一趟几乎要花一个月的时间。由于朱砂水银值钱，很多脚夫都怕抢，出去都是结伴而行，即使这样也有被抢、杀的事件发生。①

从老人的描述中得知，朱砂矿是龙潭仡佬族的主要经济来源，仡佬族先民以开采朱砂、经营水银为生，他们将出产的朱砂、水银在龙潭江滨交换，亦可以运往江口（今重庆涪陵地区）进行物资交流。这说明龙潭地区在古代是朱砂、水银的集散地，交通便利，与外界交流频繁。

龙潭集市是否真实存在，还需在历史长河中考证。龙潭具有得天独厚的丹砂资源，吸引了大量的移民、商贾等，使得龙潭江滨在2000多年前成为商贾云集、市场繁荣的人口居住中心。这可从龙潭大量汉墓群出土的文物得以印证。龙潭大量的汉墓群中出土的无字钱，既不同于其他地区汉墓出土的无字钱，也不同于文献记载中东汉末董卓所铸的无字小钱。据贵州省博物馆考古分析，这种无字钱很可能是当地私铸的铜钱。另外，修建汉墓的汉砖，纹饰精美、线条细腻，有云纹、钱纹、轮纹、"富贵"字纹等，加之出土的朱砂、水银等，说明龙潭江滨一带的经济在汉代就已繁荣，众多商贾云集江滨，形成人口相对集中的集市，后来集市移至龙潭申天祐祠堂和学校人流频繁的地区。集市由原来的每旬2日集（五天一集）为集期，发展到后来的坐贾经营。

龙潭地区位于丹砂矿藏最为富集的板场、三坑、木悠山下，且有古思州交通要道洪渡河川流而过，地理位置优越，成为从丹砂产地经洪渡河进乌江入长江至中原政治经济中心最重要的枢纽。周围古道纵横，交通便

---

① 资料源自笔者2017年7月29日在务川龙潭村的田野调查。

利，即使在险要的山谷、河流上空，也有当地仡佬族先民、外地商贾共同出资修筑桥梁。曾有歌谣描述龙潭仡佬先民采砂道路之险，有难以言语形容者，作纤夫谣，使舆人歌之：

纤夫谣

一夫登舆，十夫上纤。

非我之纤不能前，送君上青天。

逼仄逼仄，径曲石凸。

石凸兮可磨，径曲兮难过。

子在车中，不知我劳。

子若履此，心焉忉忉。

前有深沟，后有曲涧，

上有峻坡君不见。

君不见，可奈何，踵相接，肩相摩。

呜呼，安得五丁力兮，铲为平坡。①

因道路艰险，陕西商人陈君仁捐资、当地仡佬族出力共同修建了龙井坡古道和朱砂水银必经之路——翁溪桥。据历史记载，此古道修建于明万历十四年(1586年)至万历十六年(1588年)，历时三年。根据《翁溪桥路碑记》所记，龙井坡古道原起于小黄坝，止于碓窝水，现保存比较完整的路段为小黄坝至龙井坡沟底，全长两千米，路石依山出料，随势铺就。龙井坡古道下至洪渡河、涪陵等地，上至三坑、板场、木悠峰等朱砂水银盛产地，是古代龙潭仡佬族朱砂水银外运的重要交通要道。②

古寨内道路纵横，建有碉堡等防御建筑，院落垣墙相互连通，整个古

---

① 王明析：《务川历史古籍文献资料辑录》第13辑，遵义康达彩色印务有限公司印2010年版，第380页。

② 王明析：《务川历史古籍文献资料辑录》第13辑，遵义康达彩色印务有限公司印2010年版，第433页。

寨结构犹如蜂窝状，是为丹砂贸易、储存、御敌之需而建。破旧的丹砂驿站位于龙潭中寨，为商贾、僧侣、宦官提供茶歇、交易、露宿之营。香火旺盛的宝王府，是采矿者的财神和平安保护神，仡佬族先民上山采矿前先要去求宝王赐财运和平安，采到朱砂矿后，还需要来宝王府还愿，为了纪念这位矿业鼻祖，每年都要举行盛大的宝王祭拜仪式。丹砂资源的开采、运输、交换等环节，为龙潭培养了大批手工业者和商人，如制作所需工具的铁匠、石匠、木匠等，制造火药的技术人员及驱魔除灾的巫师等，在龙潭传承至今。如本村因经营朱砂、水银而远近闻名的明老板、生产土布和制造火药的商人等，他们依旧活在仡佬族人们的记忆中。龙潭仡佬族掌握着开采丹砂资源的技术，通过交通去兑现资源，繁荣当地经济。

（三）墟市贸易与当地社会

民间口述资料及相关历史文献的记载大致表明，龙潭古寨作为一个以丹砂经济为主的商业据点，具有当地其他区域的墟市所不具备的经济功能：一是汇集本地物资，集散到省外市场或运往高一级市场；二是集散功能，对周围的市场起着供给作用。与周边村子相比，龙潭墟市所交易的物品，主要以丹砂、水银为主，而其周边的干河、官学、柏村等墟场，无不以家畜及五谷杂粮为主要交易物品。龙潭墟市作为城市工业制品进入当地农村市场的终点，市面上流通着从外面市场流入的洋纱、布匹、食盐等产品或手工制品，本地生产的各种农副产品，以及具有重大经济价值的丹砂水银资源，较好地满足了当地农村的市场需要，这为龙潭发展成为一座繁华商埠奠定了基础。由于龙潭主要经营的丹砂、水银，是外地商人依赖的主要商品，外地商人络绎不绝地在龙潭交易的同时，也带来了许多外地商品，丰富了龙潭市场的商品种类。而邻村只有本地产的谷、米、豆等食品类农产品及手工制品，很少有外地运入的洋纱、布匹等，所以邻村人要买好东西，就得来龙潭市场赶集。每逢值日，邻村及外来商贾聚集于此，进行各种交换。平日里，乡民不仅在这里发生经济行为，各种社会活动也在这里隆重举行，由此建立起各种复杂的社会关系。

　　龙潭地区相对活跃的市场交易同时也为中央王朝及外来商贾提供了便利的条件。有专家推测，自秦汉时期，当地的丹砂、水银资源绝大多数经商人巴寡妇清之手运往皇宫，满足朝廷之需。到了明清时期，朱砂、水银资源仍是中原王朝追求的圣物，这些丹砂资源经务川洪渡河进入乌江、长江，成为缔结中央与地方关系的纽带。丹砂水银早被人们视为至宝，历代王朝都将其列为贡品。随着社会经济的发展，一些发达地区的人民开始从农业生产中解脱出来，从事商业活动，尤以四川、陕西、江西地区商人最多，他们以龙潭为据点，从事丹砂水银的经营。① 据《邹氏墓碑》记载，邹氏的祖先来自江西，定居于龙潭对岸的官学，专门从事朱砂水银交易（见图4-6）。②这些商人来自经济发达的地区，商业信息较为灵通，在货源收购及交易方面有许多当地人难以具备的优势，因而生意往往做得比较大。如陕西商人陈君兄弟，从事朱砂水银生意，成为富商，修建了翁溪桥及多处险路路段，为当地资源的输出创造了便利的交通条件。③

图4-6　邹氏墓志

---

　　① 钟添：嘉靖《思南府志》，天一阁藏明代方志选刊，上海古籍书店1962年版。
　　② 资料源自笔者2015年11月15日在官学村田野调查所获。
　　③ 王明析：《丹砂古县的文化记忆》，政协务川仡佬族苗族自治县委员会宣教文史委编撰，《务川文史资料》第十一辑，2007年版，第63页。

在外地商人的带领下，出现了一批本地商人，如龙潭人人皆知的明老板申尚桂，以朱砂、水银生意发家，成为历史上独霸一方的"巨"商。据当地老人回忆：明老板家的佣人上千，有专门采矿的、种地的、经商的、押送货物的队伍，马匹上百头，形成了一个生产、分配、交换的经济共同体，这一共同体以明老板为首不断扩充地域，控制周边矿业资源、农副产品及手工制品等，经长途运输至江口（重庆涪陵）或是直接与外地商人进行交易，通过外地商人运往其他地区。在交易过程中，据说明老板一次性交易的银子多达几千两，这些银子采用堂窝装置，楼上楼下分两层……① 足见这位明老板在当时的富裕程度。

本地商人的崛起，对当地及周边社会经济的发展有相当的带动作用。一位申姓村民说：

> 虽然当地的朱砂、水银及一些农副产品已多由外地商人直接进村收购，但龙潭仍然是邻村人出售朱砂、水银及农副产品的主要地点。每逢墟日，邻村的村民就肩挑背驮地把自己的山货运到龙潭集市出售，大部分都是由本地商人收购，再贩卖给外地商人或是直接将其贩运到外地。②

由于朱砂、水银不仅在数量上大幅增加，在质量上也有显著提升，并且在市场上交易频繁，民间竟将其当作计算物价的标准，作为一般等价物在市面流通。据历史记载，务川县有一座著名的大庙宇"金鱼寺"，这是仡佬族张、申二氏用水银一百零八筒（每筒重5斤）购买材料邀请能工巧匠修建而成。③ 龙潭仡佬族多以"采矿为业，民间贸易皆用之，如钱钞焉"④。

---

① 资料源自笔者2016年3月15日访谈的录音整理。

② 资料源自笔者2016年4月17日访谈的录音整理。

③ 务川文史资料研究委员会：《务川文史资料选辑》第六辑，务川文史资料研究委员会1992年版，第138页。

④ 沈庠、赵瓒编集：《贵州图经新志》第4卷，贵州人民出版社2015年版，第73~74页。

本地丰富的朱砂、水银资源，巨大的经济利益价值，吸引了大量的外来商贾，培养了大批本地商人，使得古道上来往商人，人挑马驮，络绎不绝。偏僻原始的蛮夷之地，竟成"商贾辐辏，人多殷富"的繁华之邦。

丹砂经济及利益驱动，导致墟市秩序难以维系。在一定程度上，明清以来务川的商业发展，是在动荡不安的社会背景下艰难前行。据《旧唐书》载，"有犯罪者，小事杖罚之，大事杀之，盗物，倍还其赃。……劫盗者二倍还赃；杀人者，出牛马三十头，乃得赎死，以纳死家"①。虽有对违背统治阶级利益或危害社会治安者严加惩处的强制规定，但实效甚微。龙潭仡佬族的社会矛盾之一是外族恶势力的劫掠，这是龙潭地区的社会治安一直不好的原因。据当地一位老人回忆，外地逃荒人很多，而且周边一些不安分子总是扰乱社会治安，那时候经商者不敢在家里睡觉，或是去亲人家过夜，或是在隐蔽的地方休息，唯恐丢了性命。女人大白天不能一个人单独行走，外出的女人都用对角巾将头脸挡住，结伴而行。据说有一户人家办喜事，在接亲途中曾被一伙坏人将新娘、衣物全部抢走。② 出于自卫的需要，龙潭仡佬人在交通要道，即三坑至江滨要道上建了烽火台，位于龙潭的前门，由古寨的人轮流把守。在中寨还建有碉楼，龙潭四周建有营盘，防止外人入侵抢劫。尽管如此，龙潭的偷盗现象仍时有发生。一位仡佬人说，当时的贼子很多，也很厉害，因而一些有钱人家不得不加高、加厚家屋的围墙，以防贼子翻墙而过或是掘墙而入。与此同时，村中的一些人还购置枪支弹药以作防身之用，但是效果不佳，龙潭地区的抢劫事件仍时有发生。

龙潭仡佬人相信善恶有报，并将其编成故事教育后人。在龙潭仡佬族的生活中，赏善惩恶的故事主要有《飞亚与弓生》《两姊妹》《黄义林》《三兄

---

① 贵州仡佬族学会：《仡佬族文化百科全书》，贵州民族出版社2002年版，第70页。

② 陈天俊、赵崇南、龙平久：《仡佬族文化研究》，贵州人民出版社1999年版，第158页。

弟》《渔夫的儿子》《朱砂窝》等。《飞亚与弓生》讲的是：飞亚和弓生二人合伙做生意。弓生见飞亚的妻子长得非常漂亮，便起了歹心，在他们出门做生意的路上，将飞亚推下山崖，然后向飞亚的妻子谎称飞亚已死，娶她为妻。飞亚掉下悬崖后并没有死，反而得到好几样宝物，并用宝物治好了公主的病，被皇帝招为驸马。飞亚衣锦还乡，弓生知道了飞亚的经历，便让飞亚从那边山崖将自己推下去，弓生掉下去后，被野兽咬死。龙潭仡佬族先民将他们的道德观念和崇善憎恶的思想用动人的故事规制着族人。①

龙潭仡佬族承袭着传统的礼俗与规制。在龙潭村，实行"长老制"，寨内一切事务都由长老主持，构成了以"长老"为核心的宗族社会。"长老制"是仡佬族宗族社会的一种民间管理体制。② 历史上许多仡佬族村寨长期实行这种体制，并沿袭至近代，成为与官方行政体制并行的一种不成文的民间制度。"长老制"是龙潭村寨在墟市实施其自我管理的最具权威的组织。长老一般为男性，在家族或民族中一般为老辈，产生过程不经选举，也不因其财富和权势选作为标准，而是因其办事公道、群众公认，能够得到众人的拥护。其职责是处理和调理村寨的民事纠纷，协调该村与外村寨的各种关系，在该村甚至外村都享有很高的威望。长老不仅要办事公道，还要能组织群众抵御外侵。

具体到龙潭墟市的管理，长老负责各项墟市禁约的制定并监督其实施，掌管庙堂、公称、横渡、仪式等各项公共收入和开支，协调商家之间的关系，并协调墟市上的各种交易纠纷等。长老办事公道，执法严明，不徇私作弊，对偷盗、欺骗交易、抢劫、械斗伤害案件等严厉惩治。当地一些老人说，龙潭古寨的一些事情，一般都由龙潭仡佬人自己解决，在绝大多数情况下，龙潭古寨的长老都会保护自己的族人。在过去没有法规的情

---

① 陈天俊、赵崇南、龙平久：《仡佬族文化研究》，贵州人民出版社1999年版，第172页。

② 陈天俊、赵崇南、龙平久：《仡佬族文化研究》，贵州人民出版社1999年版，第66~67页。

况下，墟市交易活动全靠村寨长老维护秩序，或是街道墟长负责日常的交易、监督、协调等工作。在这种"长老制"的管理体制之下，村民自觉遵守社会秩序，形成一个相对稳定的、和谐的社会生活环境，使得乡土社会不同于现代商业社会。

可见，宗族对龙潭墟市贸易产生了很大影响。一般来说，墟市贸易发生在异质性社会结构之中，而族群正是这种异质性社会结构产生的原动力。墟市的建立打破了龙潭古寨原有的单一社会结构，多族群交往和互动使得龙潭墟市贸易在乡土社会中展开。因此，如何巩固和加强族群与族际之间的交流和互动及管理复杂的社会关系结构成为龙潭经济、社会发展之需。因此，勤劳、勇敢、聪明的龙潭仡佬人善于利用自身的优势，实行传统的"长老制"，控制龙潭墟市周围的社会经济，操控定期墟市，由此铸就了龙潭墟市贸易发展的复杂形态。

同时，墟市贸易的兴盛也促进并提高了龙潭仡佬族的经济和社会地位。龙潭周围丰富的丹砂资源、便利的交通、云集的商贾宦官以及龙潭仡佬族名门望族的身份，使得龙潭商业的影响力始终能与各族群及其社会的亲和力相提并论。历史上的龙潭就与中央王朝建立了密切的关系。如商周时期就有仡佬族先民献丹于周武王而被封为宝王的传说，凸显了仡佬族先民在历史上的重要地位；龙潭周围大量的汉墓群及出土的珍贵文物也充分证明了当地经济的繁荣；因丹砂交易而修建的"翁溪桥功德碑"，记录了350余村民和外地商人花费巨资修建桥梁的事迹。"功德碑"生动地说明了当时龙潭地区经济的繁荣及族群间的互动关系。① 此外，历代以来龙潭仡佬族读书、做官的人很多，可谓人文日盛，龙潭仡佬族也成为名副其实的地方名门望族，因而他们享受到了政治权力带来的现实利益。特殊的身份和商业的兴盛加快了龙潭与外地的沟通，促进了世居与商人之间的互助，提高了龙潭仡佬族的经济和社会地位。

---

① 思南县志编纂委员会：《思南府志》卷2《田赋志》，文史资料研究委员会整理1990年版，第62~71页。

二、家族的成长与邑聚的形成

(一)家族力量的成长

龙潭仡佬族在丹业发展史上具有重要地位。学界一致认为仡佬族的发展大致经历了濮、僚、仡佬三个历史发展时期,"濮""僚"是仡佬族在不同历史时期的称谓。此外,学界还推断仡佬族是历史上较早掌握丹砂开采技术的民族之一。自秦汉时期,龙潭仡佬族先民就在此地开采丹砂,提炼水银,形成了一套完整的、领先于其他族群的采矿、选矿、淘砂、冶炼工艺体系。龙潭周围大量的汉墓群出土的文物,如釜、陶罐、钵、提梁壶、五铢钱等,以及大量的朱砂,足以证明务川龙潭地区仡佬族丹业在汉代以前就已出现。大箐洞出土的摇船、大坪汉墓群出土的铁犁等先进的生产工具,说明务川地区在汉代就已具备了很高的生产技术水平。从古至今,民间开采的工具及采砂炼汞的工艺流程与古法相比几乎没有改变,只是火药爆破替代了"烧爆火窿法"(高温淬冷)采矿方法。务川县境有板场、木悠、岩前、任办等坑产朱砂,丰富的丹砂资源促进了当地经济的快速发展,使务川丹砂生产贸易在明清时期已达到鼎盛。① 从洞外冶炼到汞矿厂设置,其演化过程完整地记录了龙潭仡佬族勘探、采矿、选矿、冶炼等从原始工艺到现代工艺的演进历史。

龙潭仡佬族因善于经营、聚财,迅速在当地崛起。龙潭仡佬族自濮人时期就善于经营,传说很久以前,一群濮人在江边捕鱼时,拾到一些红色的石头,后被商人识出是朱砂而买走,于是濮人都去拾朱砂石头,并当作宝贝向皇帝进贡,于是皇帝封这群濮人的首领为"宝王",从此宝王带领濮人开始寻丹、识丹,以丹砂换取生活物资。宝王献丹的传说和历史典籍共同构建了宝王的叙事文本,其目的如下:一是控制当地资源。濮人通过识

---

① 张颖:《丹砂庇佑:贵州务川龙潭古寨文化生态探源》,《贵州社会科学》2016年第3期,第10~13页。

丹，以丹为业，进而强化资源的归属性；二是寻找庇佑。通过宝王献丹，建立中央王朝和地方的关系，进而树立仡佬族先民在当地其他民族中的地位和威望。仡佬族先民通过故事表述为控制丹砂资源寻求合理的解释和保护。务川丹砂采冶贸易留下的丰富的考古资料，足以证明务川地区早在汉代以前丹砂交换便已发端兴盛。2007—2010 年贵州省文物考古研究所对大坪 47 座汉代墓葬进行发掘，发现有 24 座墓葬中有丹砂遗存，占墓葬总数的 51%，最多一墓的丹砂多达 250 余粒。根据硫同位素分析对比，确定墓内出土的丹砂产自当地。① 2004 年出土的汉代无字铜钱很可能属于地方私铸，可能用于丹砂的贸易交换。② 至明清时期，龙潭仡佬族丹砂贸易已达到鼎盛，一时出现"商贾辐辏，人多殷实"的情景。他们世代逐丹而生，以丹为业，练就了一套超常的生存本领，并在当地迅速崛起，占领了当地的重要资源及有利的地理位置。因此，便利的交通、丰富的资源、精明的经商技能，大大提高了龙潭仡佬族在当地的身份和地位。

随着经济的发展，地主所有制经济日渐形成。自改土归流以后，当地的领主制遭到沉重打击。领主经济壁垒的破除，为地主制的发展开辟了道路。龙潭一些采砂经商者开始购田置产，招租引佃，进一步扩大了经济来源。如龙潭人民口中所称的明老板，靠朱砂、水银生意发家，买下了周边的农田，招收佃农，生意兴隆。据说这家人那时每天收来的银子，能摆满两张大桌子。明老板在当地人民心中有很好的口碑。据龙潭人民回忆，明老板收购当地人的货物，如丹砂、生漆、木子油等从不短斤缺两，甚至还高于市场价格收购；主动出资修路建桥；帮助村中孤寡穷人等。明老板在龙潭仡佬族人民心中是一位爱心满满的君子。地主（商人）的成长需要村内及周边村民为其创造财富，同样村民也需要依附地主而生存，从而形成了一个经济共同体，这一共同体以地主（商人）为首不断扩充地域、控制周边资源。

经济实力的增长，促进了龙潭仡佬族文化事业的发展。明代改土归流

---

① 邹进扬：《务川古墓葬》，中国文史出版社 2014 年版，第 59 页。

② 向海燕：《注视仡佬》，现代出版社 2014 年版，第 26~35 页。

后，更多移民涌入务川地区，带来了先进的文化思想和价值观念，促进了务川龙潭地区儒学的蓬勃发展。由于教育制度的设定，务川龙潭地区的学生只能赴长沙、昆明乡试。务川火炭垭人申天祐和江边邹庆于正统五年（1440年）在云南考中举人。邹庆名列第二，申天祐名列第十五。后来申天祐在正统九年（1444年），登元商辂榜，中进士，授四川道监察御史，实为我国自开科取士以来，黔东北第一位进士。从此该地文风大起，中举者代代有之。正如思南大儒李渭所说："思州文学，务先被之。"①

申天祐在正统十四年"土木之变"中精忠报国，代君赴死，皇帝下令诏书："朝廷设监察御史，欲振朝纲，励风俗，以弼承国家之治，非得刚方清直之士，曷克称兹。尔四川道监察御史申天祐，发身科第，授职于斯。比以随征，陷于战阵，劳苦可悯。今特进赠尔阶文林郎职如故，赐之敕命，以示褒嘉。吁戏，人孰无死，惟死于国事者为至荣者也。尔尚祗服隆恩，永慰冥漠。"②

申天祐被后人尊为"忠、孝、义"三烈仡佬先贤、大道完人，并以对联"一品人忠诚孝子，两桩事耕田读书"来规范和训导后人。现存的龙潭道光《申氏族谱》仍将皇帝敕封申天祐和其父、母、妻的诏书置于谱牒之前，以示皇恩，同时也是对后人的勉励。自申天祐垂范，龙潭仡佬族登科入仕者更为昌荣，可谓人文日盛。③ 详见表4-5。

表4-5　龙潭申氏登科入仕名单

姓名	出生时间	籍贯	学历	功名时间	职位
申世隆	1290年	务川火炭垭	—	元朝时期	三坑巡检

① 务川文史资料研究委员会：《务川文史资料选辑》第三辑，务川文史资料研究委员会1985年版，第46页。
② 务川文史资料研究委员会：《务川文史资料选辑》第三辑，务川文史资料研究委员会1985年版，第122页。
③ 张颖：《丹砂庇佑：贵州务川龙潭古寨文化生态探源》，《贵州社会科学》2016年第3期，第10~13页。

续表

姓名	出生时间	籍贯	学历	功名时间	职位
申应斌	1354 年	务川火炭垭	—	洪武及永乐年间	务川黔少令
申俊	1382 年	务川火炭垭		永乐年间	大万山长官司巡检
申天祐	1419 年	务川火炭垭	进士	明正统九年(1444 年)	四川监察御史
申德渠	—	务川火炭垭，后迁桃符	进士	明正统年间	四川监察御史
申天祺		务川火炭垭			三坑司巡检
申朝治		务川火炭垭		万历年间	云南楚雄知府
申郡	—	务川火炭垭	贡生	万历癸丑(1613 年)	平阳县主事后陞云南大理府
申承文	—	务川火炭垭	举人	万历癸未(1643 年)	四川富顺县知县
申所同	—	务川火炭垭	贡生	康熙(1662—1722 年)	降报县任职
申公李	辛巳年七月十六	—	进士	康熙十八年(1679 年)	正安知县
申所长	—	务川火炭垭	贡生	康熙(1662—1722 年)	镇远府教谕
申允继	—	务川马滚坡	举人	乾隆(1736—1796 年)	福建德化县知县
申景云	—	—	进士	道光八年(1828 年)	拣选知县
申承乾			贡生		湖广黔阳知县
申居晋			贡生		都匀府教谕
申镇国			贡生		浙江宣平县知县
申守乾			贡生		四川射洪县主簿
申允熙	同治四年(1865 年)	务川县城	举人	光绪二十八年(1902 年)	合州(和川县)中学
申尚毅	道光二年(1822 年)	—	翰林	清丙子年(1876 年)	翰林院

资料来源：龙潭仡佬族家谱①、《务川文史资料选辑》第四辑。

————————

① 资料源自笔者 2016 年 3 月 17 日访谈退休教师申蒙侯(申氏家谱整理委员会成员)时获取。

龙潭仡佬族世代以丹为业、重视人才培养、积极为官，不仅反映了家族势力在龙潭现实生活中的地位，同时也展现了龙潭人对自身文化的理解——天、地、人三才构成的人文世界。丹砂资源为龙潭仡佬族提供了源源不断的财富，与此同时，族人入朝为官，将王朝权威与地方力量联系在一起，最后，仡佬族十分重视人才培养，于他们而言，这代表了人丁兴旺、生生不息。这三者构成了龙潭仡佬族人对自身文化的解释和理解，并将其付诸实践，进而稳固家族地位。

(二) 聚落的形成

龙潭仡佬族《家谱》记载："龙潭仡佬族始祖申世隆系三坑司巡检，卜居火炭垭。"①其中，之前的火炭垭并非现在的龙潭村。据当地人说，原来人们都住在江边，这可从江边汉墓群及居住遗址和规模得到印证。随着人口的增加，当地的政治结构及经济条件得到改变，仡佬族人民逐渐移到山上居住。这与仡佬族对丹砂资源的认识和技术的改进有直接关联，随着拾丹、寻丹、采丹、炼汞等技术和对其认识的演进，龙潭仡佬族逐渐懂得利用自身优势，通过寻找有利的居住环境，达到对周围资源的控制。

龙潭因丹砂贸易频繁、商人云集，一度形成了繁盛的集市和人居空间。龙潭古寨建寨已有 700 多年历史，其房屋普遍修建石院墙，前寨、中寨、后寨三寨修建石巷道相互连通，这些石院墙、石巷道构成了古寨的军事防御体系，遗留至今，成为古寨富有特色的建筑群。② 龙潭村傍山而建，房屋修建大多因地制宜，一般都是一正两厢，中铺石院坝，外砌石垣墙，形成相对封闭的三合院、四合院、一字型院落等。房屋饰有各种吉祥图案，其雕刻技法多样，独具地方特色。由于当地是丹砂的主要产区，人们喜用朱红来装饰建筑。堂屋的门窗、神龛及室外的墙壁多涂红色，特别是房屋横梁也以红黑色饰以八卦图案。尽管日久月深朱红退却，主人依旧津

---

① 申学能藏道光申氏仡佬族《家谱》。

② 邹进扬：《千年古寨龙潭》，《文化月刊》2011 年第 2 期，第 110~115 页。

津乐道地向客人介绍残留的红印，遥念当初的盛景。

由于对珍贵丹砂资源的开发利用，寨里大多数人都有过富庶的时期，保护财富和口粮，成为庭院隔断的主要目的。龙潭古寨因地理位置非常重要，古有诗云："濮地一仙山，藏有不老丹，七鹰天上看，八兽把丹关，一条河隔断，要想得到难。"①由于龙潭上接丹砂富矿地板场、木悠、三坑、金鸡山等，下连交通便利的洪渡河，古人想得到丹砂资源，必须经过濮地，即龙潭，因此在历史的长河中，龙潭逐渐演变成为丹砂贸易的集中地。寨中道路、建筑、垣墙相互连通，成网络状结构分布，是因丹砂贸易储存御敌之需。② 丹砂驿站、古道及炼丹遗址等历史遗存，见证了龙潭仡佬族人开放的情怀和先进的商品经济意识。所遗"猫眼"、院墙上的枪眼、瞭望孔及纵横交错的巷道等凸显了护卫安全的功能。

寨内居民绝大多数为申姓。前寨、中寨、后寨用巷道隔绝，且不准通婚，当地有亲三代、族万年的说法，意味亲三代之后，同姓就可以相互通婚，但龙潭申姓至今都不允许同姓结婚，若有违者会受到唾骂，被清除出宗族，所以龙潭至今没有出现寨内同姓结婚的现象。当地流传申、邹二姓是同母异父具有血缘关系的说法，刚开始也是不准通婚，直至后来才论辈开亲，反映了龙潭仡佬人先进的思想观念。村中的外姓只有张、李、王、肖等姓，为上门女婿。有的申姓家中没有儿子，就得招女婿，其后人不准随申姓，神龛上族群归属不能是"忠孝堂"群类。上门女婿及后人虽住龙潭，但不归其类。这一现象主要与宗族观念及当地富庶的丹砂资源有关。

一方面，"忠孝"是申姓仡佬族识别"我族"与"他族"的标志。经龙潭寨长老介绍，"忠孝"二字的由来还得从他们的祖先申天祐的"忠孝义"事迹说起。《中国名人大词典》中对申天祐有专条阐述：

①　遵义市政协文史与学习委员会：《中国仡佬族》，遵义市政协文史与学习委员会 2015 年版第 3 期，第 38 页。

②　张颖：《丹砂庇佑：贵州务川龙潭古寨文化生态探源》，《贵州社会科学》2016年第 3 期，第 10~13 页。

孺子猛虎口里救父

孝扬方邑，声蜚一邦

　　申天祐出生于火炭垭一农民家庭，自幼勇敢机智，六岁时就常随父到田野山林劳作。有一夏日，申天祐随父到田野，突然从林中窜出一只老虎，猛扑过来，将父亲衔走，申天祐虽被吓坏，但父子之情使得他迅速定神，拿起父亲挑东西的扁担，尾追猛虎，打伤老虎，救出父亲。一小黄童孺子能有如此壮举，乡邻无不称奇，从此孝名远扬。《思南府续志》记载："逞猛虎之威，竟出黄童之手，震惊了乡里，孝扬方邑，声蜚一邦。"①

金殿击鼓鸣冤

冒天威救师难

　　申天祐在明正统五年(1440年)，长途跋涉到云南昆明参加乡试(当时贵州贵阳未设考点)，高中举人。后在家人及亲人的帮助下，进京入太学深造，明正统九年(1444年)中进士，时年十九岁。他在京师太学学习期间，主管太学的李时勉(申天祐恩师)因谏政事，遭奸臣谗言陷害入狱，戴枷锁于大学门口示众。申天祐倡议太学诸生上奏请愿，拯救师难，并于大殿击鼓鸣冤，伏地跪泣不起，他表示愿意代恩师受刑。明英宗皇帝被申天祐的忠义所感动，特赦了李时勉，让其官复原职，申天祐为救师父，敢冒天威。《思南府续志》赞申天祐曰："公之所为皆人所不敢为也。"②申天祐的义举在京师传为佳话，无不为之感动而敬之。

_____

　　① 夏修恕、周作：(道光)《思南府续志》，见《中国地方志集成：贵州府县志辑》卷46，道光二十一年刻本，第9页。
　　② 夏修恕、周作：(道光)《思南府续志》，见《中国地方志集成：贵州府县志辑》卷46，道光二十一年刻本，第10页。

为官清廉，贪官胆寒

学习才智百官佩服

申天祐在朝官属监察御史，"主管内外百司之邪"，专司监督检查文武百官徇私舞弊、渎职职责。在位期间，刚正不阿，敢于弹劾权贵，不畏强御，不正之贪官污吏为之胆寒。时人曰："申天祐毅直敢言，不惧强御，丈朝忠谠，多所补益，每与各道聚会议，会谈论数百言，咸当机宜，会众皆推让。"他的忠肝义胆，学识才智为百官所敬佩。

热血土木，为国捐躯

申天祐忠烈，万古不朽

明正统十四年(1449年)瓦剌军大举入侵，明军难拒，告急文书雪片般送到京师，明英宗皇帝"御驾亲征"，申天祐随军征战，明军在土木堡(今河北省怀来县境内)与瓦剌军激战，明军惨败。在生死紧要关头，申天祐假扮英宗，乘御驾夺路而逃，瓦剌率队紧追。这时明英宗乘机改扮出逃，得以保全性命。申天祐逃出二三十里地之后，与瓦剌军展开激战，终因寡不敌众，死于乱军之中，年仅24岁。

表彰申天祐忠烈

追谥"忠孝名臣"

明嘉靖十年(1532年)皇帝有感于申天祐之壮烈，让天下敬尤，派巡按史郭弘前往祭礼，祠堂特准建三重堂，根据申天祐生前事迹，封赠申家为"忠孝堂"，追谥申天祐为"忠孝名臣"。嘉靖皇帝御书"忠孝名臣"匾额，挂在祠堂的正前方，由申天祐子孙永远看管祭祀。

"忠孝"从此被镶在龙潭申姓神龛上，成为龙潭申姓自我认同的标志。他们不管走到哪里，只要看到神龛上有"忠孝"二字，不用问主人就知道是一家人。只要是务川龙潭申姓家族及后裔，无论定居何方，神龛上必定是"忠孝"，以表皇恩及孝心。"忠孝"代表汉文化与地方文化的融合，并内化到龙潭仡佬族的思想观念中，规训着族群的行为习惯。其他任何人均不准拥有"忠孝"，即便是申家上门女婿及其后人也不能享有。[①]

另一方面，当地富庶的丹砂资源是龙潭仡佬族生存的经济命脉。龙潭仡佬族自古实行"长老制"（即寨老制），寨内一切事务都由长老主持，构成了以长老为核心的宗族社会。以长老为首的龙潭申姓家族将地方丹砂资源牢牢控制在本族手中，外族人不得归属本族，更不能参与资源分配。村中一些无儿子的申氏家庭，为了继续留在家族之内，只好在本族内"讨儿子"，以延续申姓血脉，享有族内财富，至今龙潭还流行"讨儿子"的习俗。由于特殊的宗族观念及族群管制，龙潭申姓仡佬族人口占总人数的99%以上，他们统筹着本地丰富的丹砂、土地资源。

三、生计与族群关系

龙潭与周边族群因经济地位悬殊和生计方式上的差异等，形成了一种复杂的族际关系。族群由族群边界来维持，造成族群边界的是一群人主观上对外的异己感以及对内部成员的根基性情感，这一边界将"我族"与"他者"区分开来。[②] 大多数族群以祖先记忆、神话传说、共同的文化而凝聚在一起，形成族群认同方式。就人类学惯常的理解方式而言，潜藏在历史、语言、宗教信仰、生活习俗以及社会组织之中的文化认同上的差异，或许是形成"我族"与"他者"不同的主要原因。然而，生活在乡土社会的龙潭仡佬族与邻村人，并不明白此等"深奥"的道理，因为生活在同一环境下，相似的文化特征颇多，当地人很难以一种自圆其说的方式来描述"自己"与"他者"之间的差异。因而他们更多是凭借一种长期积累下来的实践经验来

---

① 资料源自笔者2016年3月17日访谈退休教师申蒙侯（申氏家谱整理委员会成员）时获取。

② 王明珂：《华夏边缘：历史记忆与族群认同》，允晨文化实业股份有限公司1997年版，第12页。

把握族群之间难以言状的特征。这种不同特征却实实在在地存在于各自的生活经验之中。①

（一）传说

在龙潭古寨流传着各种神话、传说，这或许对理解龙潭仡佬族及邻村人的生计和性格特征有很大帮助。在龙潭古寨，一些老人都会讲述"衙门显摆"的故事：

> 传说有一位县衙官员，时刻担心有人造反，特别是管辖内有钱有权的人他都要定期进行考察，打探虚实。一天，他派差役来火炭垭（龙潭）、干河、柏村等地进行巡查。巡逻队进入火炭垭之后，发现龙潭仡佬族在当地特别富裕，建筑上的雕刻、花饰无不显示当地的繁荣。他们走进其中一家，刚进门就看见这家主人正在堂屋桌子上摆银子，还有很多佣人在忙活着将点好数的银子往楼上运。巡逻队惊叹不已，其中有一人决定前去探个究竟，便走到这家主人跟前，用刀尖点了三下桌子，这家主人抬起头看见一张陌生的脸，一眼就识出是衙门公差，便瞬间改变了当时被打断时的不悦，将手中的银子放回原位，开心地将来者请到火炕上，拿出自己从外地换来的稀有食物招待客人，公差从未见过此类食物，便询问其来源，主人得意地讲述了他们用丹砂、水银换回稀有物品的过程，公差将此事的来龙去脉弄清楚后，满意地离开了。此时，去其他村落的几位公差也回到了衙门，他们在去向知县汇报的途中，提到了一个位于干河的吴姓家族，据说他家的粮食可供务川县所有人吃上三五载。到了县令府上，这些公差将所见所闻一一禀报，县令听了大为吃惊，心里谋划着怎样遏制这两位富人及如何实现自己的发财梦。

---

① 吕俊彪：《财富与他者——一个古镇的商品交换与族群关系》，社会科学文献出版社 2009 年版，第 212 页。

　　一天县令想出了最坏的整治方式：让他们相互遏制。他随即下令召唤这两位富人，县官问龙潭的富人："你有什么本事？"这位富人回答："我有经商门路，我家的银子摆双排，可以从龙潭铺到县衙门。"知县表面听着，可内心在盘算着如何从他口中得到发财的方法和经营行道。县官接着问干河吴姓富人："你有什么本事可以和这位媲美呢？"吴姓富人一脸傲气地说："我家地多，所产粮食用斗装，可从干河摆双排至县衙门。"县官听完他们的汇报后，对他们的势力有了一定的了解，并高兴地说："你们两家都是我的得力助手，希望你们能相互学习，继续扩大事业，为衙门出一份力。"县令随后将龙潭及干河村各自的人分派到对方那里学习技能。由于经商的人头脑精明，龙潭富人就随便派了一个下人去吴姓富人那里学种地。但是吴姓世代是种地的，勤劳踏实又本分，认为学习经商是他们发财的机会，这位吴姓就派自己的父亲前去学习，没想到，在一次斗殴中，龙潭富人的属下伤了干河吴姓富人的父亲，从此两家中了衙门县官的用计，争斗不止，走向了末路。县官趁机占领了龙潭周边的砂坑，据嘉靖《思南府志》记载："务川有砂坑之利，……善告讦难治，长吏多不能久，必以罪罢去。"最终县官也被罢去。①

　　这则故事在龙潭民间流传甚广，从这则故事中我们可以获得如下信息：一是权力的不对等，代表王权的县官可以随意支配地方百姓，且可以无条件地获取地方资源，而地方百姓只能服从；二是龙潭仡佬族与邻村人的生计方式存在差异，龙潭仡佬族善于做丹砂生意，而邻村人则善于耕田种地；三是在性格特征上，龙潭仡佬族人表现出"机灵""狡猾"的一面，而邻村人却更加"勤劳""本分"。

　　(二)龙潭"富人"的自我定义

　　龙潭仡佬族人喜欢用生计方式的不同来认识"自我"与邻村人，因为二

①　资料源自笔者 2017 年 3 月 7 日在龙潭田野访谈录音整理。

者之间经济地位及生计方式存在明显差异。这一点也多为邻村人所认可。一位邻村吴姓农民说：

> 龙潭人善于做生意，人又聪明，会赚钱，他们消息灵通，知道什么东西容易来钱：如采砂炼汞、做鞭炮、染布、酿酒等。龙潭人有钱投资，我们（邻村人）连做生意的本钱都没有，也不像龙潭人那么"狡猾"，做生意也只有亏本。①

实际上，邻村人在某种程度上已接受了自身与龙潭人的贫富差距。以前的龙潭人很富裕，他们经营大小生意，吃穿不愁，是富有的"城里人"。而他们（邻村人）只会种地，时常以"穷人"自诩，吃穿都不如龙潭人，是地道的"乡下人"，没什么钱。对于当地的邻村人而言，钱似乎与他们没有缘分，在他们的脑海里，龙潭人是有钱且有能力的人，而他们只是穷人。

在龙潭，居民主要"以丹为业"，从而建立起集体记忆和共同的文化传统，业缘在龙潭地区超越亲缘、地缘、神缘和物缘，成为凝聚他们的主要力量。龙潭人靠丹砂生意占据重要位置、建立村寨，日常的生活条件等确实比邻村富裕。一些龙潭人认为，生计方式的差异是他们与邻村人最主要的不同点。一位龙潭仡佬族老人骄傲地说："龙潭这地方是块风水宝地，'八字'大的人才撑得住，能住在这里的人不仅生活富裕，而且能力出众。"龙潭的风水在当地最为有名，不仅保佑了仡佬族"富人"之位，且历代以来龙潭仡佬族读书、做官的人盛多。传说龙潭有一地名为筑官府，那一家生了九个儿子，九子坐九州，同一天从这家大院抬出九顶大轿到朝廷为官。现实生活中，龙潭申公佑祠、先贤堂、中举的鼎子、墓碑、筑官府（地名）、官路（地名）等，对龙潭人政治权利的构架产生了深远的影响，昭示了龙潭仡佬族人的"富人"地位。

---

① 资料源自笔者 2017 年 3 月 7 日在龙潭田野访谈录音整理。

（三）生计与族群关系

因经济地位悬殊，龙潭村对于周边村落而言，只是一个既熟悉又陌生的地方。很多邻村人说，他们和龙潭人只有金钱上的关系，一般很少往来。表面上看，"价值"的"对等"是关键性因素，但是这种"对等"并不等于"社会平等"。① 在邻村人眼里，龙潭村很富裕，瞧不起其他人，他们做生意太抠，是地道的商人。但是不管怎样，外村人还是愿意把闺女嫁过去，竭力与龙潭人拉上关系，其目的也十分明显，即在经济交易中能得到更多的照顾。外村人与龙潭仡佬族之间，始终有一层隔膜。每逢墟日，邻村人到龙潭来，往往是来去匆匆，买卖东西之后即刻走人，很少闲聊。在他们看来，龙潭是龙潭仡佬族人的地盘，是一个买卖东西的地方，并不是他们说话、停留的地方。这或多或少可能与贫富差距有关，也可能与交易的不平等有关，邻村人即便给女儿找到了"幸福"，但在他们心里始终存在不平等的关系。龙潭墟市的商品交换，虽为龙潭仡佬族积累了丰裕的物质财富，但也在一定程度上拉开了龙潭仡佬族与邻村人之间的邻里关系。

一般来说，处于不同生态环境与文化背景下的族群，其生产、分配、交换、消费的对象和方式等往往是多样的。而多样的生计方式，有时会导致资源配置的某些差异，由此形成区域间经济发展的不平衡及社会区隔。一些龙潭人认为，生计方式的差异是他们与邻村人最主要的区别。龙潭仡佬族自濮人时期就善于采砂炼汞，从古至今世世代代以传统的工艺从事丹砂、水银生产。从民间传说、文献记载、实物留存的印证，均可追溯到约3000年前的商周时期。现今龙潭仡佬族人还保留着祖辈生产丹砂水银的生产工具，如手锤、铁钻、淘盆、摇船、油灯等。这足以证明，龙潭仡佬族先民濮人在务川这块土地上自古攻取丹砂，以丹为业，

---

① 王铭铭：《村落视野中的文化与权力——闽台三村五论》，生活·读书·新知三联书店1997年版，第205页。

繁衍生息。至明代，朱砂、水银产量较多，在市场上交易频繁，繁盛时期甚至作为交易媒介。朱砂、水银与龙潭仡佬族人的生计息息相关，有文献详细记载了他们祖先"以丹为业"的生产情境、逐丹而徙的生计特征及富裕的经济地位等。

然而，邻村人则往往把耕田种地看作他们的分内之事，因为农业上的耕作历来都是他们最为主要的生计来源。在古代，家有余粮被认为是一件荣耀的事情，因此，余粮往往被认为是比金钱更为重要的财产。对于当地人来说，没有钱可以过日子，若没有了粮食，就等于失去了生存机会。从某种意义上说，家庭生计上的安全，是他们最先考虑的，这与他们的经济状况及生计上的特点有关。他们是穷人，仅靠耕田种地维持生存，还要靠苍天保佑，所以耕田种地与他们的生命息息相关。虽然也有一些邻村人以经商为业，只是他们当中以养家糊口、整日奔忙的人为多，成功"赚大钱"的人少，因而他们（邻村人）认为，经商还不如老老实实回家种地。龙潭人善于采砂、炼汞，经营丹砂资源是他们传统的谋财之道，而邻村人则将"种地"作为一种较为妥善的生计方式。这种生计方式的差异带来的经济差距，造成了龙潭人作为"富人"，而邻村人被视为"穷人"的情形，从此成为"我族"与"他者"的分类方式。

事实上，生计方式上的差异只是族群之间产生差异的表层因素，更深层次则表现在族群对生计的策略。龙潭人以业缘建立起族群的凝聚力，把丹业作为一种理想的谋生手段，而邻村人则认为耕田种地是最可靠的生计方式。于是就有了以丹砂生意为业的龙潭人与以耕田种地为生的邻村人之别。对于以业缘而聚的龙潭人而言，以生计方式的差异来区隔族群，其目的是证明龙潭人的聪明过人。采砂、炼汞、做丹砂生意等往往都与"技巧""脑筋灵活""有文化""讲道理"及"聪明伶俐"等之类的优点相联系。而耕地种田的邻村人，却以"呆笨""粗蛮""不懂生活"等词来形容。这种以生计方式的不同来区隔族群的做法，或许并不是一个十分牢靠的选择，然而对于龙潭仡佬族而言，这一策略意义重大，因为有限的丹砂资源是他们族群成员"与生俱来"的"自在之物"①，某种程度上也是为了控制地方资源而采取的一种自我保护措施。在血缘、地缘、亲缘、语言、宗教、服饰、生活习俗等传统的客观文化特征逐渐失去标识自我能力的时候，必然会寻找一种切实可行的、差异明显的自我认同方式。这种方式构成了龙潭仡佬族与邻村人差异的前提和基础，从而更好地区分龙潭仡佬族人与邻村人。

---

① 吕俊彪：《财富与他者——一个古镇的商品交换与族群关系》，社会科学文献出版社 2009 年版，第 224 页。

第五章 丹砂之殃：从井到耕

第一节 集体记忆：东升塔传说之谜

据说龙潭是"务川最为富庶及人文秀发之地，其因于当地的好风水"①。从龙潭的地理位置看，龙潭是东面的大娄山脉和武陵山脉的延伸，即"南山"为靠山。山上有龙泉，一日三潮，当地人认为是龙在翻身，龙眼就在此处；西有古思州要道，洪渡河迤逦而来，在这里形成了一片平缓空地，空地上的龙潭村可谓"负阴抱阳，背山面水"，是一处可寻龙捉脉、聚风止气的"风水穴"。寨内又以前寨的风水为最佳：背靠的"牛尖山"，当地人又称之为"沙帽顶"，形似"博士帽"（图5-1），昭示此地文人辈出，至光绪年间出过众多举人、进士，可谓显赫，然而自务川县修筑"白塔"之后，龙潭就再也没有以前那么风光了。

东升塔，即白塔，位于务川县城东升大道，背依"二龙戏珠"峰，前临都濡河（图5-2），俯瞰庆余桥，虹桥卧波，弓桥塔影，遥相呼应。塔为六棱九级楼阁式砖石塔，高17.4米，楼阁式实心墙。塔基为正方形，边长5米，高0.6米，石料砌成，占地25平方米。塔身各层高度不等，一层高3.18米，边长2.3米；二层高2.24米，边长2.06米，以上高度、宽度逐层递减收分。塔身通体皆白色，故又称"古白塔"。除底层采用石料外，其

① 务川仡佬族苗族自治县委员会宣教文史委：《仡佬之源》，遵义康达印务公司2005年版，第390页。

余皆为砖砌。一层至六层塔檐各转角处均挑出鹤首花冠造型，其中一层至三层檐下彩绘镶边。七层至九层转角挑棱角牙子，翼角飞翘，塔顶置箭镞形塔刹。

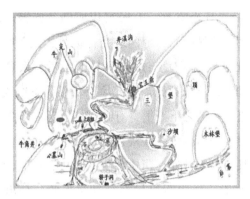

图5-1　龙潭古寨靠山①

图5-2　东升塔

《务川仡佬族苗族自治县备志》载，东升塔修建于清光绪初年，务川知县张济辉为兴学、以培文风而倡修。其在任时，由是壬午乡民试登贤书者

———————————
①　图片源自龙潭古寨寨老申福进手绘。

五人，半出其门，邑之文教较昔年为尤盛。四乡酬神习尚牌赌，两次赍夜躬往新场，池头坝捉获，由是乡民畏之如神，而赌风顿息。廉辑盗贼，昼夜躬巡，及乡团逆贼，讯实立置重典故。其时城乡有夜不闭户之安，更折狱明决，案无留牍。遇缠讼周某罗某，令每日于堂讯各案时，自来跪听，月余两造帖服息讼。日坐堂皇，乡民得以听断，皆警惧改悔，遇年久疑狱，证据无稽，躬带往城隍庙，令两造当神诉誓，侧坐听断。有监押多年之田某，沐审释出庙门即踬毙。咸同间号匪乱后，余孽未靖，邑之上五里，有自称万法王者，招聚党徒，肆行劫掠。叛乱思城戒严。公奉札躬往督捕，械送郡城正法。邑之下五里，有鹞子四、苏冬狗等据集茅尖山，抢掠为业，扎砦抗拒，公请分统张连襄协团丁平之，由是四境清夷。即行禁种罂粟，有书吏某，种于城外，罚钱一百二十千，由是四乡闻之，皆自行铲除根株净尽。初时，邑粮听街民在街摆桌坐收，公出示，尽须赴房投纳，禁止民间代收，暗以偿所罚种烟钱而有余。自庚辰年到县中，更调两次，至丙戌丁艰卸任去，士民攀辕号哭，因竖碑于南门外以彰德政云。①

从历史记载判断，知县张济辉是一位法治严谨、奖惩分明的县官，为民办事，培养文风，深得民心。但是龙潭仡佬族人不这样认为，他们自有另一番解释。在龙潭流传着这样一句话："桥是弓，塔是箭，一箭射死申翰林。"当地人认为，因龙潭登科入仕者昌荣，知县为了破坏龙潭的文风，特修塔于务川东北向，龙潭正位于务川县城的东北方向，是最好的风水宝地，因此地太旺，代代出举人、进士。在清光绪年间，前寨出了翰林，名为申尚毅，据说极其厉害，知县张济辉见了都畏惧三分。他担心龙潭地方风水太好，翰林申尚毅会夺走他的"江山"，于是知县张济辉筹划着如何对付申翰林，最终选择建塔，并亲自勘测觅址，历时一年，方定于城东北都濡河畔"单龟出峡"处，即今白塔所在地。塔的前方正对着庆余桥、虹桥，形似"弓箭"，其箭头直对龙潭。龙潭人对此十分不满，认为知县张济辉破坏了龙潭的龙脉和风水。自那以后，龙潭就再也没有出过人才了，从此走

---

① 务川仡佬族苗族自治县旧志汇编组：《务川旧志汇编·务川县备志》，贵州省图书馆馆藏 2006 年版，第 41 页。

向了没落。

在龙潭还有一些老人认为，龙潭没落是自家人破坏了风水所致。龙潭有一名叫裤裆丘之地，传说"一个母子两个丁，取名裤裆丘，九个儿子做九州"，后取名筑官府。传说这九个儿子的母亲，长相丑陋，一脸麻子，但她命好，生了九个儿子，九子做九州。一天九个儿子回来探望母亲，在一起谈论母亲，其中一子说："母亲长一脸麻子，不好看"，刚好被烧饭的母亲听到，于是就骂了几句，从此龙潭就再也没有出过人才。当地人认为，龙潭的风水被这位母亲耻封了，之后再也没有出过官员。

从以上表述可知，历史记载中的白塔，是为了培养文风、严惩逆贼而建，这深刻反映出当时社会动荡不安的状态。而龙潭流传的"弓与箭"及"耻封龙潭风水"等传说，是龙潭人对失去昔日繁荣的历史记忆，反映了龙潭仡佬族的历史观念及对历史的理解和解释。历史记载中，知县张济辉与地方盗贼、叛乱等破坏分子之间、龙潭风水与县官之间、代表官僚的"九子"与百姓之间的对立都呈现出地方与官僚之间二元对立的象征话语，把龙潭的衰落归结为高高在上的皇权势力对地方风水的破坏，传说的背后实际上反映了龙潭仡佬族先民从相对独立自主的发展时期到皇权控制不断加强的历史过程。具体而言，龙潭仡佬族先民自发现丹砂、采砂、炼汞等都是自由开采、交换、消费，部分作为贡品、税收。改土归流之后，明王朝夺取了龙潭仡佬族在三坑、木悠、岩前、任办的矿产权，设置丹砂、水银场局及税课局，强行取贡、收税、开发等，产品大部分上缴，而因丹砂矿产多在深山之中，民间私采往往有之。在成化年间革除官办，交地方官统管，在矿坑处设厂，派书办、书巡等员抽课并采取"上下通融"的办法，实行"官商分卖"或"概归官卖"或"半归官卖，半归商销"。[1] 至康熙年间，"商民自采、自炼、自售，而官收其课税"[2]。雍正初年"凡有矿之处，令

---

① 《贵州六百年经济史》编辑委员会：《贵州六百年经济史》，贵州人民出版社1998年版，第164页。

② 张瑛纂修，贵州省安龙县史志办公室校注：《兴义府志》卷43《物产志：土产》，贵州人民出版社2009年版，第621页。

地方官复实无碍民田庐墓，确有成效，再行招商开采，仍照定例二八收征。"①这一时期，丹业繁荣，经济发达。而到了晚清，为增加官府收入，官府垄断丹砂矿产的开发。这时，由封建官僚直接出面，组织矿务局、公司或与资产阶级联合开办矿厂。② 这一时期务川矿产的开发，处于衰落阶段。（表 5-1）

表 5-1　贵州丹砂、水银开发情况

发展阶段	开矿点	厂（官/民）	产量	情况说明
第一阶段：明朝及以前（1644 年以前）	自两汉三国人民发现和开始开发丹砂矿后，隋唐五代增加到六州府司，宋元增加到七州府司，明代先后增到十四州府司	仡佬先民自由开采，至明朝官办在贵州建有七厂，务川有之。	元丰年间，仅有丹砂水银土贡10斤到30斤不等。到明代，务川地区广征水银、丹砂 690 斤以上，足见产量之大	到明时丹砂水银不仅作贡品、税收、商品，而且成为实物货币；官府已设置三个水银朱砂场局，进行官办和垄断，务川有之
第二阶段：前清时期：（1644 年—1839 年）	康熙年间仅七处，至雍正乾嘉时产地猛增到二十一处	康熙四至六厂，至雍正乾嘉时增加到十六厂，民间也有开采	乾隆、嘉庆年间，全国汞产量最高约 1000 吨，贵州最高年产量约 900 吨，占全国产量的 90%，务川、用砂厂、黄土坎及斗甫厂年产水银 5443 斤	据《第二次中国矿业纪要》载，前清时期中国年产汞约 1000 吨，其中贵州年产约 900 吨

① 罗时法：《清代前、中期贵州矿业略考》，《贵州社会科学》1986 年第 4 期，第 59~64 页。

② 林富民：《贵州矿产开发史略》，西南财经大学出版社 1988 年版，第 207 页。

续表

发展阶段	开矿点	厂(官/民)	产量	情况说明
第三阶段：晚清（1840—1911年）	发现丹砂水银场地十多处，但真正略具规模开发的只有务川、万山及白马洞三处	共有六厂，后仅存两厂	贵州年产量为70吨至80吨，不及第二阶段产量的10%，且多为务川所产。就光绪年间（1875—1909年）务川木悠一处年产丹砂水银70多吨	这一时期，贵州丹砂矿的开发渐趋衰落，1824年铜仁万山场废，到1838年统计，包括务川木悠厂等六厂，由于帝国主义的入侵，掠夺了中国700吨左右的丹砂矿资源，受到英法水银公司的排挤，许多厂被吞并，其产量大大下降

资料来源：《中国古代矿业开发史》《贵州矿产纪要》《贵州汞矿概要》《贵州矿产开发史略》等

从表5-1可知，整个贵州丹砂矿产开发形成一个典型的马鞍形。从产量来说，清朝以前的丹业发展，有零星记载，其产量为690多斤。至雍乾嘉时，贵州年产量达到900吨，居全国第一。道光年后，矿产急剧下降，产量不及前期的10%。[1] 从产地产厂来看，咸同农民起义时（1854—1873年），因"道路梗塞，商贩不通，各厂均无人开采，一律停办。所有……厂课，自咸丰四年（1854年）起……均未征收"，可以说，这时全省矿产资源的开发实际已经停止。[2] 光绪、宣统年间，丹业虽渐恢

---

[1]　林富民：《贵州矿产开发史略》，西南财经大学出版社1988年版，第75页。
[2]　贵州省文史研究馆：《贵州通志·前事志》，贵州人民出版社1985年版，第36页。

复，仍远不如前清，产量极少，其发展逐渐走向了衰落。其衰落的主要原因有以下三点。

一是实行多种剥削制度。鸦片战争之后，贵州官府为了支付巨额军费和赔款，便对汞商及矿工增加税收。地方政府竭力招徕商办运营，实行官督商销的办法，征收其税，以济要需。地方政府允许本地及外地商人开采务川板场、木悠、岩前等地的丹砂资源，并要求三七抽收。随即他们在各府厅州县纷纷设卡抽厘，对商旅的货物收取厘金。光绪三年(1877年)，巡抚黎培敬决定加强对厘金的征收和管理，规定在省城设立厘金总局，由布、按两司领导，并刊刻通省厘局关防及详细章程，要求各地方官均须一体遵照办理。又将竹木百货一律从宽减收二成。① 光绪十三年(1887年)，全省厘局由25处增加到40余处，各厘局之下又设厘卡，有的地方设二、三卡，有的设四、五卡，最多可达十几卡，如务川在交通要道上就设有厘局十多卡，一些地方官府还私自设卡，雇用帮手对过路商旅强行收厘税，致使商旅税负担愈加严重。至光绪末年，清政府鉴于各省厘卡弊端丛生，谕令地方官认真整顿，严禁私自设卡抽厘。贵州厘卡经过这次整顿后，清政府正式批准贵州设厘局25处。之后清政府又多次重申禁令，严格控制设卡抽厘。而且，除了当地政府对矿工征税外，一些地方官员与外地商贩共同在矿区开办烟馆，设置赌场，以低价收进鸦片烟，高价卖给工人，从中获利；发工资时，商贩又以烟票代替货币来引诱工人吸食鸦片。据统计，板场、木悠、岩前等矿地90%以上的工人，都被引去吸食鸦片，他们的劳动最终被官僚、商贩殆尽。诗人张国华以诗反映矿工的真实生活："迥龙场上集游民，日日忘身采水银，惊着负荒初出鏊，无裤赤身可怜人。"②当地还流传着这样一首歌谣："人命当茅草，事故多如毛。工人卖老命，官家进钞票。"③地方政府通过直接和间接手段向商人及矿工征税，致使他们

---

① 黎培敬：《黎文肃公遗书·公牍》卷4《新改厘局章程示》光绪三年。

② 林富民：《贵州矿产开发史略》，西南财经大学出版社1988年版，第71页。

③ 贵州汞矿政治部、贵州大学中文系《古矿迎春》编写组：《古矿迎春》，贵州人民出版社1975年版，第9页。

的税收负担日益加重。

二是战乱频繁。龙潭仡佬族经历了自由的采砂、炼汞、赋税，到后来直接地被剥削和压迫。正如工人所说，"前脚走了官僚，后门进来地主，天下乌鸦一般黑，同是吃人豺狼"[1]。因残酷的封建统治与帝国主义和资本主义对仡佬族人民苛重的剥削，农民和豪绅、官府和民众间的矛盾急剧升温。至咸丰、同治年间，各种斗争纷纷爆发，思南石阡号军起义、苗族农民贺济泮起义、仡佬族农民夏有福起义等四五十号军起义，务川一带的号军十分活跃。在这种大环境刺激下，矿工也不断起来进行反抗和斗争。其形式是多样的，概括起来，主要有团结起来，严惩凶残、聚众抵抗，反对占领、联合罢工、控告、示威、怠工等。据当地仡佬族老人回忆，他们的父辈就参加过这样的斗争。他们反抗最激烈的一次就是痛打管班和监工。在光绪二十三年(1897年)，湖南桂阳县移民贵州务川三坑村的采矿工人罗奇熊，在一块麦地附近造炉炼汞。管班忽到此处，严厉地指责罗奇熊"违断起造炉房"，要强"令其迁移"。因炉已造就，亦不伤害麦地，罗奇熊遂不从，并执言解释，说明不迁缘由。管班则仗势权威，诬罗奇熊"出言抵触"，当众辱"责十板"，瞬间引起矿工愤激与同情。他们万众一心、团结一致，将管班立即捆绑起来，给以狠揍痛打，并令其"勒写检讨，逼用手印，交出丹砂、水银收票等事"，以解矿工之恨。后因官府出面才将此事平息。矿工们则编快板、作漫画，在三坑、板场、木悠等地张贴，将消息扩散。这次事件给统治者以极大打击，使统治者深感"殊伤官体"，应从中吸取极大教训，为矿工追求自由、平等起到了积极的推动作用。

三是外来侵略者的入侵。1840年鸦片战争后，帝国主义的魔爪不断伸入中国。尤其是矿藏资源十分丰富的贵州地区，引起帝国主义的觊觎、侵略和掠夺。在光绪中叶，英帝国主义在万山设"英法水银公司"，强行开采

---

[1]　《贵州省有色地质勘查局五十年成果》编委会：《贵州省有色金属、黑色金属矿产资源》，冶金工业出版社2009年版，第63页。

贵州万山汞矿，十年中掠夺水银 700 余吨，约合 430 万元，净赚 400 余万元。① 帝国主义入侵后，使用"洋法"以机器锥孔，炸药轰山，每一点钟可放四五十炮……较土法增数百倍——可见土法开采方法十分落后。务川木悠、板场、岩峰脚、田家坝一带的矿厂，"须历六钟之久锥一山孔，实火药燃裂之，名曰放一炮……仅得矿石一百七八十斤，用土法淘炼，每百斤矿石，约得朱砂一二斤、三四斤不等，炼成水银之数亦如之"。显然，一边是六时放三百炮的洋机器在侵吞掠夺，一边是六时放一炮的铁钻在土法开采，技术上的差异使得农民采矿产量甚微。同时，由于"英法水银公司"对大万山丹砂矿产资源的侵占，原来许多国人采矿的矿洞被洋人强租或抢夺，当地矿工只好另寻他处继续开采丹砂进行冶炼。这无形之中对务川龙潭仡佬族丹业的发展造成了挤压，当地矿工不得不让出一部分丹砂资源供外来者开采，致使自己开采的产量就大大减少，直接影响了龙潭仡佬族人民的经济收入及生活水平。

晚清时期，由于吏治败坏、帝国主义对贵州资源的掠夺、豪绅和资产阶级对农民的克扣，使得社会动荡、人民生活困苦、矿乱频繁发生，境内商贩不通，严重制约了当地丹业的发展。据统计，务川丹砂矿年抽课银不过四千余两，比过去年抽课几十吨至百吨相差甚远。②

第二节　狭缝生存：垄断下的龙潭仡佬族丹业发展

1935 年，国民政府趁围剿红军之机开始了国家资本主义对贵州丹砂矿产资源的垄断性开发。1938 年夏，国民政府资源委员会在贵州设立贵州矿务局，以"支援抗战、矿产国有"为由，接管了过去民营的砂厂及务川等周

---

① 《英法水银公司的兴衰》，《贵州日报》1981 年 8 月 13 日第 3 版，转引自林国忠：《贵州近代矿业发展史 1940—1949》，贵州省社会科学院 1994 年版，第 170～172页。

② 参见林兴黔：《贵州工业发展史略》，四川社会科学院出版社 1988 年版，第 1页。

边的矿产，成立了省溪汞矿厂，矿址设于铜仁万山。矿务局专门负责丹砂矿资源的运营、管理等工作。首任局长史维新、继任者张莘夫共同组织包工及矿工进行生产，将新旧矿坑租于矿工开采并抽收租金或包工采掘后定价收丹砂矿。对农民自产的丹砂、水银以每百斤 54 元法币的价格大量收购。① 务川木悠、板场及岩峰脚等矿坑也被纳入监管范围。这一时期，由于万山丹砂矿产资源被英法掠夺之后留下了大量的矿坑，不需勘探就可直接进行生产，所以国民政府资源委员会只顾万山丹砂矿产资源的开采，暂时放松了对务川地区丹砂矿产资源的掠夺。

一、务川龙潭仡佬族丹业发展状况

抗战前，务川木悠、三坑、板场、岩峰脚四处均产丹砂……占地纵约十里，横约里许……皆独立经营。② 其经营方式主要由个人出资，出资者本人也是矿坑的管理者；承袭封建社会时期延续下来的管理制度，但又具有似公司法的管理方式，只是没有明确的管理制度和章程。③ 据龙潭村一位仡佬族老人回忆：

> 旧社会全村人就靠井吃井来谋生。本村就有商民靠挖丹砂发大财，赚到钱后，购置开采工具和爆破火药，自己成为矿业主，招雇本村人继续采丹砂。因仡佬族自濮人时期就掌握了采砂炼汞的技术，所以矿业主只需要将本村人进行分工，大家干自己分内的事情即可。其中重要的是管理工作，如果管理不到位，工人采的丹砂矿就被占为己有或不完全交出，因此为了减少亏损，矿业主给每一矿坑分一把锤首，以锤首为主，五六人组成"一把锤"，管理一矿洞。锤首承包某一矿坑，必须向矿业主，即投资者申请，并填写《请锤包采志愿书》，要

① 林富民：《贵州矿产开发史略》，西南财经大学出版社 1988 年版，第 84 页。
② 林富民：《贵州矿产开发史略》，西南财经大学出版社 1988 年版，第 75 页。
③ 韩克锋：《抗日战争时期贵州采矿业发展状况研究》，硕士学位论文，东北师范大学，2014 年。

找到四个保人后才能办理，其式样如下：

> 今请到务川板场／三坑／岩峰脚第××号洞第×锤，愿遵守一切规章，服从命令，监饬工人认真工作，倘违犯规章及偷漏情事，甘受严厉处分。
>
> 锤户：×××
> 保人：×××
> ×××
> ×××
> ×××
> ×年×月×日①

办完手续，由锤首准备好工具、火药及饮食(矿业主供给)，带领工人进洞采矿。所采之矿地方政府抽收百分之五，视作地方税收之一。矿业主再次抽收十分之七或八，余属锤首，再由锤首与其他成员分配。锤首及工人所得丹砂水银又卖给矿业主。②

龙潭仡佬族大多在本族人开的矿洞中进行生产。据龙潭原丹堡人明老板后裔介绍：

> 龙潭丹堡院落就是我的家，是我老祖公挖矿集资修建的四合院。我老祖公通过自己挖矿发家，然后买了本村方里几许的土地，雇佣当地村民挖矿、种地，慢慢成为这一方地的大财主。当时雇佣的工人有护卫兵、监工、矿工、运输队等千号人马，每天都要10个厨子在家烧饭，才能解决温饱。帮忙干活的人主要来自本村及周边的一些村民，他们没有上地，只能给我老祖公挖矿、种地。由于挖矿需要合作才能

---

① 韩克锋：《抗日战争时期贵州采矿业发展状况研究》，硕士学位论文，东北师范大学，2014年。

② 资料源自笔者2017年5月3日在贵州省遵义市务川县丹砂村4组田野调查所获资料。

完成，同时需要有一部分资金购置火药及工具，如挖不出丹砂矿，就只能亏本，所以风险太大，一般人没有资金也不敢冒险，只好依附于我老祖公，通过出卖体力劳动，来维持生计。由于女性不能下井，工人自然分成了两类：男性主要下井采矿，女性主要从事选矿及种地。当时在三坑、木悠、干溪等地都有矿井，其采矿队伍主要由监工、挖矿、运矿、选矿和炼汞及护卫等人组成，挖矿工人只负责从事采矿，运矿工人负责把采矿工所采矿石运出，选矿及炼汞工人开始锤砂、炼汞，运输队及护卫共同把丹砂及水银运回丹堡，然后由专门的长途运输队将丹砂和水银运往涪陵，换回食盐、布匹等生活必需品。由于路途遥远，抢劫时常发生，生命难保，所以随行要有护卫队一路保护。

在监工的监督下劳作，矿工毫无人身自由。尤其是官府采矿的工人。他们在监工和矿警的监视下工作，严格的管理制度使他们丝毫不能松懈。若有伤亡事件，官府只给工人一点微小补偿。而我们老祖公对手下采矿出现伤亡的人的家庭一般都会予以照顾，如隔壁村有一吴姓家庭，丈夫被瞎炮当场炸死，老祖公将其安葬，并安顿他的妻儿在我家劳作，生活上给予照顾。在我家做事的工人，大多是本地人，他们没有什么生活来源，只能依附于我家才能维持生存。虽没有人身自由，只要能解决基本的生活需要，这些工人也是很乐意付出的。①

至民国十四、十五年（1925年、1926年），务川县的丹砂矿资源多由县商周南风包办，他将一些矿洞包给龙潭仡佬族，规定一把锤，每场如采得丹砂、水银两公斤以下者，不抽成，直接给钱收购；如采得两公斤以上者，他先必须抽20%后再收购。嗣后即为富绅刘佑裁所夺。他除包收岩税外，还贷款给各矿业主或工头，统收水银、丹砂，暗地走私。② 这一繁荣

---

① 资料源自笔者2017年5月3日在贵州省遵义市务川县丹砂村4组田野调查所获资料。

② 林富民：《贵州矿产开发史略》，西南财经大学出版社1988年版，第179页。

盛景至欧战告终。汞价惨跌，继以荒灾时局之变，厂家纷纷倒闭，工人相继解散，市面情形一落千丈，丹砂、水银年产各 2.7 吨。后所存者仅一两家，皆当地习于采炼之龙潭仡佬族人。其资本甚少，聊取所获，借资糊口而已，俗称其厂曰养生厂。①

抗战开始之后，国民政府忙于铜仁万山汞矿的开发，而务川因地处偏僻、交通不便、产量不丰等原因被忽视，这为当地独资兴办采矿业的豪绅提供了良机，使务川成为当时走私最盛之地。这些豪绅深知矿产开发有利可图，积极投资，管理也由本人全部承揽。这一时期出现了一些新气象，即行业开始设置工会，自订章程，监督和管理行业内部成员。② 务川丹砂矿产资源多为本地农民开采，按照一定数量给价卖给开设矿厂的豪绅。而豪绅们不需要组织人员开采丹砂。③

矿务局时期(1936—1941 年)，务川当地走私最盛。参加走私的人员主要是当地豪绅。他们通过各种方式剥削工人，占用地方丹砂资源，然后高价卖给外国商人，以赚取更多利润。据记载："1941 年 3 月汞国内收购价格为 10000 元/吨，8 月份为 13000 元/吨，而该年对外销售价格为 40000 元/吨，后半年涨至 43000 元/吨。1942 年国内经济出现严重通货膨胀，汞的收购价格在 1 月份为 18000 元/吨，该年 6 月更涨至 22000 元/吨，到 8 月份时已经涨至 25000 元/吨。"④随着物价上涨，汞的收购价格也不断升高，对应的国外价格也就更高。汞的高额利润为汞矿承包开采的豪绅创造了极大的价值，也促使务川仡佬族人民积极采砂炼汞。小规模的开采都足以致富，因而 1941 年以前，务川龙潭仡佬族人民积极采砂炼汞，参加丹砂、水银的走私活动，获得了一定的经济收入。

---

① 林富民：《贵州矿产开发史略》，西南财经大学出版社 1988 年版，第 76 页。

② 贵州省平塘县史志编纂委员会：《平塘县志》，贵州人民出版社 1992 年版，第 401 页。

③ 韩克锋：《抗日战争时期贵州采矿业发展状况研究》，硕士学位论文，东北师范大学，2014 年。

④ 韩克锋：《抗战时期国民政府易货还款对贵州汞矿开采的影响》，《贵阳学院学报(社会科学版)》，2014 年第 6 期，第 111~117 页。

国民政府资源委员会为加强对黔、湘、川三省汞矿业的经营和管理，于1941年5月撤销贵州矿务局，制定相关规定，并于民国三十三年（1944年）八月二十四日公布《经济部管理矿产品规则》，进一步强化了国民政府资源委员会对贵州丹砂矿产资源的控制和管理。① 国民政府资源委员会设立丹砂、汞矿管理处（后改为西南汞矿局），对贵州汞矿实行独立经营。张莘夫任处长，处内设秘书、工务、业务、总务、会计五室，处下设探勘、工程、办事处、事务所、各丹砂汞矿厂，厂下再设工务组、总务组、会计组、矿警队。为垄断贵州汞矿，具体在各地设有"三处四厂五所"，即贵阳办事处，开息（开阳、息烽）工程处，务印（务川、印江）工程处，万山厂、岩屋坪、大硐喇、茉莉坪四汞厂，三八、贞册、务川、铜仁、重庆五事务所。以加强对贵州各地丹砂矿产资源的生产和运营（见表5-2）。② 从此，务川丹砂矿资源被牢牢地控制在国家资源委员会的手中。

从表5-2得知，务川从1942年起丹砂资源被国民政府资源委员会垄断，主要是受时局的影响。一是丹砂水银是国民政府对外"易货还款"的矿产品之一。1938年以前，中国和苏联签订了"易货还款"协定，用中国矿产品及农产品还苏联的贷款，其中绝大部分汞产品来自贵州。自中国和苏联签订"易货还款"之后，一方面，中国的丹砂水银资源在国际上有了固定的销售市场，一时供不应求，国民政府资源委员会采用提高丹砂、水银价格的方式，加强丹砂矿资源的管理；另一方面，满足各自所需，即苏联得到了他们所急需的矿产品，国民政府也从苏联那里获得大量的军事装备和各种军用物资。③ 在这一购一卖中，直接管理丹砂、汞矿资源的国民政府资源委员会本身也从中获利，如汞产品盈利379万元，占总利润的1.8%。④

---

① 中央党部国民经济计划委员会：《十年来之中国经济》，南京古籍书店出版社1990年版，第59页。

② 林富民：《贵州矿产开发史略》，西南财经大学出版社1988年版，第85页。

③ 韩克锋：《抗日战争时期贵州采矿业发展状况研究》，硕士学位论文，东北师范大学，2014年。

④ 郑友揆、程麟苏、张传洪：《旧中国的资源委员会——史实与评价（1932—1949）》，上海社会科学院出版社1991年版，第280页。

表5-2　民国二十五年至三十四年汞矿年产量

（单位：吨）

年份产收\地点	二十五年（1936年）	二十六年（1937年）	二十七年（1938年）	二十八年（1939年）	二十九年（1940年）	三十年（1941年）	三十一年（1942年）	三十二年（1943年）	三十三年（1944年）	三十四年（1945年）
全国	58.8	59.8	72	169.6	93.5	124.5	166.6	118.32	103.33	62.27
万山厂	2.3	15.6	18.1	8	22.7	86.93	160.02	113.19	96.32	13.02
岩屋坪	0.8			0.9	6.1	11.59	15.8	38.71		
大硐喇	1.7	2	3	0.75	12.06	45.1	64.1			
铜仁		1.2		2.5	0.9	1.8	1.2			
三八	1.06		1	0.7	0.5	3.16	8.15			
茉莉坪		48.8	57	5.5	9.7	16.8	15.1			
贞册						0.6	0.9			
务川							0.48	1.9	3.74	19.2

资料来源：《贵州省人民政府财政经济委员会：《贵州财经资料汇编》《新中国有色金属锑汞工业》《贵州矿产开发史略》等。①

① 贵州省人民政府财政经济委员会：《贵州财经资料汇编》，贵州省人民政府财政经济委员会1950年版，第285页；当代中国有色金属锑汞工业编委会：《新中国有色金属锑汞工业》，当代中国有色金属锑汞工业编委会1986年版，第249页；林富民：《贵州矿产开发史略》，西南财经大学出版社1988年版，第94页。

1943年之后，务川地区的丹砂水银资源主要出口美国，获利颇丰。二是为抗战军需提供原料。汞是国防工业急需原料，广泛用于兵工企业，如汞与酒精及硝酸可合制为炸药。尤其在抗战这一环境下，汞资源特别被需要，自然就成为军工业发展的重要原料，同时又是有利可图的实业，利润丰厚，因此被国民政府资源委员会垄断。

二、垄断后的龙潭仡佬族生产生活状况

自1941年贵州矿物管理处成立后，次年事务所在务川建立，主任杨杶欣专门收购水银、丹砂，以防走私。他们自己不开采，专委托少数商人自由开采。为便于监管，务川事务所于民国三十二年(1943年)改为工程处，既负责收购，又负责开发工程。管制的矿区主要有板场、官场及蒋家坝三区。其中板场矿区范围较大，为务川最重要的丹砂矿区，包括三个主要工区：板场本区、岩峰脚区、董家坝区。而每区又包括几处。主要矿地呈东北西南走向，绵亘50余里。其中官场及蒋家坝区因产量不多，均未被大量开发。这些矿区最盛时期有矿工150人左右，月可产毛水银200公斤及丹砂20多公斤。①

国民政府对务川丹砂矿产资源垄断后，采取统购统销的方式，严禁私人收售。然而，在国家不断加强管制的情况下，私人运销仍屡禁不止。在龙潭仡佬族工人看来，这是他们维持生存的唯一途径。如今本村70多岁的老人中还有部分老人曾私自收购、运销丹砂、水银。村中有位老人讲述了他曾收售丹砂、水银的经历：

> 国民政府时期，丹砂、水银价格很高，与政府收购相比，私人收购价格会更高。若私人收购的价格比政府收购的低，村民就会卖给政府，也不用担心因私自出售而被矿务局的人抓住，所以我们要买到丹砂和水银，收购的价格就要比矿务局收购的价格高一点。在收购时要

---

① 林富民：《贵州矿产开发史略》，西南财经大学出版社1988年版，第89页。

是被矿务局的人抓住，下场很惨，特别是没有大商人保护的一些私人，被抓住了不仅要交出丹砂、水银，还要被绑去鞭打游街。承受不住惩罚的人就会把卖丹砂、水银的村民供出来。因此，村民都只会与熟悉的人进行买卖，在彼此信任的基础上进行交易。

一般村民做不起丹砂、水银生意，一是价格高，二是风险大，所以我们都是依靠大老板，这些大老板是当地很有名气的大商人。他们会先预付一部分资金，当然不熟悉的人是得不到的。这部分资金除了收购丹砂、水银外，还有一点脚力钱。要是被矿务局的人抓着，就连脚力钱都没有了，所有的钱和丹砂、水银都被没收。大老板一般要提前跟矿务局管事的人协商好，然后矿务局管事的人就会安排下去。有大老板的帮助，我们收购丹砂、水银的工作进展就很顺利。①

从老人的讲述中，我们可以断定汞商与私自收购者、收购者与民间采砂、炼汞者之间构成了利益共同体，并以诚信作为交易的保障。私自收购者即便被抓，宁可丢弃钱财，也不会把村民供出来。同时商人也会不定期地走访那些矿务局的领导，以保护自身利益及私自收购者和村民的安全。矿务局负责管理丹砂和水银资源的领导、汞商、私下收购者与采砂和炼汞的村民因利益而交织在一起，共同维持这种心照不宣的交易。

在龙潭村收售丹砂、水银者有两类人：一类是本地人，他们专门或在农闲之际私下收购丹砂和水银，然后卖给大商人，赚取中间差价。专门从事私下收售的商贩还加入大商人的运销活动中，偷偷将自己收购的丹砂和水银混在其中一起销售出去，然后再把这一部分钱抽出来。这一行为只能非常谨慎地进行：一旦被收购商家、同行者发现并告诉雇佣老板，他不仅被解雇，还要上交所有收入，从而断了养家糊口的路子。另一类是脚夫，即专门靠帮老板背运丹砂、水银赚取脚钱之人。这一组织有四五十人不

①　内容源自笔者 2017 年 7 月 30 日在贵州省遵义市务川县龙潭村田野调查时所获资料。

等。这一组织除了有龙潭及周边的村民外，有很多外地人。他们常年给大商人背运丹砂、水银，赚取运费，收入不多，但也能维持生存。在运输途中，这些脚夫不需要与拦路哨兵接触。因规模大，大老板一般在运输前事先与矿务局领导协商，方便放行。不过也有一些老板不愿意与矿务局领导交流，而是掏出一小部分钱给运输中的领班，让他带队采取夜间行动，绕开拦路哨兵。山路丛杂，大大增加了运输中的不确定性。

这一时期，尽管丹砂、水银被国民政府垄断，但龙潭村村民仍能找到一线生机。在国民政府管制达不到的地方，村民合伙开采，但绝大多数龙潭村村民是在政府监督的矿区采砂、炼汞。因长期从事该项劳动，村民也学会了怎样截取洞内红砂。矿山上几乎每一矿厂都有一到两名监工，这些监工都来自外地，他们经常会因熟人情面、体恤民生默许矿工收藏矿产。矿工们遇到好的矿砂不愿意被资方剥削，就暗自装入竹筒扁担或火药管内，下班时巧妙带走。如被监工发现，大部分监工也不会揭发，但也有监工冷面无私，矿工只好想办法对付。他们故意将一份好矿砂放于显眼处，然后自己藏于暗处，让见利眼红的监工来拿时，立即将其抓住，使他手短口软、有口难言，不敢严查矿工或放松搜身等。[1] 俗话说"律有千条，民有万变"，矿工们就是这样将好矿一点一点地积攒运走的。

从生产环节看，刚掘出的丹砂如何被炼制成水银？一位多年在矿山挖矿的仡佬族老人介绍：

　　我家代代都在矿山采砂、炼汞，以前没有人管的时候采到砂了就在山上打灶烧炼水银，然后将其背回家。周围的矿山归公家（国家）所有后，只能是指定人才有资格造炉烧矿，其他的人是不允许的。一些常年与矿山打交道的矿工，慢慢也学会了如何将好矿识别出，然后想法子带回家，一天天地积累。有时在农闲之际，家人和小孩也去荒山捡矿，这样大约半个月时间就可以积攒起二三十斤矿石，烧一炉的矿

---

① 林富民：《贵州矿产开发史略》，西南财经大学出版社1988年版，第190页。

石差不多聚齐。我们就在家后面比较隐蔽的地方建灶烧炼，白天大家都忙于干活，晚上才能抽时间烧炼，如果砂子好，一炉大约炼出水银两三斤，几个月下来，还是能积攒几十斤。如果被矿务局的人盯上了，他们就要抽收，然后收购，收购的价格也没有商人收购的高，所以我们都是秘密烧炼、出售给本地商人，很少卖给矿务局。①

实际上民间采砂炼汞、自由交易一直存在，只是随着官僚主义、帝国主义、资本主义的入侵，原本自然的生存方式被打破，取而代之的是为官家生产，农民换取维持最低生存保障的食量。一直存在的民间私下交易方式为龙潭仡佬族及周边村民敞开了一扇窗户。官民争夺丹砂、水银资源过程更细致地呈现出了国家与民间的互动过程。在这一过程中，代表国家力量的矿务局在监管私下交易的同时，也为民间交易、流通创造了一个弹性空间，即矿务局的监管人员、监工、大老板及私下收购者之间的互通互惠，为这个弹性空间打开了方便之门。然而这个弹性空间不是任意扩大的，而是随着国家丹砂、水银收入情况及私下交易、流通情况而此消彼长。当私下交易、流通猖獗，管控的丹砂、水银被过分侵占时，矿务局的监管部门又会竭力压缩这个空间，将私人交易、流通控制在国家可容忍的范围内。这样双方共同努力营造这一空间，从而使得民间丹业在狭缝中寻得一线生机。

第三节 遗产与物：龙潭仡佬族丹业的蜕变

一、务川汞矿的衰落

1946 年 9 月，务川县汞矿工程处因西南汞矿局撤离，人员外流，又受

① 内容源自笔者 2017 年 7 月 23 日至 30 日在贵州省遵义市务川县龙潭村田野调查时所获资料。

社会动乱影响，出现了衰败景象。新中国成立时，全省仅存 4 个汞矿厂，年产量不及抗战时期的6%，足见此时之凋敝。① 新中国成立不久，务川丹砂矿资源就经历了国家对资本主义工商业、手工业及农业等的公有制改造。在这一改造过程中，原来由地方豪绅、私营业主等控制的丹砂矿资源逐渐被集中起来。从 1951 年下半年开始，务川县工商管理部门正式对原有矿业进行接管，没收矿商或私营业主经营的矿场。这些矿场千疮百孔，破烂不堪，有的连最简陋的避雨处和最原始的工具都荡然无存。务川县国营商店积极组织当地仡佬族 300 多人，在板场、岩峰脚、木悠、太坝及三坑建五个小厂，用原始的方法开采丹砂、冶炼水银。县国营商店在当地大量收购。务川公安局于 1952 年 8 月正式接管了务川汞矿。他们先到板场穿壁洞、小亚口两个矿洞开采，后到干溪、太坝修尖洞，又在老屋基红洞、胡家坝开新洞采矿。年末在册工人达 86 人，其中职工 26 人，产丹砂、水银425 公斤，总产值 1.39 万元。1953 年 3 月，务川县公安局成立地方国营务川汞矿厂，厂址在木悠。7 月，遵义专属公安处参与办厂。至 1955 年，县公安局逐步在大坪三坑、太坝、干溪等地建立了国营汞矿分厂。当地仡佬族人纷纷前往汞矿厂工作。至此，延续了 2000 多年的采砂、冶炼水银的私人行为才逐渐停止。②

务川国营汞矿厂的成立，改变了以前的生产方式。现有的方式、技术、分工、管理等都发生了变化，开始有了严格的工作时间、技术标准、安全技能及工资制度等，并对工厂工作作了细致的划分。

国营矿厂的建立以及各种管理制度的设立，工作上的分工协作，先进技术的引入等，体现了生产方式和管理体制的巨大改进，更体现了人们追求科学的进步思想。村中申姓老人讲述了在新中国成立前他们在采矿前后集体祭拜宝王的经历：

① 林富民：《贵州矿产开发史略》，西南财经大学出版社 1988 年版，第 101 页。
② 务川矿志办公室：《务川汞矿历史资料 1952—1993 年》，1993 年，第 21~48页。

新中国成立前，我们进入矿洞之前，都要在矿洞前用长钱、酒、肉等祭拜宝王，一是保佑安全，二是保佑工人能打发富矿，采到丹砂后采用同样的仪式进行还原。龙潭仡佬族人民相信自己的祖先宝王是保佑仡佬族安全、财运的菩萨，所以村中仡佬族在寨老及巫师的带领下，每年都要举行隆重的祭祀活动，包括大祭、小祭和年祭。

国营矿厂建立后，宝王庙作为封建迷信被破除，正殿里的宝王塑像也被打碎。当时的宝王庙成为粮仓，不再是神圣的祭祀空间。在这个空间里宝王信仰被破除，相关的信仰仪式也被禁止。那个时候要破除迷信，宝王庙被毁后，再也没有人敢去祭拜。贵州有色金属管理局接管后，我们就很少去开采了。①

以前人们靠祭拜宝王来求得安全保障和财富。国有矿厂建立后，人们不再祭拜宝王，而是通过技术的改进达到目的，放弃了相信"祭拜宝王菩萨"会带来安康和财富的思想观念，不再相信"宝王菩萨"的灵力，转而依靠科学技术。当地政府不断派人到万山、丹寨等地学习生产技术，引进技术人员及先进的生产工具，促进务川汞矿产业的发展（见表5-3）。同时厂内还成立了新的组织，即工会和农会，积极推进新时代思想和技术。之前由长老（寨老）组织的宝王祭祀活动已退出历史舞台，以寨老制为核心的民间组织逐渐淡出，而以工会、农会为代表的领导权威被建立起来。②

1965年，贵州省地方国营务川汞矿厂改名为"务川汞矿"，由贵州省公安厅移交冶金部贵州有色金属工业管理局。当时，因国家"三线建设"的需要，从省内外汇集了1100名技术人员和冶炼工人，其中省外660人，省内

---

① 内容源自笔者2016年3月2日至15日在贵州省遵义市务川县龙潭村田野调查时所获资料。

② 务川矿志办公室：《务川汞矿历史资料1952—1993年》，1993年，第20、22、125页。

表 5-3　务川汞矿主要设备表

汞矿厂	时间	设备名称	数量（单位）
木悠厂 老虎沟 砖瓦厂 三家田 老屋基 板场	1953—1993 年	手摇抽水机	2 台
		蒸汽发电机	1 台
		煤气发电机	3 台
		高楼冶炼	3 座
		水泵	2 部
		空压机	10 台
		电动机	15 台
		变压器	22 台
		凿岩机	48 台
		凿岩台车	2 辆
		装岩机	6 台
		耙矿绞车	20 辆
		扇风机	12 台
		柴油发电机	2 台
		矿车	109 台
		载重汽车	32 辆

资料来源：《新中国有色金属锑汞工业》《务川汞矿历史资料 1953—1993 年》[1]

440 人。[2] 在支持工业建设的号令下，务川汞矿厂从各生产队中抽调 2 名劳动力脱离农业劳动成为汞矿厂工人。丹砂村有一位 70 多岁的仡佬人在当时被抽调到汞矿厂，成为人人羡慕的汞矿工人，他回忆说：

---

①　当代中国有色金属汞工业编委会：《新中国有色金属锑汞工业》，当代中国有色金属工业编委会 1986 年版，第 252 页；务川矿志办公室：《务川汞矿历史资料 1952—1993 年》，1993 年，第 42、72、92、122 页。

②　务川矿志办公室：《务川汞矿历史资料 1952—1993 年》，1993 年，第 33 页。

在 20 世纪 60 年代初，当时国家为了支援农业，下放了一部分工人，一年后就全部召回，并且还从各生产队抽出两名有经验的、身体好的农民进入矿厂当工人，我很荣幸地被大家推荐去了。记得当时我就在木悠厂挖矿，有工人近百人，各自在自己的岗位上劳动。按月发放工资，最先只有 5 元/月，后来涨到 10 元/月，最后是 22 元/月。我主要是下井挖矿。进洞前要在洞口排队检查，出洞时也是一样，以防工人私自带矿。大家相互监督。如果有人被发现，就得被扣除这个月的工资，还要免费干半年，并接受思想教育，所以没有人这样做。当时生产分工明确，挖矿的就只负责挖矿。矿由机器运出，然后进入选矿和冶炼，最终卖到哪里去了我们也不知道。当时矿山热闹非凡，工人们积极性高，生产的朱砂、水银产量颇丰。①

在"三线建设"的推动下，务川汞矿发展迅速，很快成为务川名气大振的一张名片，招来众人的羡慕。能进入水银厂工作的汞矿工人，成为全村人最羡慕的对象。汞矿工人也成为村民最羡慕的职业。当地的年轻人，更是以到汞矿当工人为荣。然而，到了 20 世纪 90 年代初，随着国家对林业的保护及生态环境的重视，再加之企业生产成本高、价格低，亏损逐年增加（表 5-4），环境污染严重（图 5-3），留下了难以治愈的隐患，务川汞矿厂最终于 2002 年实施政策性关闭破产，务川龙潭仡佬族的丹业时代就此终结。

二、集市的衰落

随着丹业衰落的还有与之紧密相关的集市。我国城乡市场距今已有几千年的悠久历史。据嘉靖《思南府志》及有关资料记载，嘉靖年间（1522—1566 年）思南府共辖铺舍 34 个，其中务川就有 7 个。集市主要设置在交通

---

①　资料源自笔者 2016 年 3 月 2 日至 15 日在贵州省遵义市务川县丹砂村田野调查录音资料整理。

表 5-4 务川汞矿各种生产数据统计表

年份	人数		产量	总产值（不变价）	单位成本	总成本	建设投资	税金	利润	人均年工资
	从业人员	在册职工	（吨）	（万元）	（万元）	（万元）	（万元）	（万元）	（万元）	（元）
1953	561	55	4.026	13.11	1.79	7.18	0.33		-1.95	184
1961	2691	1133	22.85	64.5	3.6	82.98	50.3		-49.3	419
1971		1052	36.38	66.21			70.8	5.77	-69.8	753
1981		1104	水银 28.791 丹砂 26.24	146.16	水银 3.33 丹砂 3.64	217.6	10	10.8	-47.8	893
1991		1427	110	786.7				90	-413.2	2019

资料来源：《务川汞矿历史资料 1953—1993 年》①

① 务川矿志办公室：《务川汞矿历史资料 1952—1993 年》，1993 年，第 157、176、177 页。

图 5-3　务川汞矿环境污染图

要道上。① 那时，务川集市上交易的物品分为五大类 90 多种，其中土特产
类就有朱砂、水银等。清道光年间（1821—1850 年），思南府辖 119 个集
市，其中务川集市已发展到 23 个，分东西南北四路。民国三十六年（1947
年），务川县辖 22 个乡镇，集市已发展到 58 个，但在市场上交易的商品极
少。人们购买力低下，市场萧条。②

　　1951 年初，务川县人民政府逐步建立和发展了国营商业和合作商业，
国营经济掌控了国计民生的重要商品，占领了市场阵地，直到改革开放放
开市场。国营商店经营的首要任务是收购土特产品。他们除了在县城、濯
水、黄都开展业务外，还组织流动贸易组下乡收购，有时也委托一些私商
代购，多数商品能完成或超额完成县店分配的任务。当地政府鼓励农民群

---

　　① 　钟添：《思南府志》，天一阁藏明代方志选刊，上海古籍书店 1962 年版。
　　② 　务川文史资料研究委员会：《务川文史资料选辑》第七辑，务川文史资料研究
委员会 1997 年版，第 126 页。

众在完成交付国家任务后把多余的农副产品拿到集市上进行交换，进而扩大了各种土产品的购销面。集市贸易在稳定的基础上有所发展，年集市贸易成交总额在150万元以上。1958—1976年，市场时开时闭，时管时放，几经波折，还剩33个市场，商品交换发展缓慢。①

1954年，务川人民政府成立矿产收购小组，以收购朱砂、水银为主。以前三坑、板场、木悠、龙井坡、干溪、太坝等主要经营丹砂、水银的集市，已慢慢退出历史舞台。1962年县政府又成立外贸站，1986年改为务川县对外贸易经济公司。近年经营业务已有较大发展，如1986年收购水银55吨，并对其深加工，使其完全符合国家优质汞标准。② 外贸公司原属遵义地区外贸局直管，1993年地区外贸局将管理权下放到县后，改为务川外贸公司。大坪镇设有外贸市场，除收购丹砂、水银外，也收购一些土、畜产商品，增加外汇收入。由于丹砂、水银产量逐渐减少，1998年由商务局管辖的外贸公司根据政府〔1998〕2号文件精神实施全面改制，16名职工全部接受一次性补偿安置，转变职工身份走向社会。③

党的十一届三中全会以来，政府把工作重点转移到社会主义经济建设上来，执行改革、开放、搞活的方针，集市贸易及市场得以发展，但繁盛状况已大不如前。1980年，务川县人民政府对农村集市进行统一规划，将全县33个市场场期由原来的15天一场恢复到5天一场。1990年全县大、中、小市场有37个。都濡镇市场为县属市场，它担负着全县产、供、销、引缺泻余的重任；区属市场7个：丰乐、涪洋、镇南、砚山、柏村、濯水、大坪；乡属市场27个；矿区市场和村级市场各1个。④

---

①　务川文史资料研究委员会：《务川文史资料选辑》第七辑，务川文史资料研究委员会1997年版，第127页。

②　《务川仡佬族苗族自治县概况》编写组、《务川仡佬族苗族自治县概况》修订本编写组：《务川仡佬族苗族自治县概况》，民族出版社2007年版，第164页。

③　《务川仡佬族苗族自治县概况》编写组、《务川仡佬族苗族自治县概况》修订本编写组：《务川仡佬族苗族自治县概况》，民族出版社2007年版，第164页。

④　务川文史资料研究委员会：《务川文史资料选辑》第七辑，务川文史资料研究委员会1997年版，第127页。

与之前相比，务川县的集市随着历史的发展与变迁逐渐减少，剩下的集市也集中于县城及乡镇上。这主要与交通及大市场的出现有关。很多集市曾经在历史上是繁荣的市场，后来因历史变迁、交通不便等原因逐渐消失，如龙井坡、大银铺、三坑铺、板场铺等。离县城及乡镇很近的一些集市，受一些大市场或是城镇区域扩大的影响，逐渐被取代或是被覆盖，如牛塘、猫门、杨家坝、大路坳等。而留下的集市随着社会经济的重大改革和商品经济的迅猛发展，由于原来的"以街为市、马路为市"的露天交易市场已很不适应形势的需要，急需改造、扩建，实现集市向多类型、多形式、多层次、多功能、综合配套的集市发展。

三、脚夫的离场与山歌的绝唱

新中国成立以前，务川境内没有公路，主要运输方式是人背马驮。当时主要有两条古道：一条由县城往北，通往武隆江口镇（乌江岸古水运码头），道路全长150余千米（见图5-4）；另一条从县城往南，通往凤冈，全长约84千米。① 道路坎坷，狭窄泥泞，县内生产出来的产品运不出去，生活必需品又运不进来，因而脚夫行业成了那一时期的朝阳产业。脚夫们实现了跨区域间货物的流通。居住在崇山峻岭间的务川龙潭仡佬族，与外界的交通运输全凭人力。一个个背夫、挑夫、抬夫，用他们那双双铁肩铁脚板，负着沉重的货物，下四川、走广西、去云南……走南闯北，与外界联系交流。这种方式一代代传承下来。据村民回忆，村中六七十岁的老人大多经历过"背夫"的岁月，一位老人回忆说：

> 我们小时候，上哪儿都没有公路，搬运东西主要靠人背。我们刚开始主要是给一些商贩背山货，运往四川的江口，就是今天彭水县的江口镇。我们一去就是几十人，背的货物主要是一些土特产：桐油、

---

① 《务川仡佬族苗族自治县概况》编写组、《务川仡佬族苗族自治县概况》修订本编写组：《务川仡佬族苗族自治县概况》，民族出版社2007年版，第115页。

图 5-4　下武隆县江口古道

生漆、杜仲、火硝、朱砂、棉花、水银、蜂糖、黄蜡等。通常重量是一百斤，即一石，所以叫背"石子"，一个"石子"也就是一回"担子"。我们除背"担子"外，还必须捎带在途中十天半月的口粮，主要是一些玉米面、"硬头粑"等食物，还有递补的草鞋等物件。我们背得十分沉重，在山路上步行十来天后到达目的地，交完货再运回盐巴、布匹及一些生活用品和必需的生产资料。这一往返需半个月以上，行程数百里，把人拖得筋疲力尽，苦不堪言。

后来，我又去了务川矿产收购站，专门给政府运输朱砂、水银。工作主要是从矿山上把每天生产的朱砂、水银收到一起，然后背下山，送到矿产收购站。虽然路程不远，但艰险、辛苦程度远远胜过背力下江口的辛苦程度。我们一伙每天往返在矿区与收购站之间，经常遇到山体滑坡、石头滚落、道路湿滑等问题。为了防止摔跤，我们穿的草鞋都套上铁制的"脚码子"，确保走起路来防滑。走起路来还会发出叮当的响声。困了就身靠大树或相互依偎着眯一眯，恢复体力了又继续干活。辛辛苦苦一个月就为了 20~25 元的工资，只够一家人买盐吃。①

村里人把长途运输的脚夫称为"背佬二"或是"脚夫哥"等。有一首四川民歌唱的恰恰是这群来自大山深处的"背佬二"：

——溜溜山来哟——哟哈哈两溜溜山，
脚夫哥下了么四川，哎，脚夫哥下了么四川……②

此歌唱的是"背佬二"下江口的情景。务川通公路比较晚，但历史上务川与外界沟通的人行古道畅通。本地的山货主要靠"背佬二"运往江口，然后将外面的物品，即人民生活必需品运回本地销售。货物的流通全靠"背佬二"完成。他们常年行走在大山中，四季穿着带有铁制"脚码子"的草鞋，肩垫千层补缝的褙子，手执一个"T"字形的"打杵"，累了就将"打杵"放在身后，将"担子"歇在上面，歇稳后，人换一口气，然后长声吆吆地嘘几声歌儿：

呀——喂——那个弯弯啥——那个大嫂啥——转个弯弯又来合哟合！

呀——喂——那个岩岩啥——那个哥哥啥——上个坎坎——又来合哟合！

呀——喂——那个沟沟啥——那个妹崽啥——跨过沟沟——又来合哟合！③

---

① 内容源自笔者 2016 年 4 月 17 日在务川龙潭田野调查所得资料。
② 务川仡佬族苗族自治县委员会宣教文史委：《仡佬之源》，遵义康达印务公司 2005 年版，第 143 页。
③ 务川仡佬族苗族自治县委员会宣教文史委：《仡佬之源》，遵义康达印务公司 2005 年版，第 163 页。

几声长声"吆吆"的呼喊，把龙潭"背佬二"的劳动、生活、心态、情感给唱出来了。提提精神后，他们继续前进。他们饿了就吃点"硬头粑"，也称"背佬二粑粑"，是家人用细筛滤出来的细细的玉米面，放入些盐巴后，温水调和捏成饼蒸成。这种粑粑在炎热的夏天也不会变馊，冷了吃也不会生病。"背佬二"们一般不住店。天黑时，寻一处有水源的地方，依着一岩穴或依傍在大树下，燃起一堆篝火，席地而坐，围着熊熊的篝火，各自烧上他们的"硬头粑"，一边嚼着，一边聊天，困了就相互依偎着盹一盹，天亮继续赶路。

四川彭水县的江口镇在历史上是一个较大的货物中转站。在江口镇设立的务川县国营商店作为务川货物中转站，将全县的"背佬二"组织起来，参与到县供销社、粮食局、百货公司、贸易公司的物资运输服务中来。这些"背佬二"将本县产的土特产运往江口，再用木船由江口运往涪陵、重庆；然后把盐巴、布匹、百货等运回江口，再由脚夫运回务川各地。"背佬二"的存在使务川至江口的崎岖山路上人力运输往来如梭，络绎不绝。

直到1956年汽车开进县城，脚夫长途跋涉搬运之劳才减轻。务川龙潭深山的脚夫世世代代都受着那份肩挑背驮之苦。就是如此艰难辛苦的劳动，他们也是子承父业，兄弟相接——走不尽的西风古道，熬不完的凄怆岁月，谱写着悲壮苍凉的苦歌。随着务川丹砂、水银经济的衰落，集市的消失以及县城内现代交通运输业的发展，脚夫的身影及背夫的号子在深山丛林中渐行渐远，消失在荒烟蔓草里。如今，村里的肩挑背驮也只在田间阡陌上做短暂的搬运，昔日"背佬二"的背篼、打杵等人力运输工具仍然是龙潭重要的运输工具，只是已与丹砂、水银的运输和贸易失去了关联。

第六章　丹砂庇佑：龙潭仡佬族族群认同及其变迁

第一节　业缘：丹砂与龙潭仡佬族身份认同的关系

作为衣食之源，"以丹为业"是龙潭仡佬族人重要的生产生活方式。务川作为全国为数不多的丹砂矿产带之一，造就了丹砂这一地方的自然本性。从物质角度看，丹砂实现了龙潭仡佬族生存的日常化需求：逐丹而生，以丹为业，养民生，兴古寨，并以丹砂维护族界及族际之间的关系。因此，丹砂成了识别龙潭仡佬族的一种象征符号。据《逸周书》载，"卜人以丹砂……"文献中的"卜人"是指西南濮蛮人，他们的后裔据说是今天的仡佬族，主要生活在务川县。① 可见早在商周时期，丹业就已确立为仡佬族的生计方式。龙潭大量的汉墓群出土的丹砂足以证明秦汉时期当地丹业的繁茂和经济的兴旺，为"卜人，西南之蛮，丹砂所出"找到了实物佐证。② 龙潭仡佬族逐丹而徙的生计特征和族群的分类边界在嘉靖《贵州图经新志·思南府风俗》中作了详细记载："蛮僚杂居，语言各异，居西北者若水德江蛮夷、沿河、务川者曰土人，有土语、彼此不开谙，惟在官应役者为汉语耳。信诬屏医，击鼓迎客：有佯横、仡佬、木瑶、猫價数种……采

---

① 宋志英、晁岳佩：《〈逸周书〉研究文献辑刊》，国家图书馆出版社 2015 年版，第 89 页。

② 向海燕：《注视仡佬》，现代出版社 2014 年版，第 24~36 页。

砂为业。"①务川的板场、木悠场、岩前坑等处，均产丹砂、水银，虽产量不多，但每场可运出水银二十到三十挑（一挑重40公斤）；其中尤以木悠采砂最盛，有获利近万者。丹业经济的发展促进了龙潭仡佬族社会的分工、集市的兴建以及邑聚形制的改变。如明田汝成《炎徼纪闻》曰"贫者，掘地为炉，厝火环卧"，富裕之家"用瓦砖砌"，因贫富而异，建筑形式多种多样。现在龙潭村遗留的清代木雕花房，大多是当时从事丹砂、水银的大户人家修建。②

丹砂因其重要的经济价值，刺激着人们的占有欲望，进而促进了务川政治经济的发展。在土司统治时期，务川丹砂资源对于地方土司来说，具有重要的经济价值和政治意蕴，从而引起了历史上有名的砂坑之战。明王朝趁机废除了思州、思南两大土司，改土归流。丹砂的价值所在直接影响了贵州政治历史的进程。据已有的历史文献及实物资料显示，丹砂、水银在历史上就是龙潭仡佬族与外界贸易的最大货物。务川因丹砂资源吸引了大量的外来人口，主要以江西、陕西、湖南、四川人为主。他们来到务川做丹砂、水银生意。据嘉靖《思南府志》记载，"郡产朱砂、水银……皆中州所重者。……商人获利，故多趋焉"，致使务川"商贾云集"，呈现出繁荣的社会经济状况。③

龙潭仡佬族自祖先濮人就在西南地区采砂、炼汞。随着历史的演进，他们从丹砂的生产、分配、交换、消费等各环节建立起族群意识和仡佬文化关系纽带。基于"丹业"而形成的业缘关系，建立在血缘、亲缘、地缘、神缘、物缘基础之上，成为族群内聚力的基础。龙潭地区丹砂的分布、开采及销售以及丹砂的神话传说及历史记忆等共同构成的地方性知识对龙潭仡佬族的身份确认及族群认同产生了深远影响。乃至1983年，民族识别工

---

① 贵州省务川仡佬族苗族自治县民族事务局：《务川仡佬族》，贵州民族出版社2006年版，第13~14页。

② 务川仡佬族苗族自治县委员会宣教文史委：《仡佬之源》，遵义康达印务公司2005年版，第55页。

③ 钟添：嘉靖《思南府志》，天一阁藏明代方志选刊，上海古籍书店1962年版。

作者来到务川龙潭对当地居民进行身份识别时，"丹业"还作为龙潭仡佬族身份识别的重要依据之一。

"无以生计，遑论其他。"在龙潭地区，业缘成为其他"缘分"（血缘、亲缘、地缘、神缘、物缘）的依附者，是群体集结的最初"缘分"。① 然而，随着行业的发展与移动的需要和国家制度的改变，丹业逐渐退出了龙潭仡佬族生活的舞台。20世纪60年代之后的"破四旧、立四新"运动中的各种破除迷信等活动使得龙潭仡佬族的各种民间信仰、仪式及纪念活动等被禁止，进而导致"丹业"走向衰落。采丹为业的生计、围绕丹业兴起的各种活动和习俗等伴随丹业的衰落逐渐消失，人们对丹砂的记忆渐行渐远。如今，不仅学术界对龙潭仡佬族的身份存在质疑，而且族群内部也存在分歧。一些村民坚信申氏宗族是确凿无疑的务川地区土著，他们的依据来自民族工作者对其身份识别时所采用的依据。然而另一部分村民则以家谱为证，认为龙潭申氏一脉始于南京，为官思南府务川县，卜居火炭垭，所以是汉族流官之后。② 以耕代井之后，龙潭仡佬族人民模糊的历史记忆及策略性的认同方式最终导致龙潭仡佬族族群认同上的差异。在旅游情景下，当地政府、地方精英等正在努力借助各种媒介来保存与强化各种记忆，唤起族群真实的情感，凝聚族群的向心力。

第二节　龙潭仡佬族身份认同的影响因素

在一个动态的社会结构中，各民族政治、经济、文化交流加快，逐渐消融了民族间的边界。同时各民族在不断适应新环境的情况下，表现出来的生存方式、思维模式、价值取向、文化认知等深刻影响着族群内部的自我认知和族群整体的发展与进步。

---

① 彭兆荣：《移动的业缘：重新发现的"地方"》，《兰州学刊》2016年第9期，第100~106页。

② 张颖：《丹砂庇佑：贵州务川龙潭古寨文化生态探源》，《贵州社会科学》2016年第3期，第10~13页。

一、涵化对族群认同的影响

"涵化"的概念首次出现于19世纪后期地理学家和人类学家的著作中，它是文化变迁中的一个主要内容。美国人类学家赫斯科维茨、林顿等人将其定义为："当拥有不同文化的个体间进行直接的接触，继而引起一方或双方原有文化模式发生变化的现象叫作涵化。"①涵化是一种双向的互动，是在互相持续的接触互动中互相传播、采借、影响，从而导致一方或双方都发生大规模的变迁。这种变迁实属一种横向的文化变迁过程，既可以是对强势文化的特征及模式的接受而改变自身，也可以是对自身传统文化的反适应。②

在实际的社会生活中，由于文化涵化是一种双向的互动，所以引起一方文化发生变迁的方式和途径往往不是单一的，而是双向的。研究涵化，重在解释文化相互接触过程中发生变迁的动力。其研究目的为：追溯族群文化的历史，恢复文化接触之前的样态；研究文化变迁的动因及机制；解释文化的变迁。③ 具体到务川龙潭仡佬族，他们创造的历史是不同民族之间不断互动、不断接触的历史。务川县早在春秋时期，是巴子国的南鄙，因楚国占领后并入楚黔中，为楚国所有。1983年，在务川大坪江边出土了蒜头壶、铜鍪、提梁壶等文物。据考古专家鉴定，这批文物属于楚文化，距今已有2000多年。这说明早在春秋战国时期，务川就已有楚人迁入。同时，自汉以来，务川就有大量的汉人迁入，汉僚杂居。务川大坪江边、龙潭等地出现大量的汉墓群及文物等，充分说明自汉以来，务川就有移民进入，形成了族群与僚杂居的格局。汉墓中出现的大量五铢钱等，说明在汉

① 蒋立松：《文化人类学概论》，西南师范大学出版社2008年版，第130页。
② 杜娟：《从文化涵化视角看我国各民族交往交流交融》，《中南民族大学学报（人文社会科学版）》2017年第6期，第51~56页。
③ Schapera I：*Field Method in Study of Culture Contact.* Africa，1935，8（3），pp. 315-328.

时龙潭江边一带经济交往频繁，这主要与当地的丹砂资源有关。① 丹砂作为重要的交流媒介，促进了地区社会、经济和文化的繁荣。乃至明代，大量移民定居务川。嘉靖《思南府志》载："至今居民皆流寓者，而陕西、江西为多……"这些居民要么"皆宣慰使之羽翼，各司正副官与里之长是也"，要么"皆商贾宦游之裔"。大量移民进入务川龙潭地区。各种文化、生活方式及行为习惯等融合在一起，互相吸收，逐渐被同化。嘉靖《思南府志》载："蛮僚杂居，语言各异。"《太平寰宇记》对此作了较为详细的记载："……郡西北若水德、若婆川、若沿河，号曰'土人'，有土蛮稍平易近俗，而彼此亦不皆同。惟在官应役者为汉语。今人交接之间，言语俱类中州，素所服习，垂髻之俗，悍劲之性，靡然变易矣。"②"今人交接之间，言语俱类中州"，可见在语言方面，土著民已开始使用汉语；在服饰和民族性格方面也发生了变化，如"素所服习垂髻之俗，悍劲之性，靡然变易矣"，可见"夷、佬渐被德化，俗效中华"，并且"土尚文学"。务川仡佬族自春秋战国时期就与汉族及其他族群相互交往、民族融合，渐被涵化，使得龙潭仡佬族在民族文化特征及行为上表现得不是十分明显，从而影响了当今龙潭仡佬族的身份认知和历史记忆。③

二、历史记忆对族群认同的建构

根据记忆理论，记忆与认同是结合在一起的，共同的历史记忆是族群认同的基础。王明珂认为，运用记忆理论研究某一社会群体的认同，这种认同包含该族群的历史和过去，即共同的祖先来源、相同的成长背景、共同的语言、宗教习俗等文化特征，其目的是要通过某一群体历史记忆来书

---

① 《丹砂古县·务川》编委会：《丹砂古县·务川》，四川大学出版社1994年版，第22页。
② 钟添：嘉靖《思南府志》卷1《风俗篇》，天一阁藏明代方志选刊，上海古籍书店1962年版。
③ 钟添：嘉靖《思南府志》卷1《风俗篇》，天一阁藏明代方志选刊，上海古籍书店1962年版。

写本族群的历史——这种历史可能是为了某种社会需要而进行的想象和建构——达到诠释该族群的本质及维系群体的凝聚。① 可见记忆是一种集体社会行为——人们从社会中得到记忆——存在于人们处理过去与现在关系的过程中，为了帮助群体实现某种利益的需要，从而被选择性地想象、叙事和建构，进而强化族群的内部凝聚力与连续意识，确立族群特殊性。②

龙潭申氏族谱明确记载："龙潭申氏祖先从江西来务川为官，具有显赫的历史地位。"他们是汉族流官后裔，与濮僚边蛮没有丝毫的亲缘关系。然而，无论是在历史文本还是现实生活中，以丹砂聚族传家的生业基础在仡佬族人民生活实践中，以各种形式不自觉地演绎、保存和传承着。每逢佳节，除了给已故的父母或亲人燃烧纸钱和袱包外，还要烧给无具体姓氏的业缘祖先，并注明"地盘业主、古老前人收用"。村内的宝王府是仡佬族人民为祭奠丹业始祖而建。每逢节日、喜事等，村民都会前去祭拜宝王菩萨，时刻确定自己与"古老户"之间的业缘传统。事实上这些历史记忆和承载它们的故事传说、文献、仪式、习俗等各种形式的文本，早就已经融入龙潭仡佬族人的血液。

龙潭仡佬族以"谱系性失忆"和"结构化的信仰"合构的集体意识和价值传统③，贯穿于日常生活、行为的方方面面，并井然有序地传承着。其实他们无论采取何种方式记忆祖先，对于该族群而言，都是一种主动的、策略性的选择，因此我们应该更关注这种心态背后的动因。龙潭仡佬族家谱反映的是改土归流后的历史。当时的务川属于思南府管辖，务川是贵州历史上第一个流官县。为了控制务川地区的丹砂资源，中央王朝不断向黔北

① 王明珂：《华夏边缘：历史记忆与族群认同》，允晨文化实业股份有限公司1997年版，第28页。

② 王明珂：《华夏边缘：历史记忆与族群认同》，允晨文化实业股份有限公司1997年版，第27页。

③ 张颖：《丹砂庇佑：贵州务川龙潭古寨文化生态探源》，《贵州社会科学》2016年第3期，第10~13页。

地区派官，其中绝大多数为"皆宣慰使之羽……颇以富足"，且"乐进士"①。明王朝对思南的经营实行文武相维，将思南牢牢控制在中央王朝统治之下。当时的土著在中央封建王朝和地方封建统治势力的双重压迫下过着极其困苦的生活。为了逃避官府繁重的赋税徭役和地方土司的欺压，土著被迫依附外来强族大户，改为汉姓。正是在这样一种历史背景下，才出现今天我们在家谱中所看到的"我祖始南京苏州吴县"这样的"其祖先来自外地望族"的表述。龙潭古寨仡佬族的祖先卜居之处火炭垭，即现在的龙潭村是务川的风水宝地，"东有韭菜，南有三潮，西有石笋，北有明堂"②。乾隆甲午举人申允继有七言一律曰"韭菜称名今古扬，三朝叠洞水源长；都视石笋千年峻，瞻彼明堂万卷藏"③，以此来说明龙潭申姓仡佬族在历史上的地位，以及名门之后的守望。

族谱作为一种文化记忆方式，建构和延续龙潭仡佬族的族群认同。这种认同是"龙潭仡佬族成员对于自身所处的社会环境及文化关系的积极参与以及重构或是忽视所处的社会和文化关系的一种内在凝聚力"④。"可见记忆或是失忆都与认同紧密联系在一起，任何一个族群对'自我'的记忆都可以随着族群的形成、维持和变迁进行文本构造和意义的注入。其价值在于，通过人们对记忆的选择以达到族群内部的认同，进而强化族群的内聚

---

① 钟添：嘉靖《思南府志》卷1《风俗篇》，天一阁藏明代方志选刊，上海古籍书店1962年版。

② 东有韭菜，东边有一岭遍生韭菜，非属人为也。南有三朝，龙井坡有一口清泉，传说泉内有一条活龙吐水，每天吐三次水就涨三次，故所谓三朝水。又曰：昔京都起火，此龙救之。天师卜曰此，黔南龙救也，遂封"金龙护国长泉山"。西有石笋，道塘河边上有五根石笋高耸入云。北有明堂，北边河下有天池塘一口，千年万载不得干涸。又曰有一金鸡鸣叫，邹氏出科举；河西有犀牛鸣，申氏出甲。今败之，古迹犹存。

③ 资料源自笔者2017年8月15日在务川龙潭村申学祥家收集的《家谱》。

④ 莫里斯·郭德烈：《人类社会的根基——人类学的重构》，董芃芃、刘宏涛等译，中国社会科学出版社2011年版，第297页。

力，实现资源配置转化为生活方式。"①为了实现资源竞争与利益分配，龙潭仡佬族坐拥坑砂和水银，进行丹砂贸易，进而追求个人及群体利益。所以，他们需要强化族群的历史记忆，以确立地盘业主的土著身份；同时亦积极重构家谱，向社会彰显其族群在历史王朝中的显著地位。龙潭仡佬族"出于面临具体的生活境遇时的需求，他们对于自身历史的记忆不断建构"②，在特定的语境下选择最符合族群利益的认同关系。不管是"由夷入汉"还是"以汉化夷"，对龙潭仡佬族来说，依赖及控制丹砂资源才是他们身份认同的决定性因素。③

三、淡薄的仡佬意识

在龙潭村的田野调查中，笔者发现居民的民族认同感较淡薄。

1949 年新中国成立后，各个少数民族获得了平等发展的权利，并有民族自治政策的保障。但在少数民族地区，部分人仍存在顾虑。他们并没有选择自觉的族群认同，而是以传统"隐形人（即在族群边界上不刻意去表扬和彰显自己的与众不同）"④的姿态淡化"自我"与其他族群的族群差异。其根本原因还在于族群认同的需要。文化认同是一幅"流动图像"，在现代社会里，越来越趋向于群体利益的个性化表现。而族群认同更是如此。具体到龙潭仡佬族。仡佬族身份在没有给龙潭仡佬群体带来益处时，仡佬群体的生存和发展面临着严峻的挑战，只好作为"隐形人"以获得生存的权利和机会。为了生存，龙潭仡佬身份也被策略性地淡化、失忆甚至消解。直至近几十年来，国家对少数民族的发展制定了许多优惠政策，仡佬身份才被龙潭仡佬族重新唤醒。

---

① 彭兆荣、朱志燕：《族群的社会记忆》，《广西民族研究》2007 年第 3 期，第 76 页。

② 赵世瑜：《祖先记忆、家园象征与族群历史——山西洪洞大槐树传说解析》，《历史研究》2006 年第 1 期，第 64 页。

③ 张颖：《丹砂庇佑：贵州务川龙潭古寨文化生态探源》，《贵州社会科学》2016 年第 3 期，第 10~13 页。

④ 彭兆荣：《宁化石壁村的族性认同》，《读书》2000 年第 10 期，第 126~131 页。

通过拯救和挖掘仡佬文化，当地居民才慢慢恢复意识，关注"自我"。自 2007 年以来，贵州省文物考古研究所会同务川自治县文物管理所对大坪汉墓群进行了抢救性考古发掘；地方政府采取民办公助的形式组建了"神砂仡佬"艺术团，打造了一台综合反映仡佬文化的大型歌舞史诗《神砂仡佬》；邀请国内知名音乐家对仡佬族民间音乐进行了田野调查，并提炼创作，汇编集成了独具仡佬民族特色的《濮乐遗音》专辑，现正在提炼打造《仡佬盘歌》及以"高台舞狮"为代表的《仡佬绝活》，成功拍摄了仡佬族故事影片《九天情缘》《远方的家》等，仡佬民族文化得以有效的发掘、保护、传承与发展。近年来，随着拯救和挖掘民族文化力度的加大，日本、韩国、美国等专家学者多次深入本地开展仡佬文化专题调研，生成各种民族志文本及专题报道，吸引了诸多旅游爱好者，也推动龙潭居民慢慢关注自己及仡佬文化。

龙潭仡佬族的族群身份从意识模糊到逐渐明晰的过程，具有明显的"情境性或工具性"特点。他们通过策略性地选择记忆和失忆达到生存和经济利益最大化的目的。然而，这种策略性的生存方式选择会使得与族群相关的更深层次的文化和心理需求被忽略甚至遗忘，致使龙潭仡佬族人民的自我意识更加淡薄。一个族群或是民族要强大，最重要的支撑点是"他们"自己对自我族性的认识和把握与自觉的参与和表达。[1]

第三节　旅游发展情境下的龙潭仡佬族身份认同的重构

随着传统村落旅游的兴盛，龙潭古寨丰富的丹砂文化资源及仡佬族特殊的族群身份在一定程度上成为促进地方社会经济发展的重要资源。拥有 700 多年历史的龙潭古寨，不仅古老建筑风格独特，更是融富丹砂文化、仡佬文化等多元文化元素于一体。从物质文化到非物质文化，从外部景

---

① 彭兆荣、牟小磊、刘朝晖：《文化特例——黔南瑶麓社区的人类学研究》，贵州人民出版社 1997 年版，第 3 页。

观、空间形态到仡佬族的风土民情以及精神文化，无不彰显龙潭古寨醇厚的文化底蕴及独有的民族特色。① 然而，在旅游兴村的情景下，如何利用这些珍贵的传统文化资源既发展古寨的旅游经济，又唤醒龙潭仡佬族的自我认同情感是值得深思的问题。

一、龙潭古寨旅游中的深层文化基因解析

深度挖掘龙潭古寨文化旅游资源，是新形势下仡佬族人增强族群认同最直接的途径。根据龙潭古寨文化旅游资源的类型及载体，我们可将其归纳为文化遗址、聚落文化、建筑文化、传统技艺、丹"红"崇拜、合和文化、饮食文化和民俗文化八大类(见表6-1)。

表6-1　龙潭古寨文化旅游资源

资源类型	具 体 内 容
文化遗址	葛洪炼丹遗址、淘砂炼汞遗址、翁溪桥遗址、丹砂井遗址、营盘遗址、九天母石遗址、江边汉墓群遗址、火炭垭汉墓群遗址、丹砂井汉墓群遗址、申天祐广场、申天祐故居、先贤堂、申天祐祠堂、宝王府及丹堡等。这些都是龙潭古寨历史的见证，时刻彰显着古寨独特的历史文化类型和博大精深的文化内涵
聚落文化	古寨彰显出聚落的防御体系功能，利用周边山体作为天然屏障，在古寨四周建营盘和炮台，进寨口建烽火台，寨内修碉楼等以加强防御。从赶子元、中寨、后寨，从外到内，石巷相连，独特的山石或汉砖围墙，民居独立成院，丹堡院落的规范建制：古墙、石巷、枪眼、重门，构成了古寨防御布局体系

---

① 吴芳梅：《融合与突破：龙潭古寨文化旅游创意产业发展研究》，《云南民族大学学报(哲学社会科学版)》2017年第4期，第39~46页。

续表

资源类型	具体内容
建筑文化	庭院式住宅为主要建筑方式，均为自然木质板房结构。房屋正面用丹砂涂其壁，门窗称"六合门"，其上雕刻构图精美，门窗饰以龙凤、万字格、炼丹炉符号等吉祥图案，呈现出民族文化融合后的丰富性。所遗"猫眼"位于大门吞口两侧，一左一右，以鲤鱼门的观察孔，兼具装饰和实用的功能，充分体现了仡佬人在建筑艺术上的创造性
传统技艺	濮人以丹为业，掌握了一套完整的、独有的采丹炼汞技艺。其主要工艺流程为寻丹—采矿—淘砂—炼汞等过程。这一技艺激发了仡佬先民的思维，延伸出了染布、制硝、石雕、木雕、打铁、编制等技艺。根据采丹炼汞工艺流程建立了丹砂炼汞体验园、百匠园及展览馆等
丹"红"崇拜	丹砂"红"的崇拜，造就了独特的朱砂"红"崇拜习俗。建筑用朱砂作颜料装饰；丧葬上用红布替代朱砂；服饰用朱砂涂色；婚嫁宴席称为"红饭"；朱砂入药，具有安神解毒之功效等
合和文化	龙潭仡佬族民居的无子棋、大贰纸牌上🁢🁣🁤🁥——"天地人和"的符号、百合花花海、九天母石、九天水榭等，彰显着仡佬族六和天地、自然和谐的人生哲学，崇尚"天地人和""日月同辉"的思想。此外，仡佬族将丹砂视为凝结天地精华的圣物，有凝聚天地之气、驱鬼辟邪之效，是沟通天地鬼神的媒介
饮食文化	三幺台具有深厚的文化底蕴和独特的民族特色，食物中的"红麻饼""红粉"、红酥食、红帽子粑等体现了丹砂文化元素
民俗文化	民间习俗可分为世俗休闲文化、礼仪文化和祭祖文化，休闲文化表现为傩戏、大贰纸牌、《神砂仡佬》原生态舞剧、陶盆打挂子舞等文化娱乐活动；祭祖文化表现为祭拜宝王、祭天朝祖、申天祐祭拜等；礼仪文化表现为婚丧礼仪等

资料来源：根据田野调查及相关资料整理。①

---

① 刘谦：《民族地区旅游开发过程中文化元素的旅游表达研究——以贵州务川仡佬民族村寨为例》，硕士学位论文，四川师范大学，2013年。

通过对纷繁芜杂的古村落文化事象进行分类、提炼，笔者发现这些文化类型中最深层、生命力最强的文化是丹砂文化。鉴于此，笔者采用基因谱系法，从古寨居民日常的生计方式、传统技艺、祭祀仪式及认知与崇拜方面深入分析和阐述古寨丹砂文化的基本结构，明晰其丹砂文化内部及文化之间的关联性，进而阐释龙潭古寨独特的文化类型。

生计方式：被称为"岩旮旯"的龙潭古寨位于典型的喀斯特熔岩地貌之上，土地瘠薄，不利于耕。但令人惊奇的是，此地呈现出人稠物穰、朱门绣户的繁荣景象，追其根源，与村寨周边丰富的丹砂资源有关。相传龙潭仡佬族祖先濮王即宝王，带领部落以丹为业、养民生、建住所，创造了龙潭古寨以丹业为核心的生计文化传统。丹业的发展促进了地方经济社会的发展，在促进地区社会分工的同时，也使传统的聚落形式发生了根本性改变。此外，"以丹为业"所带来的移动性，促使了华夷之间、族群之间的政治关系的建构和重构。

传统技艺：仡佬族先民在采丹炼汞的过程中，形成了一套完整的、独步于当时、领先于世界的生产技艺。其工艺流程主要为寻矿、采矿、选矿、淘砂、炼汞。首先是寻矿。古代刨山匠通过观察岩层结构，如岩石色彩、颜色变化、岩层纹理以及岩石周围的水路等，来判断是否有砂及脉络。其次是采矿。古代仡佬先民原先采用爆火窿石法。随着火药的出现，爆破法取而代之。随后是选矿、淘砂和炼汞。先民将矿石中的纯朱砂颗粒选出，剩下的根据含红多少以锤成粉末或敲成石块，然后用淘盆将红色朱砂淘出。剩余矿石等待烧焙。其烧焙方法有篾灶和土灶两种形式，以香计时。从寻丹到冶炼水银经历了复杂的工艺流程。其精湛的技艺，成为仡佬族技艺文化传统。这一技艺激发了仡佬族人的思维，进而延伸出了染布、制硝、石雕、木雕、打铁、编制等技艺，建立了丹砂文化体验园、百匠园、展览馆等。[1]

祭祀仪式：在龙潭仡佬族的祭祀仪式中，尤以宝王祭拜最为传奇而真

---

[1]　资料源自笔者 2015 年 12 月 19 日对贵州省遵义市务川县丹砂村的田野调查。

实。宝王是仡佬族的祖先，祭拜祖先天经地义。不仅如此，宝王更是通联三界、掌握各种技能，为子民驱灾送福的行业神。只要仡佬族还在从事丹业生计，宝王祭拜就会持续。在龙潭村祭拜宝王菩萨主要有三种形式：年祭、大祭、小祭。小祭是刨山匠的日常祭拜，用猪头、酒、丹砂、香和纸在自己开的矿洞前向宝王虔诚祈佑。大祭是还愿，一般由专职的祭师进行祭拜，并邀请全寨人共同分享猪头汤以示好运。年祭则是年三十夜、大年十四、月半等节日进行的简单仪式，不敬猪头。① 通过对宝王的信仰，龙潭仡佬族人自觉遵守行业规约。同时，古寨仡佬族人也形成了对大山的敬畏和对祖先的敬仰，如祭天朝祖、祭拜申天祐等。宝王信仰与其共同形成了古寨仡佬族的祭祀文化。

　　认知与崇拜："收了米油在手，不如存了丹砂在心"，这是龙潭老人对晚辈的告诫。可见丹砂在龙潭仡佬族人心中并非纯粹的自然物，而与人的生命世界关系密切。龙潭人视丹砂为圣物，用之于丧葬、奠土、定位、祭宝王等，有祛邪、呼龙接脉、开光定位及镇宅等功效。古寨仡佬人在食物中放置丹砂，认为丹砂有活血、安神之功效。将丹砂被涂其壁，不仅有防毒虫及蛇类之功效，更有驱邪之用。当地的道士和巫师将丹砂置入印泥，所盖诏书称为丹书。他们认为丹书是天地鬼神沟通的媒介，作为神圣性标识。丹砂所具有的神圣与世俗价值，造就了龙潭仡佬族独特的丹砂"红"崇拜习俗，这具体体现在食物、服饰及婚丧礼仪中。龙潭仡佬族人怀丹于心，将其作为一种精神食粮和知识内化。丹指引着龙潭仡佬族人正确处理人与自然、人与人、身与心的种种关系，并延续至今。

　　通过对龙潭古寨生计文化、传统技艺、祭祀文化、认知与崇拜文化方面的分析，笔者发现，丹砂文化浸润于龙潭古寨居民日常生活的各个方面，是古寨基因差异性的集中表达。进一步考证发现，龙潭古寨的丹砂文化源于当地的宝王传说，因此宝王应被视为龙潭古寨丹砂文化基因的母

---

　　① 资料源自笔者 2016 年 3 月 21 日至 4 月 22 日对贵州省遵义市务川县龙潭村的田野调查。

体。《逸周书·王会解》两次记载卜人献丹的故事。因有传说佐证，当地人们认为献丹者乃龙潭仡佬族祖先——宝王。民间传说和历史典籍共同构建了宝王的叙事文本，使宝王成为龙潭仡佬族丹砂文化的起源点。基于此，遵循基因图谱编制的整体性、结构性及局部性原则，龙潭古寨丹砂文化基因图谱建构如图 6-1 所示。

通过龙潭古寨丹砂文化基因图谱，笔者发现古寨的丹砂文化源于宝王传说。是仡佬族的矿业鼻祖宝王菩萨带领濮人通过寻丹、采丹、炼汞等活动，过上了定居的生活，寻找到了适合部落生存的领地，并在日常生产生活实践中共同创造了悠久而灿烂的丹砂文化。所遗丹砂文化痕迹、古寨周围大量的汉墓群以及考古发现的丹砂颗粒等皆表明在历史上龙潭古寨就是一个丹砂文化繁荣圣地。这种"红色"丹砂文化，随着历史与社会环境的变迁，不断发展、融合和创新，成就了龙潭古寨以丹砂文化为核心的独特的文化类型。

二、旅游情境下对丹砂景观的复原与地方形象的塑造

地方政府根据社会对仡佬族人的想象及龙潭仡佬族人的参与，确立龙潭仡佬族的文化标志以凸显古寨仡佬人的特性。此举措被认为是增进龙潭仡佬身份认同的重要手段。随着务川旅游的兴起，一些具有标志性意义的、独具民族文化特色的表现形式与传承逐渐被社会认知，受到各界人士的高度关注。龙潭仡佬族区别于当地其他族群的最为显著的文化符号是仡佬族文化和丹砂文化，因此当地政府及旅游规划局积极围绕这一文化特性，建设以仡佬族文化和以丹砂文化为代表的旅游品牌，并将旅游产品主题形象定位为"丹砂古县·仡佬之源"，[①] 推出了"县城—九天母石—仡佬丹砂古寨—葛洪炼丹遗址—宝王府—灵崖回音壁—县城"文化体验旅游路

---

① 申中华：《务川民族文化旅游渐入佳境》，《遵义日报》2009 年 7 月 8 日第 2 版。

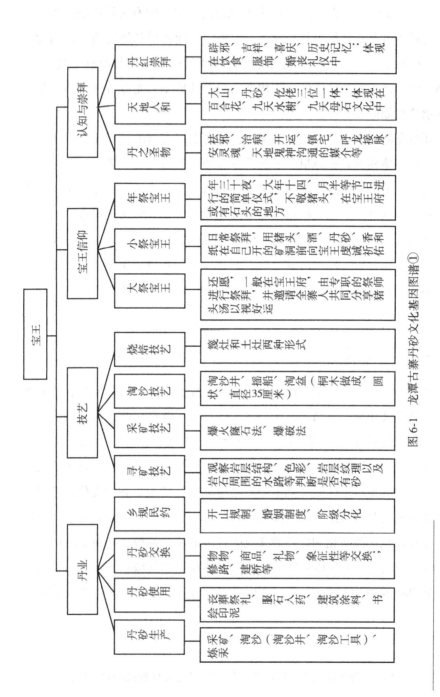

图 6-1　龙潭古寨丹砂文化基因图谱①

① 吴芳梅　王英杰：《文化基因理论视角下的古村落旅游发展研究——以贵州龙潭古寨为例》，《文化产业研究》2017年第2期，第266页。

线。① 在古寨内，充分利用古寨丹砂文化资源，创建丹砂养生文化体验园，对古寨葛洪炼丹遗址及淘沙炼汞遗址进行改造重建，在保存原有实物场景的前提下，以蜡像手段复原仡佬先民采矿淘砂、炼汞的场景，摆放摇箅、陶盆等淘沙器具开发淘砂炼汞体验项目。在民族民俗文化体验方面，依托古寨民间传说和神话故事，如以"前寨出文人，中寨出富人，后寨出美人"等地方传言，对三寨分别进行主题氛围营造，建立以"书卷前寨""富贵中寨""美人后寨"和"碧水龙潭"四个片区组成原生态仡佬民俗文化体验园，②营造以生态文化为主题的特色旅游民族村寨，提升古寨的知名度，进而推动"丹砂古县·仡佬之源"品牌的建设。

强调仡佬族人的"特殊来源及以丹为业的生计方式"，对族群历史记忆重新塑造，成为龙潭仡佬族人建构其族群认同的新策略。自 2008 年始，当地政府与村民每年举办"仡佬族祭祖"大型活动，打造"仡佬之源"，强化族群认同感。首先，在当地政府的指引下，通过民间采访、查阅文献、仡佬族协会的记录，记述了"九天天主"诞生的过程，从而在龙潭仡佬族心中立起祖先的神威，为"仡佬之源"的地方合理性打下基础。其次，选择祭祀场所及设计仪式内容也是非常重要的。"祭天朝祖"大典分为"礼祭""歌祭""乐祭"三部分。当地的巫师、老人、学生组成了祭祀班，③ 整个仪式过程都由主祭师主持，其表演性质一定要符合"礼"，也就是说"礼"上要尽可能规范，很多内容借鉴了《周礼》上的"礼"，如步态、献歌、献礼品等活动。再次，关于祭祀场所的建构。"小唐石笋"原为当地普通的山石，因"石笋"与"十省"谐音，有统管天下之意，加之大坪地区悠久的丹砂文化底蕴，便成为祭祀的最佳场所。最后，"小唐石笋"变为"九天母石"。通过文献、采

---

① 朱浒：《跨地方的地方性实践——江南善会善堂向华北的移植》，《中国社会历史评论》2005 年第 1 期，第 33~50 页。

② 吴芳梅：《融合与突破：龙潭古寨文化旅游创意产业发展研究》，《云南民族大学学报（哲学社会科学版）》2017 年第 4 期，第 45~46 页。

③ 祭祀活动中，主祭师 1 名（100 元/天），祭班 9 人（师父 80 元/天，徒弟 60 元/天），男女老人 12 人（30 元/天），童男童女 24 人（50 元/天），声乐队 54 人（50 元/天）。

访、仡佬族协会创作等方式建构"九天天主"的故事传说。这一故事传说需借助仪式、场所和仡佬族人将"仡佬之源"的意义赋予"小唐石笋"，将其变为"九天母石"，完成"九天天主"身份的具象化。这一过程将仪式与空间意象、仡佬族身份与地方统一起来，再打造"祭天朝祖"大型祭祀活动，增强仡佬族的族群认同感。

建构宝王传说及祭祀仪式，形塑地方丹砂文化意象。"宝王祭拜"是龙潭仡佬族代代传承下来的祭拜"业缘祖先"的仪式活动。"宝王"是仡佬族传说中第一个发现和组织开采丹砂的部落首领，后来演绎成了仡佬人心中渴望财源和命运平安的祖先神、行业神和幸运神。他带领濮人、僚人、仡佬人以丹为业，创造了灿烂的丹砂文化。宝王既是龙潭采丹人的行业神，亦是龙潭仡佬族的业缘祖先。他们在进行丹砂采炼活前后，必须祭拜宝王菩萨：一是祈求祖先保佑、获得财富；二是还愿酬神、分享福祉。① 破除迷信之后，宝王祭拜就慢慢被人们遗忘了。如今，在旅游发展推动下，龙潭村的宝王信仰又开始恢复：在村里修建了宝王庙，供大家参观和祭拜；恢复了大祭、年祭和小祭的祭祀活动。"宝王菩萨"是龙潭仡佬族丹砂文化的重要载体，恢复和祭祀等活动重温以丹为业的经济生活方式，以塑造龙潭仡佬族勤劳、朴实、勇敢、守成的民族性格，对增强龙潭仡佬族身份认同意义重大。

三、龙潭仡佬族文化践行主体的培育

加强龙潭仡佬族文化践行主体的培育，使之成为族群身份认同的主要力量，可视为一种着眼未来的"长远考虑"。首先要积极组织和恢复"长老制"。"长老制"是古代龙潭仡佬族规范族群而设立的最具权威的民间组织。在龙潭人的历史记忆中，"长老"一般是族里最具权威和值得信赖的、有威望的老人，主要负责本族群日常事务的管理。他也是巫师，既组织族内各

---

① 张颖：《丹砂庇佑：贵州务川龙潭文化生态探源》，《贵州社会科学》2016年第1期，第12页。

项重大祭祀活动，又负责照顾族内的生老病死等。新中国成立以后，"长老制"的管理制度基本消失。随着村落旅游业的兴起，"长老"这一职位才重新得到恢复，但是其职能已发生重大变化。如今的"长老"承担村长的角色，是当地政府职能在村里的主要"通道"，起到上传下达的作用。"长老"这一角色在龙潭除了基本沿袭古代的"长老制"，负责管理、调节和维系族内及族群之间的各种大小事务，同时还要兼负村长的职责。"长老"是最能代表本族人的心声、表达其族群意愿、尽力谋求本族人共同利益的重要代言人。因此目前村里的长老是村民根据一定的领导能力、人品及知识背景选出来的，其他人遵从长老管理。在旅游情境下，"长老"在组织和恢复仡佬文化活动和举办各种祭祀活动等方面发挥了积极作用，成为恢复和继承仡佬族文化及维系其族群认同的重要力量。

但是，仅仅恢复"长老制"是不够的，还应培育村中其他热爱仡佬文化的成员。首先是营造适宜仡佬文化的成长环境，致力于民间技艺人士的培育。他们对本民族的历史、习惯、民俗风俗了解深入、思考透彻、运用自如，所以应将民众的"喜好"借助宣传仡佬文化的舞台进行恢复和传承。随着旅游的发展，传统的民间民俗活动重新恢复，挖掘非遗传承人及手工艺人，提供手艺展示的空间和平台，让曾经失传的技艺重新焕发生命，成为龙潭仡佬人民表达其"民族意愿"、增加族群认同的主要途径。其次是运用"外脑"开发"内脑"。① 在旅游发展背景下，民族特色文化是吸引外来游客的重要吸引点。而如何让本民族文化以多元形式呈现，让本民族文化既得到有效传承，更能创造更大经济价值，这需要"外脑"（外地文化创意人才）通过"传、帮、带"的形式开发"内脑"（本土的仡佬文化传承技艺人才），即将外来文化创意人才的经营理念、开发技术、管理技巧和创新意识等就地内化、吸收、创新，让通晓本土文化根脉的艺人掌握这些知识和技能，

---

① 吴芳梅：《融合与突破：龙潭古寨文化旅游创意产业发展研究》，《云南民族大学（哲学社会科学版）》2017 年第 6 期，第 46 页。

进而达到开发"内脑"的目的，然后深层次开发本土文化，吸引更多游客。① 因此，加强本土仡佬文化人才的培育，有助于增强龙潭仡佬人的族群认同感，同时也促成龙潭古寨文化旅游发展本应该达到的良好绩效。

因此，随着生态环境的改变，人们选择适宜的生计方式，这是必然和必须，尤其对于以"业缘"超越亲缘、地缘、神缘成为族群内部凝聚力的龙潭仡佬族。面对生存环境及生活方式的改变，族群文化认知和认同对于那些将生命和生活寄托其中的人而言，是一项自我生存及社会归宿的策略问题。在传统村落旅游发展情境下，挖掘民族文化资源，寻找仡佬文化间的关联性，以传统习俗、民间歌舞、民族服饰、地方饮食等方式表达族群认同，是民族地区族群互动中常见的文化行为。这种行为在某种意义上越来越注重族群认同的策略性运用，即试图通过旅游媒介将已逝去的传统文化进行追溯性复原和展演，通过参与、体验和认知，唤醒仡佬族成员的身份认同感和归属感，进而使其学习、运用仡佬文化表达族群认同，达到"文化展演"的真实目的，拓展社会生存生活空间。这种追求族群生存和延续的认同方式，实属"族群认同"的恰当运用，既不过度强调根基的绝对意义，也不局限于社会资源博弈的精确算计，而往往着眼于族群在地方社会长久存续的通盘考虑。②

---

① 吴芳梅：《融合与突破：龙潭古寨文化旅游创意产业发展研究》，《云南民族大学（哲学社会科学版）》2017 年第 6 期，第 45~46 页。

② 吕俊彪：《"他者"的自我维系：京族人的族群认同及其变迁》，《广西民族大学学报（哲学社会科学版）》2014 年第 5 期，第 75~81 页。

第七章 "业缘"——族群认同的凝聚力

第一节 凝聚力：族群内聚和汇合的基础

所谓"凝聚力"，就是人与人之间的亲和力、聚合力和向心力。而族群的凝聚力主要体现在某一群体内部成员之间的亲和力、聚合力和向心力，也可以说团结力、统一力。具体而言，这种凝聚力表现为整体对个体成员的吸纳，个体成员对自己群体的向心力，个体与个体之间的亲和力。① 这种凝聚力在竞争激烈的社会中，表现出团体的凝聚力和社会的凝聚力。一个族群一旦失去了个体对自己群体归属的认知和感情依附与群体对个体的吸引力，对外也就失去了竞争力，族群的延续也就受到威胁。如果一个民族或群体表现出强大的团体凝聚力和社会凝聚力，即族群认同感，那么必然具有强大的竞争力和旺盛的生命力，这也必然带来一个民族或族群的兴旺发达。

形成族群凝聚力有诸多因素，概括起来分为自然因素和社会因素两大类。自然因素是一种"原生的""自然的"族群情感纽带，如以血缘和地缘关系为基础的族群情感纽带。克利福德·格尔茨称这种族群情感是经由亲属制度传承的先天资赋。② 还有一种被广泛接受的原生论强调，共同血缘、语言概念及宗教情感在濡化过程中成为根深蒂固的认同因素。根据这一观

---

① 林其锬、吕良弼：《五缘文化概论》，福建人民出版社 2003 年版，第 17 页。

② Geertz Clifford：*The integrative revolution：primordial sentiments and civil politics in the new states. Old Societies and New States.* New York：Free Press，1963，pp. 105-157.

点，人们濡化进入某一特定族群，也就形成了对该族群的深层情感依赖。①
所以这种情感纽带是与生俱来、自然产生，而非个人能够选择的。而地缘
关系也是自然形成的，是人们长期共同聚集一地形成的人缘关系，如邻
里、同乡是比较典型的地缘关系，它反映着族群生活的地理生态结构及个
体成员的祖籍地。这些所谓的"原生纽带"可以是基于语言、种族、宗教、
族属与领土。但无论哪一种或是多种，都是族群成员相互联系的重要因
素。对族群成员来说，这种原生性的、自然形成的情感纽带是有意识的、
非理性的和根深蒂固的。

族群凝聚力的社会因素包括经济因素、政治因素及文化因素等。物质
乃人类生活的基础，同时也是族群生存的根基。追求物质、经济利益是人
们产生社会活动的直接动因，也是族群凝聚力生成及发展的决定因素。②
族群为了适应多元社会中的物质、经济生境，通过情感认同达到经济、政
治及社会的目的。③ 所以工具论者认为，增强族群内部凝聚力，即加强族
群认同是个体或群体在政治、经济和其他社会利益的竞争中使用的一种工
具。"一个多种族(族群)社会内部，因权力、威望及财富分配不均，常常
出现对稀缺资源的竞争。为了维持或获取更多的稀缺资源，个体或群体就
需要在族裔基础上建立更稳固的联盟。"④这显然是从工具理论视角考察族
群凝聚力产生的原因，视族群认同为争取稀缺资源的工具。龙潭仡佬族从
濮人时期就以丹为业。当他们发展到仡佬族称谓时，不断利用"地盘业主、
古老前人"的合法身份来控制地方资源并以族群对王朝的忠诚来追求其合
法地位。因此，龙潭仡佬族为了持续控制地方资源，建构族群性的意义，
有时也是为了保护自己和整个族群，希望在政治、经济和社会压力下获得

① 兰林友：《论族群与族群认同理论》，《广西民族学院学报(哲学社会科学版)》
2003 年第 3 期，第 26~30 页。

② 林其锬、吕良弼：《五缘文化概论》，福建人民出版社 2003 年版，第 180 页。

③ 兰林友：《论族群与族群认同理论》，《广西民族学院学报(哲学社会科学版)》
2003 年第 3 期，第 26~30 页。

④ Glazer N, Moynihan D P: *Ethnicity: Theory and Experience*. Harvard University
Press, 1975, p. 581.

一席之地。可见获得更多的利益资源才是族群不断变化的动因。在工具论眼里，族群认同基本上被视为一种政治、经济或社会现象。

除了经济和政治因素外，文化认同更是族群凝聚力的核心。族群认同包括两个层面：族群中人与人之间相互关系的认同，对自己群体文化传统的认同。龙潭仡佬族在长期的蛮夷杂居中，依靠强韧的族群文化纽带而聚合在一起，从而带来同一群体归属成员之间的亲近感、亲和力。所以有人说："某一民族与其说是生物学上的民族，还不如说是文化学上的民族。"①族群文化的认同，可以反映出族群因文化联系起来的归属感，即自己属于哪一个族群。所谓族性，最主要的就是指相对持久的，不同于其他族群的文化特质和心理素质，所以对族群的认同实质上就是文化认同。②陈心林借凯斯（Keyes）的话说，"世系和血统的联系是族群认同的核心要素之一，然而，一个族群对自己世系和血统一致性的宣称更多是文化观念传承的结果，而非对自然事实的确认"。③ 可见族群认同是以文化认同为基础的。基于族群文化的多样性及人们利益争取的具体场景，族群认同表现出灵活性和流动性特征。从文化视角探讨族群认同应具备以下几要素：其一，文化是族群认同的基础和天然边界；其二，历史和社会记忆成为族群认同的合法依据，且在必要时成为认同本身的组成部分；其三，必须接受社会、国家对族群文化及历史、社会记忆进行再造。④ 对于文化认同方面的研究，张海超强调了共有知识、文化或历史记忆在建构族群认同方面的重要性，在某种程度上可能代表了学术界的一种共识。

总之，形成族群凝聚力的因素，虽然分为自然因素和社会因素，其实在这两种基本因素外还存在业缘、神缘、物缘等许多具体因素。但这诸多

① 顾晓鸣：《犹太——充满"悖论"的文化》，转引自郑晓云：《文化认同与文化变迁》，中国社会科学出版社1992年版，第133页。

② 林其锬、吕良弼：《五缘文化概论》，福建人民出版社2003年版，第183页。

③ 陈心林：《族群理论与中国的族群研究》，《青海民族研究》2006年第1期，第26～31页。

④ 张海超：《微观层面上的族群认同及其现代发展》，《云南社会科学》2004年第3期，第81页。

的因素概括起来就是两种根本性纽带：精神纽带和利益纽带。这两种根本性纽带是人类为自身生存和发展之目的而产生的。

第二节 "业缘"影响下的龙潭仡佬族族群认同

传统的中国社会，被费孝通先生精确地概括为"乡土中国"。在乡土社会里，血缘和地缘是最基本的人际关系，① 是自然产生的、非人力能够选择的，是各种社会组织得以形成的基本细胞和关系纽带。在社会分工日益精细化和专业化的背景下，以职业或行业为基础形成的业缘关系更加备受关注。这种关系是在血缘、亲缘和地缘关系的基础上建立起来的，而又超越最基本的关系纽带成为族群凝聚的内核。因此，在探讨龙潭仡佬族族群认同时，我们应将情感纽带和利益纽带结合起来解释社会里的族群互动，进而全面深入地分析龙潭仡佬族在"业缘"影响下，族群的凝聚力是如何建构的。

笔者以丹砂这一地方性之物作为分析和讨论的切入点，追溯丹砂的生产、交换、分配及消费的过程，一步步展开龙潭仡佬族与丹之生业、生态和生命的实相在动荡中艰难执守的情形，因丹砂之物与龙潭仡佬族之间的密切关系，使得与之相关的"丹业"成为龙潭仡佬族内聚力的核心。在叙述的结构上，首先，注意到当地的丹砂资源与龙潭仡佬族的关系及历史渊源，为进一步考察龙潭仡佬的生计、生活及各种关系的交融做好铺垫。其次，在秦汉时期，由于上层建筑对长生不老的极度追求，致"海上燕、齐之间莫不扼腕而自言有禁方，能成仙""齐人之上疏言神圣齐方者万数"等传说兴起，从而使丹砂需求大增。在大传统下的政治、经济、文化等诸多因素对小地方龙潭村的刺激，使地方优势资源自然成为小地方族群生计方式的决定性因素。再次，大量的丹砂需求极大地繁荣了丹砂生产地务川，使之经济活跃，贸易发达。加之三坑、板场、木悠的丹砂色泽好、品位高，成了商贾争相贩卖的货物。在他们相互接触过程中，他人认知与地方

---

① 费孝通：《乡土中国·生育制度》，北京大学出版社 1998 年版，第 172 页。

利益关系不断羼入纠结，形成各种复杂多变的支配因素，使丹之生业、地方政治、地方经济、地方文化等社会结构发生巨大变化，进而看到历史上龙潭仡佬族丹业历史与王朝的关系，与地方政权的关系，与周边族群的关系及与各路商贾、道士、移民等之间的关系，同时也看到了这一地区的民族经济发展史、区域史、政治关系史、民族交往史、对外交通史以及商业繁荣史等。最后，龙潭仡佬族与丹砂的研究，让笔者明白一个社会的存续必须建立在自我与他者的"关系"之上。也即是说，一个社会必须依赖于外部的"他者"而存在及发展。在这里充分证明了物的社会生命并不是一个物品孤立的社会生命历程，而是必须建立在"物—事—人"三维关系之中，从整体上分析和探讨一个族群与这三者之间的种种联系。落实到龙潭地区，龙潭仡佬族世代以丹为业，丹砂的社会生命历程反映了龙潭仡佬族的丹业历史及以其建立的政治、经济、文化关系网络。因"丹业"而形成的业缘关系促进了龙潭仡佬族的身份认同及族群的发展，并一直延续到今天。

回溯龙潭仡佬族的历史，丹业及其创造的丹砂文化一路相随。从当地大量的汉墓群中出土的丹砂来看，务川丹砂开采至迟汉代就已有之。从史料记载，丹砂是古代濮人、僚人及仡佬族掌控的珍稀资源。根据汉墓的分布及便利的水陆路交通判断，这一地区在汉代就与中原及周边族群往来频繁，因开采困难、产量有限，丹砂资源自然成为珍稀之物。龙潭人将其与王朝及商贾等交换，使得这一带所产的丹砂资源成为古道上流通的重要物品。丹砂在交易过程中带来了人口、资金及文化的流动以及政治结构的变动。也正是修仙之说，使得众人参与寻丹、采丹、炼丹、服丹和释丹的活动，直接影响到小地方丹砂的开采和贸易。龙潭仡佬族在丹砂生产、分配、交换及消费过程中生活逐渐改善、经济繁荣，族群传统文化也得到了持续发展。同时当地经济的繁荣也带来了人口的流动、族群间文化的交融及王朝对地方的重视。丹砂、水银作为务川地区的方物，自唐以来就被地方势力作为贡品敬献朝廷，以博取皇帝的赏识，巩固政治地位。

至宋明时期，在中央王朝的羁縻统治之下，务川以田氏土司为代表的封建领主经济达到鼎盛。田氏土司管辖的思州、思南地区在某种程度上也是地方的一种割据政权，为了土地、资源、人口等对周边地区进行攻伐。其内部土司之间也发生相互争夺的战争，给地方居民带来极大的困苦。土司的暴政及利益冲突引发了沙坑之战，使得一个与丹砂有关的历史事件改变了贵州以往的政治模式，使该地正式接受中央王朝的直接管辖。明王朝为实现对务川的朱砂、水银有序开采、冶炼等，在务川三坑、板场设置朱砂水银局。到永乐时，除了设置水银、朱砂场局外，还设巡检司负责社会治安，明嘉靖《思南府志》载："都濡、五堡、三坑等处设巡检司，在县西北。地名板场司……"务川龙潭申氏祖先曾三代任巡检司巡检职位，"都濡、三坑、五堡等处巡检司申世隆，原三坑团人，前任大万山长官司申俊系世隆孙……"但在明成化年间，相关的朱砂、水银管理机构被撤销。地方土司直接接管，因税收及自身需求加重了对当地土著的剥削。从此，仡佬先民自由开采丹砂的历史被震荡、逐渐边缘化，他们只能选择在统治者无法顾及的地方进行艰难开采，其产量极为有限。民国三十年(1941年)，国民政府资源委员会汞业管理处在务川设置事务所，从事收购朱砂、水银业务。随后在板场、新坑坝增设工务所，直接管理朱砂、水银的开采、冶炼及贸易等。龙潭仡佬族的丹业正是在这样的历史环境中艰难执守。

丹砂开采和贸易的兴盛促进并提高了龙潭仡佬族的经济及社会地位。首先，大量的丹砂开采带来了巨大的经济效益。明清时期，务川地区丹砂开采不仅范围扩大，而且产量也大增。就开采范围看，不仅有板场、岩峰脚、木悠厂、太坝、三坑、金钱山、金鸡山等处，还新增了许多矿井。开采范围的扩大带来丹砂产量的增加，以至于出现"此种砂贵州思、印、铜仁最繁"的典型记述。其产量虽没有明确记载，但从一些相关的史料记载和民间口述中可推测出历史上当地丹砂产量的丰富程度。如明代，官府在铜仁府所属省溪、思州府所属施溪、思南府所属务川和印江、石阡府所属石阡分别设立大岩土、黄坑、大万山、鳌寨、苏葛捧、板场、木悠、任办等水银朱砂局，招募土民开采。[①] 由于开采范围的扩大及产量的增加，当

---

① 曾超：《乌江丹砂开发史考》，《涪陵师范学院学报》2006年第4期，第28页。

地政府制定了有关开采、税收、经销、管理的相关政策，并设立相关职能部门，由此形成一套完整的丹砂管理体系，较有序地发展了务川地区的丹砂汞矿业。其次，丹砂作为一种商品，因其价值所在，在民间贸易中与官府钱币等同，成为可以流通的特殊商品。正因如此，除了本地人经营丹砂外，大量的移民、山客前来三坑、板场、木悠等矿山开采和交易丹砂资源。丰富的丹砂资源也吸引了大量的外地商人，据史料记载，外来人口主要以江西、陕西、湖南等地的人为多。外地商贾的到来，为仡佬族人民带来了先进的生产工具和技术，改变了龙潭仡佬族人民的生产方式，提高了龙潭仡佬人的经济生活水平和社会地位，促进了当地经济的发展。最后，由于当地盛产的丹砂，开拓了历史上有名的"丹砂之路"，增强了龙潭仡佬族与外界的联系，改善了明清时期当地商品贸易的发展。龙潭地区地处古思州进入中原乃至全国各地的洪渡河交通要道上。洪渡河流经乌江进入长江，成为古代丹砂资源运往外地的重要水运枢纽。此外，据明嘉靖《思南府志·地理篇》载，务川境内有四条古道，均为陆路：东曰岩前路，通沿河司；西曰虎水口路，通播州；南曰牛糖路，通本府；北曰楠坪路，通四川涪洲（即今重庆市涪陵）①，其中"楠坪路—大坪—镇南—濯水—道真—武隆"自两汉时期就是外来人口进入务川龙潭的主要通道。② 在明清时期，丹砂、水银生意的商贾、采丹者和本地仡佬族先民基本是通过这些古道进出务川进行丹砂贸易的。因此这些古道也加强了龙潭仡佬先民与外界的经济联系，促进了贵州对外商品贸易的发展。

龙潭仡佬族在丹砂生产过程中逐渐形成了仡佬族源远流长的民族文化——丹砂文化。丹砂文化是神话时代的产物。丹砂因其神奇的医药疗效，而被先人倍加推崇，成了"不死之药"的代名词。丹砂、水银不仅造就了道家方术，形成了中国独特的道教文化，而且形成了龙潭仡佬族独特的丹砂信仰与审美观念。龙潭仡佬族对宝王的崇拜，正是丹砂文化最原始的

---

① 钟添：嘉靖《思南府志·地理志》，天一阁藏明代方志选刊，上海古籍书店1962年版。

② 务川仡佬族苗族自治县委员会宣教文史委：《仡佬之源》，遵义康达印务公司2005年版，第108页。

反映。仡老族人在龙潭、金鸡山、三坑、太坝、木悠、板场等修建宝王庙，一年三祭，有村民自发的祭拜，也有村寨长老、当地巫师组织的祭拜。他们在祭拜时，不仅是在求好运和美好生活的降临，而且是在表达对祖先丰功伟绩的怀念和崇拜。当地还流传有经宝王点化而采砂致富的"狗大佬倌""麻阳人"等传说。龙潭仡佬人虽然在开采前举行了隆重的祭拜仪式，但开采后无论获益多少，都抱以顺其自然的心态，"获之多寡，视乎命，地之启闭，视乎时，砂之楛良，视乎质，不可强亦不可恒也"①。正是这种顺应自然的思想观念，彰显了仡佬族六和天地、自然和谐的人生哲学，万事兴和的"合和"理念和崇尚"天地人和""日月同辉"的哲学思想。他们又将这一思想运用到采砂冶炼活动中，融入先进的采砂、炼汞技艺，成为连接仡佬族物质文化与精神文化的桥梁。在特定的仡佬人群和地域中产生的丹砂文化，更有其独特的符号意义，如辟邪、好运、守贞、幸福等，都与"好"的内涵联系在一起。丹砂开采及其带来的财富象征，也融入了民间的诗歌创造，如"岣嵝异宝未尝开，忽产西池色倍新。想是地灵多毓秀，故钟此物映朱门"等歌颂丹砂的美妙诗句。② "丹业"和"族群"是龙潭仡佬人在生态环境适应下形成的特殊的生计方式和典型的仡佬文化特征。随着生态环境及生产方式的改变，人们选择以丰富的丹砂文化资源发展旅游经济，即通过制造空间意象，借助舞台展演，恢复文化遗产及传统文化习俗等方式，延续龙潭仡佬族的历史文化文脉，更重要的是通过挖掘和恢复当地的丹砂文化资源及传统文化遗存，唤醒仡佬族成员的认同感，并将其学习运用表达族群认同，以实现文化传承的真正目的。

仡佬族自濮人时期就生活在龙潭一带，开拓了今天此地仡佬族人生活的广大土地。作为原著居民和开拓者的龙潭仡佬族与务川自治县一体相承，因此可以说，务川的丹砂开采历史就是龙潭仡佬族丹砂的开采历史。"以丹为业"的生计方式已经深深融入了龙潭仡佬族的历史、命运和生活，

---

① 贵州省文史研究馆：乾隆《贵州通志》卷43，贵州人民出版社1985年版，第402页。

② 《邹氏族谱》中有明嘉靖丙辰年(1556年)，民国二十五年(1936年)所写"江边八景"中《西井朱砂》。

是他们改造自然、征服自然人格力量的物化。依据矿山山脉走势,龙潭仡佬人从坚硬的石崖峭壁上通过人力凿洞寻丹,随时都有可能丢掉生命,就是在这样的艰险环境中,他们逐渐磨炼成了坚韧不拔、锲而不舍、人定胜天、吃苦耐劳的乐观品质。这种积极、乐观的性格为仡佬人的生存、发展提供了重要的精神支持,因此"以丹为业"的生计方式及其造就的灵魂精神,支持着龙潭仡佬族自濮、僚到仡佬族历经 2000 多年历史沧桑而始终不灭,成为龙潭仡佬族自古至今族群凝聚力的主要力量,以至于当地政府在 1983 年对龙潭进行民族识别时,也是依据国家民族政策及自身的历史发展,从丹砂、丹业及龙潭仡佬族发展历史考察,确定龙潭仡佬族的族属。

综上可知,族群是由族群边界来维持,造成族群边界的是一群人主观上对外的异己感以及对内的基本情感联系,这一边界将"我族"与"他者"区分开来。① 大多数族群以宗教、信仰、共同祖先等连为一体,以共同的历史、文化、记忆等形成族群凝聚和汇合的基础,并选择一种有别于其他族群的个性化标志,进而达到族群认同的目的。然而经研究发现,在"亲缘—地缘—神缘—物缘"等聚合力之外,还有一种以"业缘"凝聚的共同体。龙潭仡佬族自濮、僚至仡佬发展阶段主要以"采砂炼汞"为生,通过丹砂的生产、交换、分配及消费建立起集体意识和传统文化关系纽带。与其他"缘分"相比,"以丹为业"的"业缘"关系成为龙潭仡佬族凝聚的核心,成为民族识别的标志,甚至成为区分龙潭仡佬族与其他族群的边界。因此,本书是人类学族群边界理论在龙潭这一特殊地域、特殊群体及特殊的生计模式下进行的一次积极和灵活运用,在当今城镇化、特色小镇建设、乡村振兴战略下,为学者研究族群及其多元文化的发展提供了一个特殊的分析视角。

---

① 王明珂:《华夏边缘:历史记忆与族群认同》,允晨文化实业股份有限公司 1997 年版,第 12 页。

参 考 文 献

一、中文文献

(一)地方性文献与史料

[1]陈宏谋. 在官法戒录[Z]. 楚北崇文书局刻本, 清同治七年(1868).

[2]贵州汞矿政治部, 贵州大学中文系《古矿迎春》编写组. 古矿迎春[M]. 贵阳: 贵州人民出版社, 1975.

[3]务川仡佬族苗族自治县旧志汇编组. 务川旧志汇编[Z]. 贵阳: 贵州省图书馆, 2006.

[4]司马迁. 史记[Z]. 长春: 吉林文史出版社, 2010.

[5]张华. 博物志[M]. 上海: 上海古籍出版社, 2012.

[6]夏鹤鸣. 贵州航运史(古、近代部分)[M]. 北京: 人民交通出版社, 1993.

[7]夏湘蓉, 李仲均, 王根元. 中国古代矿业开发史[M]. 北京: 地质出版社, 1980.

[8]向海燕. 注视仡佬[M]. 北京: 现代出版社, 2014.

[9]肖勤. 丹砂[M]. 北京: 作家出版社, 2011.

[10]徐珂. 清稗类钞[Z]. 北京: 中华书局, 1984.

[11]许地山. 道教的历史[Z]. 北京: 北京工业大学出版社, 2007.

[12]《贵州六百年经济史》编辑委员会. 贵州六百年经济史[Z]. 贵阳: 贵州人民出版社, 1998.

［13］文津阁．四库全书（1345 册）［Z］．北京：商务印书馆，2007．

［14］"中央研究院"历史语言研究所．明实录·宣德实录［Z］．台北："中央研究院"历史语言研究所校印．

［15］张联荣，刘子瑜．战国策·楚策［Z］．北京：北京大学出版社，2019．

［16］张颔，陶正刚，张守中．侯马盟书（增订本）［Z］．太原：山西古籍出版社，2006．

［17］遵义市政协文史与学习委员会．中国仡佬族［Z］．遵义市政协文史与学习委员会，2010．

［18］郑友揆，程麟荪，张传洪．旧中国的资源委员会——史实与评价（1932—1949）［M］．上海：上海社会科学院出版社，1991．

［19］"中央研究院"历史语言研究所校印．明实录·太宗永乐实录［Z］．台北"中央研究院"历史语言研究所校印。

［20］"中央研究院"历史语言研究所校印．明实录·太祖洪武实录［Z］．台北"中央研究院"历史语言研究所校印。

［21］周春元，王燕玉，张祥光．贵州古代史［Z］．贵阳：贵州人民出版社，1982．

［22］贵州省开阳县志编纂委员会．开阳县志·矿产［Z］．贵阳：贵州人民出版社，1993．

［23］周小艺．仡佬族［M］．沈阳：辽宁民族出版社，2014．

［24］祝穆著，施和金校．方舆胜览［Z］．北京：中华书局，2003．

［25］邹进扬．务川古墓葬［M］．北京：中国文史出版社，2014．

［26］贵州省人民政府财政经济委员会．贵州财经资料汇编［Z］．贵阳：贵州省人民政府财政经济委员会，1950．

［27］贵州省文史研究馆．黔故谈荟［Z］．上海：上海书店出版社，1993．

［28］贵州省文史研究馆．贵州通志·前事志［Z］．贵阳：贵州人民出版社，1985．

［29］贵州省博物馆考古研究所．贵州田野考古四十年（1953—1993）［Z］．贵阳：贵州民族出版社，1993．

[30]贵州省务川仡佬族苗族自治县志编纂委员会. 务川仡佬族苗族自治县志[Z]. 贵阳：贵州人民出版社，2001.

[31]贵州省写作协会. 仡佬务川[Z]. 汕头：汕头大学出版社，2004.

[32]陈天俊，赵崇南，龙平久. 仡佬族文化研究[M]. 贵阳：贵州人民出版社，1999.

[33]《贵州通史》编委会. 贵州通史[Z]. 北京：当代中国出版社，2003.

[34]贵州省铜仁市地方志编纂委员会. 铜仁市志（上册）[Z]. 贵阳：贵州人民出版社，2003.

[35]《贵州文史丛刊》编辑部. 贵州文史丛刊[Z]. 贵阳：贵州人民出版社，1981.

[36]贵州仡佬族学会. 仡佬族文化百科全书[M]. 贵阳：贵州民族出版社，2002.

[37]郑玄注，贾公彦疏. 周礼注疏[M]. 上海：上海古籍出版社，2010.

[38]肖建春. 大学语文[M]. 杭州：浙江大学出版社，2019.

[39]沈庠，赵瓒. 贵州图经新志[Z]. 张光祥校注. 贵阳：贵州人民出版社，2015.

[40]侯绍庄，史继忠，翁家烈. 贵州古代民族关系史[M]. 贵阳：贵州民族出版社，1991.

[41]胡道静. 道藏要籍选刊[Z]. 上海：上海古籍出版社，1989.

[42]花永丰. 贵州万山汞矿[Z]. 北京：地质出版社，1995.

[43]夏修恕、周作. （道光）思南府续志，载中国地方志集成：贵州府县志辑46[Z]. 道光二十一年刻本，1966.

[44]黄怀信，张懋镕，田旭东. 逸周书汇校集注（修订本）[Z]. 上海：上海古籍出版社，2007.

[45]姜生，汤伟侠. 中国道教科学技术史[Z]. 北京：科学出版社，2002.

[46]常璩撰，任乃强校注. 华阳国志校补图注[Z]. 上海：上海古籍出版社，1987.

[47]黎培敬. 黎文肃公遗书[Z]. 光绪三年.

［48］李铁映. 庄子［M］. 北京：文物出版社，2011.

［49］夏修恕、周作.（乾隆）清江志，载中国地方志集成. 贵州府县志辑 22
　　　［Z］. 道光二十一年刻本，1966.

［50］董沛文. 参同集注［Z］. 北京：宗教文化出版社，2013.

［51］陶弘景. 名医别录（辑校本）［M］. 北京：人民卫生出版社，1986.

［52］林富民. 贵州矿产开发史略［M］. 成都：西南财经大学出版社，1984.

［53］钟添. 思南府志［Z］. 天一阁藏明代方志选刊，上海：上海古籍出版
　　　社，1962.

［54］宋应星著，钟广言注释. 天工开物［M］. 北京：中华书局，1978.

［55］王士性. 黔志［Z］. 贵阳：民国贵阳文通书局，1868.

［56］贵州省平唐县史志编纂委员会. 平塘县志［Z］. 贵阳：贵州人民出版
　　　社，1992.

［57］蒲慕州. 墓葬与生死——中国古代宗教之省思［M］. 北京：中华书局，
　　　2008.

［58］钱林书. 续汉书郡国志汇释［Z］. 合肥：安徽教育出版社，2007.

［59］爱必达，罗绕典. 黔南识略·黔南职方纪略［Z］. 贵阳：贵州人民出
　　　版社，1992.

［60］董诰. 全唐文［Z］. 北京：中华书局，1983.

［61］吴普. 神农本草经［M］. 北京：人民卫生出版社，1984.

［62］张锳纂修，贵州省安龙县史志办公室校注. 兴义府志［Z］. 贵阳：贵
　　　州人民出版社，2009.

［63］上海市纺织科学研究院文物研究组，上海市丝绸工业公司文物研究组.
　　　长沙马王堆一号汉墓出土纺织品的研究［Z］. 北京：文物出版社，
　　　1980.

［64］方铁. 西南通史［M］. 郑州：中州古籍出版社，2003.

［65］史继忠. 贵州民族地区开发史专论［M］. 昆明：云南大学出版社，
　　　1992.

［66］思南县志编纂委员会. 思南府志［Z］. 文史资料研究委员会整理，

1990.

[67]朱辅. 溪蛮丛笑[Z]. 北京：中华书局, 1991.

[68]陈承. 太平惠民和剂局方[Z]. 沈阳：辽宁科学技术出版社, 1997.

[69]乐史. 宋本太平寰宇记[Z]. 北京：中华书局, 2000.

[70]苏颂. 图经本草(辑复本)[M]. 福州：福建科技出版社, 1988.

[71]宋志英, 晁岳佩.《逸周书》研究文献辑刊[Z]. 北京：国家图书馆出版社, 2015.

[72]孙建. 中国经济通史·上卷(远古—1840 年)[M]. 北京：中国人民大学出版社, 2000.

[73]付强、务川自治县文联. 务川味觉[M]. 北京：中国文联出版社, 2016.

[74]李吉甫. 元和郡县志[Z]. 北京：中华书局, 2008.

[75]薛宗源. 道学与丹道[Z]. 北京：宗教文化出版社, 2017.

[76]童恩正. 古代的巴蜀[Z]. 成都：四川人民出版社, 1979.

[77]王明析. 丹砂古县的文化记忆[Z]. 贵阳：贵州新闻出版局, 2007.

[78]王明析. 务川历史古籍文献资料辑录[Z]. 遵义康达彩色印务有限公司, 2010.

[79]王燕玉. 贵州史专题考[Z]. 贵阳：贵州人民出版社, 1980.

[80]王云五. 黔书(下)[Z]. 上海：商务印书馆, 1936.

[81]务川仡佬族文化编写组. 仡佬文化简读本[Z]. 贵阳：仡佬文化编写组编印, 2013.

[82]韦天蛟. 贵州矿产发现史考[M]. 贵阳：贵州人民出版社, 1992.

[83]黄爽. 神农本草经[M]. 北京：中医古籍出版社, 1982.

[84]务川矿志办公室. 务川汞矿历史资料 1952—1993 年[Z]. 1993.

[85]务川龙潭村申有能藏. 申氏族谱[Z]. 皇清光绪二十年岁.

[86]务川文史资料研究委员会. 务川文史资料选集(第四辑)[Z]. 务川文史资料研究委员会, 1987.

[87]务川县修志局. 务川县备志[Z]. 贵州省图书馆根据上海图书馆藏本

复制，2006.

［88］务川文史资料研究委员会. 务川文史资料选辑（第一、二辑）［Z］. 务川文史资料研究委员会，1992.

［89］务川文史资料研究委员会. 务川文史资料选辑（第三辑）［Z］. 务川文史资料研究委员会，1985.

［90］务川文史资料研究委员会. 务川文史资料选辑（第六辑）［Z］. 务川文史资料研究委员会，1992.

［91］《仡佬族简史》编写组. 仡佬族简史［Z］. 贵阳：贵州民族出版社，2007.

［92］务川仡佬族苗族自治县文化遗产保护中心. 仡佬故事［Z］. 北京：中国文史出版社，2016.

［93］贵州省务川仡佬族苗族自治县编纂委员会. 务川仡佬族苗族自治县交通志［Z］. 贵阳：贵州人民出版社，2007.

［94］《务川仡佬族苗族自治县概况》编写组. 务川仡佬族苗族自治县概况［Z］. 贵阳：贵州民族出版社，1987.

［95］务川仡佬族苗族自治县教育局. 务川地理［Z］. 务川仡佬族苗族自治县教育局，1993.

［96］贵州省务川仡佬族苗族自治县民族事务局. 务川仡佬族［Z］. 贵阳：贵州民族出版社，2006.

［97］务川仡佬族苗族自治县民族志编写组. 务川仡佬族苗族自治县民族志［Z］. 贵阳：贵州民族出版社，1989.

［98］务川文史资料研究委员会. 务川文史资料选辑（第七辑）［Z］. 务川文史资料研究委员会，1997.

［99］务川仡佬族苗族自治县委员会宣教文史委. 仡佬之源［Z］. 遵义康达印务公司，2005.

［100］务川仡佬族文化研究院. 仡佬族文化研究［Z］. 务川仡佬族文化研究院，2016.

［101］《丹砂古县·务川》编委会. 丹砂古县·务川［Z］. 成都：四川大学出

版社，1994.

[102]许慎. 说文解字[M]. 北京：线装书局，2016.

[103]葛洪. 抱朴子[M]. 上海：上海中华书局据平津馆本校刊，1960.

（二）中文著作

[1]陈国符. 道藏源流考（下）[M]. 北京：中华书局，1963.

[2]陈国符. 中国外丹黄白法考[M]. 上海：上海古籍出版社，1997.

[3]陈庆德. 经济人类学[M]. 北京：人民出版社，2001.

[4]当代中国有色金属汞工业编委会. 新中国有色金属锑汞工业[M]. 当代
    有色金属工业编委会，1986.

[5]费孝通. 江村经济[M]. 南京：江苏人民出版社，1986.

[6]费孝通. 乡土中国[M]. 北京：北京大学出版社，1998.

[7]费孝通. 论人类学与文化自觉[M]. 北京：华夏出版社，2004.

[8]高宣扬. 布迪厄的社会理论[M]. 上海：同济大学出版社，2004.

[9]黄淑娉，龚佩华. 文化人类学理论方法研究[M]. 广州：广东高等教育
    出版社，2004.

[10]黄雅峰. 汉画图像与艺术史学研究[M]. 上海：中国社会科学出版社，
    2012.

[11]黄应贵. 物与物质文化[M]. 台北："中央研究院"民族学研究所，
    2004.

[12]黄应贵. 时间、历史与记忆[M]. 台北："中央研究院"民族学研究所，
    1999.

[13]姜生. 中国道教科学技术史[M]. 北京：科学出版社，2002.

[14]蒋立松. 文化人类学概论[M]. 重庆：西南师范大学出版社，2008.

[15]金正耀. 道教与科学[M]. 北京：中国社会科学出版社，1991.

[16]金正耀. 道教与炼丹术论[M]. 北京：宗教文化出版社，2001.

[17]纳日碧力戈. 现代背景下的族群建构[M]. 昆明：云南教育出版社，
    2000.

[18]李零. 中国方术正考[M]. 北京：中华书局，2006.

[19]梁启超. 国史研究六篇[M]. 台北：中华书局，1936.

[20]梁漱溟. 中国文化要义[M]. 上海：上海人民出版社，2005.

[21]刘拥华. 布迪厄的终生问题[M]. 上海：上海三联书店，2009.

[22]林其锬，吕良弼. 五缘文化概论[M]. 福州：福建人民出版社，2003.

[23]孟悦，罗刚. 物质文化读本[C]. 北京：北京大学出版社，2008.

[24]卢勋，李根蟠. 民族与物质文化史考略[M]. 北京：民族出版社，1991.

[25]吕俊彪. 财富与他者——一个古镇的商品交换与族群关系[M]. 北京：社会科学文献出版社，2009.

[26]马翀炜，陈庆德. 民族文化资本化[M]. 北京：人民出版社，2004.

[27]彭兆荣. 摆贝：一个西南边地的苗族村寨[M]. 北京：生活·读书·新知三联书店，2004.

[28]彭兆荣. 边际族群：远离帝国庇佑的客人[M]. 合肥：黄山书社，2006.

[29]彭兆荣，李春霞. 岭南走廊：帝国边缘的政治和地理[M]. 昆明：云南教育出版社，2008.

[30]彭兆荣. 生存于漂泊之中[M]. 上海：上海文艺出版社，1997.

[31]彭兆荣，牟小磊，刘朝晖. 文化特例——黔南瑶麓社区的人类学研究[M]. 贵阳：贵州人民出版社，1997.

[32]石奕龙. 应用人类学[M]. 厦门：厦门大学出版社，1996.

[33]石奕龙，郭志超. 文化理论与族群研究[M]. 合肥：黄山书社，2004.

[34]施琳. 经济人类学[M]. 北京：中央民族大学出版社，2002.

[35]舒瑜. 微"盐"大意：云南诺邓盐业的历史人类学考察[M]. 北京：世界图书出版公司，2009.

[36]田诚阳. 仙学详述[M]. 北京：宗教文化出版社，1999.

[37]王德有，陈战国. 中国文化百科[M]. 长春：吉林人民出版社，1991.

[38]王沪宁. 当代中国村落家族文化——对中国社会现代化的一项探索

[M]. 上海：上海人民出版社，1991.

[39]王介南. 中外文化交流史[M]. 太原：山西人民出版社，2011.

[40]王明. 抱朴子内篇校释[M]. 北京：中华书局，1980.

[41]王明珂. 华夏边缘：历史记忆与族群认同[M]. 台北：允晨文化实业
     股份有限公司，1997.

[42]王铭铭，王斯福. 乡土社会的秩序、公正与权威[M]. 北京：中国政
     法大学出版社，1997.

[43]王铭铭. 村落视野中的文化与权力——闽台三村五论[M]. 北京：生
     活·读书·新知三联书店，1997.

[44]王铭铭. 心与物游[M]. 桂林：广西师范大学出版社，2006.

[45]王铭铭. 走在乡土上——历史人类学札记[M]. 北京：中国人民大学
     出版社，2003.

[46]吴兴帜. 延伸的平行线：滇越铁路与边民社会[M]. 北京：北京大学
     出版社，2013.

[47]肖坤冰. 茶叶的流动——闽北山区的物质、空间与历史叙事（1644—
     1949)[M]. 北京：北京大学出版社，2013.

[48]徐杰舜. 族群与族群文化[M]. 哈尔滨：黑龙江人民出版社，2006.

[49]徐杰舜，刘冰清. 乡村人类学[M]. 银川：宁夏人民出版社，2012.

[50]徐新建. 文化遗产研究[M]. 成都：巴蜀书社，2014.

[51]阎云翔. 礼物的流动：一个中国村庄中的互惠原则与社会网络[M].
     李放春，刘瑜，译. 上海：上海人民出版社，2000.

[52]叶舒宪. 文学与人类学[M]. 北京：社会科学文献出版社，2003.

[53]于拾. 师说[M]. 长春：吉林大学出版社，2008.

[54]《云南青铜器论丛》编辑组. 云南青铜器论丛[M]. 北京：文物出版社，
     1981.

[55]张恒. 以文观文——畲族史诗《高皇歌》的文化内涵研究[M]. 杭州：
     浙江工商大学出版社，2014.

[56]张觉人. 中国炼丹术与丹药[M]. 成都：四川人民出版社，1981.

[57]夏鹤鸣、廖国平. 贵州航运史(古、近代部分)[M]. 北京：人民交通出版社，1993：11.

[57]张应强. 木材之流动——清代清水江下游地区的市场、权力与社会[M]. 北京：生活·读书·新知三联书店，2006.

[58]张意. 文化与符号权力——布尔迪厄的文化社会学导论[M]. 北京：中国社会科学出版社，2005.

[59]赵旭东. 权力与公正——乡土社会的纠纷解决与权威多元[M]. 天津：天津古籍出版社，2003.

[60]郑向春. 葡萄的实践：一个滇南坝子的葡萄酒文化缘起于结构再生产[M]. 北京：北京大学出版社，2012.

[61]中国百科大辞典编委会：中国百科大辞典[M]. 北京：华夏出版社，1990.

[62]钟独安. 全球化时代的权力与生存[M]. 北京：华夏出版社，2003.

[63]周大鸣. 文化人类学概论[M]. 广州：中山大学出版社，2009.

[64]周大鸣. 多元与共融：族群研究的理论与实践[M]. 北京：商务印书馆，2011.

[65]庄孔韶. 人类学通论[M]. 太原：山西教育出版社，2004.

(三)期刊论文

[1]宝鸡市考古工作队. 宝鸡市益门村秦墓发掘纪要[J]. 考古与文物，1993(3).

[2]曾超. 乌江丹砂开发史考[J]. 涪陵师范学院学报，2006(4).

[3]陈东有. 明清时期东南商人社会业缘中的血缘关系[J]. 江西财经大学学报，2014(5).

[4]陈心林. 族群理论与中国的族群研究[J]. 青海民族研究，2006(1).

[5]丁宏武.《道藏》洞神部所收一篇葛洪佚文及其文献价值[J]. 宗教学研究，2012(1).

[6]丁宏武. 葛洪年表[J]. 宗教学研究，2011(1).

[7] 曹鸿水，韦天蛟. 我国汞矿资源的开发及利用[J]. 中国地质，1986
(4).

[8] 杜芳娟，袁振杰. 务川龙潭仡佬族民族身份的地方性建构[J]. 热带地
理，2014(4).

[9] 杜娟. 从文化涵化视角看我国各民族交往交流交融[J]. 中南民族大学
学报(人文社会科学版)，2017(6).

[10] 方行. 清代前期农村市场的发展[J]. 历史研究，1987(6).

[11] 方李莉. 血缘、地缘、业缘的集合体——清末民初景德镇陶瓷行业的
社会组织模式[J]. 南京艺术学院学报(美术与设计版)，2011(1).

[12] 冯月季. 论米德的符号与符号自我理论[J]. 理论界，2017(1).

[13] 古永继. 元明清时贵州地区的外来移民[J]. 贵州民族研究，2003(1).

[14] 关传友. 论清代族规家法保护生态的意识[J]. 北京林业大学学报(社
会科学版)，2007(3).

[15] 韩克锋. 抗战时期国民政府易货还款对贵州汞矿开采的影响[J]. 贵阳
学院学报(社会科学版)，2014(6).

[16] 何伟福. 清代贵州市场初探[J]. 贵州财经学院学报，2005(3).

[17] 胡安徽，卢华语. 历史时期武陵山区丹砂产地分布及其变迁[J]. 中国
历史地理论丛，2011(4).

[18] 黄国信. 单一问题抑或要素之一：区域社会史视角的盐史研究[J]. 盐
业史研究，2014(3).

[19] 霍巍. 关于宋、元、明墓葬中尸体防腐的几个问题[J]. 四川大学学报
(哲学社会科学版)，1987(4).

[20] 江应樑. 说"濮"[J]. 思想战线，1980(1).

[21] 蒋立松. 山地生境与贵州少数民族物质文化的形成及其特征[J]. 贵州
民族研究，1999(3).

[22] 黎盛斯. 贵州婺川县汞矿简报[J]. 地学集刊，民国三十三年(1944).

[23] 李鄂荣，李仲均. 中国历代矿政史概述(上)[J]. 河北地质学院学报，
1991(2).

[24]李猛.论抽象社会[J].社会学研究,1999(1).

[25]李锦伟.丹砂与明清贵州的历史进程[J].贵州民族研究,2016(2).

[26]李坤.仡佬族人与丹砂[J].当代贵州,2016(34).

[27]李鹏.大地之"子":作物的人类学研究综述[J].广西民族研究,2015(1).

[28]李平,冯新斌,仇广乐,王少锋.贵州省务川汞矿区土法炼汞过程中汞释放量的估算[J].环境科学,2006(5).

[29]李仕波.清代贵州定期集贸市场初探[J].贵州文史丛刊,2009(2).

[30]李仕波.清代贵州农村集贸市场探析[J].乐山师范学院学报,2009(3).

[31]李树业.从大波那木椁铜棺说开去[J].大理文化,2014(11).

[32]李旭强.民族地区边境贸易探讨[J].学理论,2013(21).

[33]李也贞,张宏源,卢连成,赵承泽.有关西周丝织和刺绣的重要发现[J].文物,1976(4).

[34]李仲均.中国古代文献中记载的汞矿产地[J].有色金属,1981(4).

[35]林崇华,冯媛媛."业缘"影响下的传统民居可持续发展研究——以博山区山头镇古窑村为例[J].美术大观,2017(5).

[36]兰林友.论族群与族群认同理论[J].广西民族学院学报(哲学社会科学版),2003(3).

[37]凌纯声.东南亚古文化研究发凡[J].民族学研究专刊,1950(3).

[38]刘芃,吴家荣.朱砂现今主要产地的本草考证[J].中国中药杂志,2000(4).

[39]刘芃,吴家荣.贵州产地道中药的本草考证(一)——朱砂[J].贵阳中医学院学报,1999(2).

[40]鲁子健.古代神秘的炼丹术[J].文史杂志,1998(5).

[41]罗彩娟,梁莹.族群认同理论研究述评[J].广西师范学院学报(哲学社会科学版),2014(4).

[42]罗时法.清代前、中期贵州矿业略考[J].贵州社会科学,1986(4).

[43]吕俊彪."他者"的自我维系:京族人的族群认同及其变迁[J].广西民族大学学报(哲学社会科学版),2014(5).

[44]吕善长,张明.明代贵州的移民及影响[J].凯里学院学报,2014(4).

[45]约翰·奈斯比特.生机勃勃的"海外华人"[J].光彩,1997(3).

[46]彭兆荣,葛荣玲.遗事物语:民族志对物的研究范式[J].厦门大学学报(哲学社会科学版),2009(2).

[47]彭兆荣,吴兴帜.民族志表述中物的交换[J].中南民族大学学报(人文社会科学版),2009(1).

[48]彭兆荣,郑向春.人类学视域下的历史时态[J].厦门大学学报(哲学社会科学版),2010(4).

[49]彭兆荣,朱志燕.族群的社会记忆[J].广西民族研究,2007(3).

[50]彭兆荣.论"大国工匠"与"工匠精神"——基于中国传统"考工记"之形制[J].民族艺术,2017(1).

[51]彭兆荣.民族认同的语境变迁与多极化发展——从一个瑶族个案说起[J].广西民族学院学报(哲学社会科学版),1997(1).

[52]彭兆荣.宁化石壁村的族性认同[J].读书,2000(10).

[53]彭兆荣.文化遗产关键词:仙[J].民族艺术,2015(1).

[54]彭兆荣.移动的业缘:重新发现的"地方"[J].兰州学刊,2016(9).

[55]祁进玉.族群认同与族群性研究——兼论对中国民族问题研究的意义[J].青海民族研究,2010(1).

[56]渠敬东.涂尔干的遗产:现代社会及其可能性[J].社会学研究,1999(1).

[57]权彤,董艳.日本社会血缘、地缘和业缘关系的解体与重构——基于社会整合理论的分析[J].中北大学学报(社会科学版),2015(5).

[58]申雨璇.内生式视角下乡村旅游的发展策略[J].农业经济,2016(1).

[59]舒瑜.物的生命传记——读《物的社会生命:文化视野中的商品》[J].社会学研究,2007(6).

[60]孙九霞.试论族群与族群认同[J].中山大学学报(社会科学版),

1998(2).

[61]孙文学. 论元朝矿政[J]. 财经问题研究，1991(8).

[62]田曙岚. 论濮、僚与仡佬的相互关系[J]. 思想战线，1980(4).

[63]田永红. 论思南宣慰司和思州宣慰司在贵州建省中的地位与作用[J].
铜仁学院学报，2014(6).

[64]万明钢，王舟. 族群认同、族群认同的发展及测定与研究方法[J]. 世
界民族，2007(3).

[65]王进玉，王进聪. 中国古代朱砂的应用之调查[J]. 文物保护与考古科
学，1999(1).

[66]王明析. 丹砂古县续传奇[J]. 当代贵州，2012(23).

[67]王铭铭. 从"牛人"说起[J]. 民俗研究，2006(1).

[68]王希恩. 民族认同与民族意识[J]. 民族研究，1995(6).

[69]王雪华. 清代吏胥的血缘、地缘和业缘关系[J]. 武汉大学学报(人文
科学版)，2012(3).

[70]吴德盛，万彩霞. 宝王信仰：仡佬族经济社会发展的精神力量[J]. 学
理论，2015(11).

[71]吴芳梅，王英杰. 文化基因理论视角下的古村落旅游发展研究——以
贵州龙潭古寨为例[J]. 文化产业研究，2017(2).

[72]吴芳梅. 融合与突破：龙潭古寨文化旅游创意产业发展研究[J]. 云南
民族大学学报(哲学社会科学版)，2017(4).

[73]吴兴帜. 物质文化的社会生命史与文化传记研究[J]. 青海民族研究，
2011(1).

[74]吴雨浓，张纵. 山地少数民族聚落形态探析——以务川仡佬族古村落
为例[J]. 安徽农业科学，2013(23).

[75]肖世孟. 朱砂入印泥考[J]. 湖北美术学院学报，2014(3).

[76]李富强，徐杰舜. 乡土人类学研究文献回顾[C]. 人类学的中国话
语——人类学高级论坛 2007 卷，2007.

[77]闫玉. 庭院深深：龙潭古民居建筑的文化景观[J]. 贵州社会科学，

2016(3).

[78]杨维荣. 汞与社会[J]. 化学教育，1989(1).

[79]杨旭峰. 浅探务川仡佬族盘歌[J]. 音乐时空，2016(6).

[80]益希曲珍. 人、物与社会——读莫斯的《礼物》与《献祭的性质与功能》[J]. 西北民族研究，2012(1).

[81]余宏模. 略论明代贵州建省与改土设流[C]. 开发中的崛起——纪念贵州建省590周年学术讨论会文集，2004.

[82]张海超. 微观层面上的族群认同及其现代发展[J]. 云南社会科学，2004(3).

[83]张厚宝. 道家炼丹术与丹药[J]. 时珍国医国药，2000(3).

[84]张进，王垚. 物的社会生命与物质文化研究方法论[J]. 浙江工商大学学报，2017(3).

[85]张世友. 论历代移民对乌江流域民族地区的经济推动[J]. 贵州民族研究，2011(6).

[86]张颖. 丹砂庇佑：贵州务川龙潭古寨文化生态探源[J]. 贵州社会科学，2016(3).

[87]张颖. 丹砂之路——从贵州万山汞矿遗址申遗说起[J]. 人文杂志，2015(8).

[88]张颖. 文化遗产关键词：丹[J]. 民族艺术，2015(1).

[89]赵世瑜. 祖先记忆、家园象征与族群历史——山西洪洞大槐树传说解析[J]. 历史研究，2006(1).

[90]赵素燕. 马塞尔·莫斯的社会秩序建构——以《礼物》为例[J]. 山西高等学校社会科学学报，2013(11).

[91]浙江省文管会、浙江省博物馆. 河姆渡遗址第一期发掘报告[J]. 考古学报，1978(1).

[92]钟金贵. 仡佬族传统祭祀文化的传承与变异[J]. 黑龙江民族丛刊，2012(2).

[93]曹玮，孙周勇，种建荣. 2002年周原遗址(齐家村)发掘简报[J]. 考

古与文物，2003（4）.

[94]朱浒. 跨地方的地方性实践——江南善会善堂向华北的移植[J]. 中国社会历史评论，2005（1）.

[95]邹进扬. 千年古寨龙潭[J]. 文化月刊，2011（2）.

（四）学位论文

[1]蔡林波. 内在化：中古道教丹术转型的文化阐释[D]. 济南：山东大学，2005.

[2]冯楠. 龙门古镇古村落研究[D]. 西安：西安建筑科技大学，2004.

[3]苟爽. 明清以来仡佬族分布格局变迁研究[D]. 北京：中央民族大学，2011.

[4]李婧. 14世纪中期至19世纪中期贵州思南府的社会发展[D]. 武汉：华中师范大学，2011.

[5]李清清. 唐代西南地区盐的产销及其在经济社会中的作用[D]. 重庆：西南大学，2010.

[6]容志毅. 南北朝道教炼丹与化学研究[D]. 济南：山东大学，2005.

[7]王垚. 物质文化研究方法论[D]. 兰州：兰州大学，2017.

[8]张扬. 业缘社会结构下甘肃传统武术的传播研究[D]. 兰州：西北师范大学，2016.

[9]张颖. 博物寻根 丹道合宗——贵州万山汞矿申遗的人类学研究[D]. 厦门：厦门大学，2015.

[10]赵尔文达. 明代思南宣慰司研究[D]. 贵阳：贵州民族大学，2016.

[11]赵红梅. 旅游情境下的文化展演与族群认同——以丽江白沙乡为例[D]. 厦门：厦门大学，2008.

[12]周小艺. 兴盛、衰落与重建——黔北仡佬族历史演变的研究[D]. 北京：中央民族大学，2011.

[13]武金勇. 先秦两汉绘画颜料研究[D]. 天津：天津大学，2011.

[14]周沫. 朱砂研究简史[D]. 哈尔滨：黑龙江中医药大学，2011.

［15］陶然. "业缘"影响下的传统聚落与民居形态研究——以博山地区为例
　　　［D］. 济南：山东建筑大学，2013.

［16］黄向春. 历史记忆与文化表述——明清以来闽江下游地区的族群关系
　　　与仪式传统［D］. 厦门：厦门大学，2005.

［17］郑迪. 唐前期中央统治集团结构成分与类型分析——以亲缘、地缘、
　　　业缘关系为视角［D］. 武汉：中南民族大学，2012.

二、英文文献

（一）翻译著作

［1］哈拉尔德·韦尔策. 社会记忆：历史、回忆、传承［M］. 季斌，王立
　　　君，白锡堃，译. 北京：北京大学出版社，2007.

［2］利普斯. 事物的起源［M］. 汪宁生，译. 成都：四川民族出版社，1982.

［3］列维——斯特劳斯. 图腾制度［M］. 渠敬东，译. 上海：上海人民出版
　　　社，2005.

［4］爱弥儿·涂尔干，马塞尔·莫斯. 原始分类［M］. 汲喆，译. 上海：上
　　　海人民出版社，2005.

［5］皮埃尔·布尔迪厄. 实践理性——关于行为理论［M］. 谭立德，译. 北
　　　京：生活·读书·新知三联书店，2007.

［6］列维-斯特劳斯. 野性的思维［M］. 李幼蒸，译. 北京：商务印书馆，
　　　1997.

［7］斯科特·拉什，西莉亚·卢瑞. 全球文化工业：物的媒介化［M］. 要新
　　　乐，译. 北京：社会科学文献出版社，2010.

［8］马塞尔·莫斯. 礼物——古式社会中交换的形式与理由［M］. 汲喆，
　　　译. 上海：上海人民出版社，2005.

［9］莫里斯·郭德烈. 人类社会的根基——人类学的重构［M］. 董芃芃，刘
　　　宏涛，等，译. 北京：中国社会科学出版社，2011.

［10］马塞尔·莫斯. 社会学与人类学［M］. 佘碧平，译. 上海：上海译文

出版社，2003.

[11]施坚雅. 中国农村的市场和社会结构[M]. 史建云，徐秀丽，译. 北京：中国社会科学出版社，1998.

[12]施坚雅. 中华帝国晚期的城市[M]. 叶光庭，徐自立，王嗣均，等，译. 北京：中华书局，2000.

[13]埃里克·沃尔夫. 欧洲与没有历史的人民[M]. 赵丙祥，刘传珠，杨玉静，译. 上海：上海人民出版社，2008.

[14]戴维·斯沃茨. 文化与权力——布尔迪厄的社会学[M]. 陶东风，译. 上海：上海译文出版社，2006.

[15]杜赞奇. 文化、权力与国家：1900—1942年的华北农村[M]. 王福明，译. 南京：江苏人民出版社，2003.

[16]克利福德·吉尔兹. 地方性知识——阐释人类学论文集[M]. 王海龙，张家瑄，译. 北京：中央编译出版社，2000.

[17]亨利 M 莱斯特. 化学的历史背景[M]. 吴忠，译. 北京：商务印书馆，1982.

[18]马歇尔·萨林斯. 文化与实践理性[M]. 赵丙祥，译. 上海：上海人民出版社，2002.

[19]西敏司. 甜与权力——糖在近代历史上的地位[M]. 朱健刚，王超，译. 北京：商务印书馆，2010.

[20]约翰·奈斯比特. 亚洲大趋势[M]. 蔚文，译. 北京：外文出版社，1996.

[21]栗本慎一郎. 经济人类学[M]. 王名，等，译. 北京：商务印书馆，1997.

[22]爱德华·泰勒. 人类学——人及其文化研究[M]. 连树声，译. 上海：上海文艺出版社，1993.

[23]埃德蒙·利奇. 语言的人类学：动物范畴和骂人话[A]. 金译，宋立道，等，译. 上海：上海三联书店，1995.

[24]马凌诺斯基. 西太平洋的航海者[M]. 梁永佳，李绍明，译. 北京：华夏出版社，2002.

(二)英文著作及期刊

[1] Bayly C A. The origins of swadeshi (home industry): cloth and Indian society 1700-1930. in Appadurai eds. The Social Life of Things: commodities in cultural perspective[M]. Cambridge: Cambridge University Press, 1988.

[2] Appadurai A. Introduction: commodities and the politics of value. In Arjun Appadurai eds. The social life of things: commodities in cultural perspective[M]. Cambridge: Cambridge University Press, 1986.

[3] Kirshenblatt-Gimblett, Barbara. Destination Culture: Tourism, Museums, and Heritage[M]. Berkeley: University of California Press, 1988.

[4] Bourdieu P. Symbolic Power. In Bourdieu Pierre Identity and structure[M]. Driffierd: Nafferton Books, 1977.

[5] Cassanelli L V. Qat: changes in production and consumption of a quasilegal commodity in northeast Africa. In Appadurai eds. The Social Life of Things: commodities in cultural perspective[M]. Cambridge: Cambridge University Press, 1988.

[6] Geary P Sacred Commodities: The Circulation of Medieval Relics. In Arjun Appadurai eds. The social life of things: commodities in cultural perspective[M]. Cambridge: Cambridge University Press, 1986.

[7] Weber M. Eeonomy and Society [M]. In G. Roth and C. Wittich eds. Berkeley: University of California Press, 1978.

[8] Geertz C. The integrative revolution: primordial sentiments and civil politics in the new states, Old societies and new atates [M]. New York: Free Press, 1963.

[9] Glazer N, Moynihan D P, Schelling C S. Ethnicity: theory and experience [M]. Harvard University Press, 1975.

[10] Kopytoff Igor. The Culture Biography of Things: Commoditization as Process.

In Appadurai eds. The Social Life of Things: commodities in cultural perspective[M]. Cambridge: Cambridge University Press, 1986.

[11]Latour B. From Realpolitic to Dingpolitic. In Latour Bruno & Peter Weibel eds. Making Things Public: Atmospheres of Democracy[M]. Cambridge, Massachusetts London, England: The MIT Press, 2005.

[12]Malinowski B. Argonauts of the Western Pacific: An Account of Native Enterprise and Adventure in the Archipelagoes of Melanesian New Guinea [M]. London: Waveland pr Inc, 2005.

[13]Mc Cowan C J, Alston R J. Racial Identity, African Self-Consciousness, and Career Decision Making in African American College Women [J]. Journal of Multicultural Counseling and Development, 1998, 26(1).

[14]Mintz S W. Sweetness and power: The Place of Sugar in Modern World [M]. Penguin Books USA Inc, 1986.

[15] Munn N. Gawan kula: spatiotemporal control and the symbolism of influence, Leach and J Leach. The Kula: newperspectives on massim exchange[M]. Cambridge: Cambridge University Press, 1983.

[16]Santiago-Rivera A L: Ethnic identity, in J Mio, J Trimble, P Arredondo, H Cheatham and D Sue: Keywords in Multicultural Interventions: A Dictionary[M]. Westport, CT: Greenwood, 1999.

[17]Schapera I. Field Method in Study of Culture Contact[M]. Africa, 1935, 8(3).

[18]See. Ethniptation and Identity: A Publication of the Institute for the Study of Issues[M]. Philadelphia, 1979.

[19]Simmel G. The Philosophy of Money[M]. London: Routledge, 1990.

[20]Van den Berghe P L. The ethnic phenomenon [M]. Greenwood Pub Group, 1981.

三、其他参考文献

[1] 仡佬文化魂：www.nilfiskcn.cn/html/btfq2012-03-158198.html.

[2] 贵州务川自治县概况：http://www.gzmw.gov.

[3] 贵州遵义务川县大坪街道龙潭村：http://www.tcmap.com.cn/guizhou/
wuchuanlaozumiaozuzizhixian _ dapingzhen_longtancun.html.

[4] 黔神作：http://www.xzbu.com/4/view-9162086.htm.

[5] 任相宏. 山东长清仙人台遗址发现寺国贵族墓地[N]. 中国文物报,
1995-12-17(1).

[6] 中国华. 务川民族文化旅游渐入佳境[N]. 遵义日报, 2009-7-8(2).

[7] 申氏族谱道光手抄本, 龙潭后寨申学伦保存.

[8] 王小梅. 仡佬族古先民"丹砂文化"线路[N]. 贵州日报, 2010-10-27(10).

[9] 王作宾, 贾福海. 贵州开阳息烽修文三县汞矿地质[N]. 贵州修文县白
岩厂汞矿地质简报, 1944-5-8(6).

[10] 《务川申氏天祺、天祐祖前十六世世系族谱》, 务川县城申蒙候重修.

[11] 务川鸡血石：一个民族的一抹鲜红：http://blog.sina.com.cn/s/blog_
6cdd15fb010185kg.html.

[12] 英法水银公司的兴衰[N]. 贵州日报, 1981-8-13(4).

[13] 中国汞矿资源情况及分布图网址：http://www.kms88.com/news/html/
2010/1216/20101216154600192206.shtml.

[14] 《邹氏族谱》记载"江边八景"中《西井朱砂》, 明嘉靖丙辰年(1556
年), 民国二十五年(1936年)所写.

[15] 李飞, 胡昌国, 邹进扬. 贵州务川大坪汉墓群第一期发掘出土大量朱
砂[N]. 中国文物报, 2008-5-9(2).

后 记

本书是在我博士学位论文的基础上修订而成的,从"业缘关系"切入,对贵州龙潭仡佬族生活史进行研究,探索了小地方丹砂资源成为龙潭仡佬族生存方式的决定性因素,与大传统下的政治、经济、社会、文化等多种因素之间建立的社会逻辑关系,论证以"业缘"作为民族认同的特殊标志及精神凝聚的合理性,为人类学研究族群及其经济、社会、文化提供一个特殊的研究视角。本书即将付梓,不禁感慨万千,思绪良多。一是本书是在我博士论文基础上修订的处女作,其意义非凡;二是文章肤浅,深感学浅识薄;三是得失寸心知,须继续努力……

恩师于我情深义重,我要把最诚挚的感谢和敬意,献给吾师彭兆荣教授。亦师亦父的彭教授引导我一步步走进人类学殿堂,数年间师父不断地耳提面命,才得以使资质愚钝的我略窥学术之门径。生活中,特别是在孕育孩子期间,师父师母给予我无私的关怀和疼爱。孩子出生后,又第一时间给他取了响亮而又意蕴深刻的名字。每当我骄傲地说出孩儿名字时,总能听到一句"此名一定出自文化大家之手",那一刻所有幸福和快乐浸润全身,深深地感恩师父师母的辛勤付出。

同时,我要感恩厦门大学人类学系的各位老师,是他们的辛勤付出给予了我知识和前行的力量。张先清教授、石奕龙教授、邓晓华教授、余光弘教授、宋平教授、董建辉教授、孔青山(Benjamin D. Koen)教授、蓝达居教授等为我传道受业,让我受益匪浅。郭志超教授、黄向春教授、葛荣玲教授在我论文选题、构架及资料获取和使用方面给予了极大的指导和帮助,鼓励我逐浪前行。陈锦英老师、刘燕老师,在学习和生活上给予我细致入微的关怀和帮助，让我轻装上阵。

四年来，彭门家人般的关怀和温暖让我感动。初识田野，张颖师姐多次帮我联系田野点相关单位的负责人，细心指导我如何进入田野，如何寻找田野中的脉象。当我在田野调查中遇到困难时，总能及时从颖姐那里得到锦囊妙计。在论文撰写过程中，闫玉师姐、巴胜超师兄、杨春燕师姐、张进福师兄、黄玲师姐、唐红春师兄等多次为我传经送宝，帮助我及时迷途知返。在人生最美丽的年华，有幸与余媛媛、王晓芬、田沐禾、杨娇娇相识、相知、相助于美丽的厦门大学，共同度过四年充实而又快乐的博士研究生生活，让我倍感荣幸。

人在旅途，一路收获，一路感恩。对田野调查过程中给予我无私帮助的务川县政协付强、王明析同志，旅游景区规划处处长王刚及申晓飞和邹愿松同志，务川县文化部邹进扬、邹海龙同志，务川县民族宗教事务局汪洋同志，龙潭村长老申福进同志及所有村民，表示诚挚谢意。在他们的帮助下，我顺利完成了为期六个月的田野工作。

饮水思源，感谢四川大学徐新建教授当年积极为我写推荐信，助我成为彭门弟子，感谢广西民族大学徐杰舜教授在论文选题方面给予诸多宝贵建议，并特意给我邮寄参考书，感谢贵州财经大学张中奎教授在学业上给予诸多支持和帮助。最后，我还要特别感谢我的硕士研究生导师谢妮教授，从结识至今，在学习、生活和事业方面给予了我和家人莫大的指导和帮助，在此略以致意。此外，还要感谢我师弟宋裕飞及学生覃华超的帮助。

最后，对我的父母、公公婆婆、先生及儿子表示衷心感谢。这些年来，正是他们的理解、宽容和支持，让我不惧风雨，奋勇前行，也正是他们的理解，我才顺利完成书稿。

吴芳梅

2022 年 6 月于贵阳